IMA MANAGEMENT ACCOUNTING COMPETENCY SERIES

· 管理会计能力提升与企业高质量发展系列 ·

# 数智时代的全面预算管理

## 预算编制、技术赋能与案例实战

胡玉明、陈晓敏◎编著

人民邮电出版社

北京

**图书在版编目（CIP）数据**

数智时代的全面预算管理：预算编制、技术赋能与案例实战 / 胡玉明，陈晓敏编著. -- 北京：人民邮电出版社，2022.10
（管理会计能力提升与企业高质量发展系列）
ISBN 978-7-115-59523-2

Ⅰ. ①数… Ⅱ. ①胡… ②陈… Ⅲ. ①企业管理—预算管理 Ⅳ. ①F275

中国版本图书馆CIP数据核字（2022）第113075号

## 内 容 提 要

　　常言道，凡事预则立，不预则废。全面预算管理已经成为现代化企业不可或缺的重要管理模式。本书立足数智化背景，以"战略指引全面预算，全面预算引领经营"为主线，以全面预算内容为经，以全面预算编制方法为纬，以全面预算的编制为起点，以全面预算的落地为目标，全面阐释了全面预算管理的基本理念与实务方法。本书力图体现战略引领、理论与实践兼容、软硬技能并重和关注数智化场景等四个特色，试图破解全面预算管理实践所面临的"知易行难"与"叫好不叫座"的困境。

　　本书适合从事管理会计、财务管理的人士阅读，也可作为财经类专业高校师生的教材。

◆ 编　著　胡玉明　陈晓敏
　　责任编辑　刘晓莹
　　责任印制　周昇亮
◆ 人民邮电出版社出版发行　北京市丰台区成寿寺路 11 号
　　邮编　100164　电子邮件　315@ptpress.com.cn
　　网址　https://www.ptpress.com.cn
　　廊坊市印艺阁数字科技有限公司印刷
◆ 开本：700×1000　1/16
　　印张：19.5　　　　　　　　　　　2022 年 10 月第 1 版
　　字数：279 千字　　　　　　　　2025 年 7 月河北第 10 次印刷

定价：89.80 元

读者服务热线：(010)81055296　印装质量热线：(010)81055316
反盗版热线：(010)81055315

# 管理会计能力提升与企业高质量发展系列丛书
# 编委会

# 序

管理会计师对于企业的财务健康至关重要，他们不仅是价值的守护者，更是价值的创造者。随着可持续发展日益受到重视，企业从关注利润增长转向提升多个利益相关者的利益，管理会计师在维护和提升企业声誉方面承担着重任。与此同时，数字化时代下，企业在战略规划、创新和风险管理等领域也对管理会计提出了更高的要求。提升管理会计师的能力素质已成为企业发展的重中之重。

《IMA 管理会计能力素质框架》是 IMA 管理会计师协会基于市场和行业趋势变化，经过深入研究和全面分析管理会计行业所面临的挑战，围绕管理会计师所必备的能力素质提出的指导性实用体系，不仅有助于个人提升职业竞争力，还能帮助组织全面评估、培养和管理财会人员队伍。IMA此次与人民邮电出版社合作，正是基于这一框架开发了管理会计能力提升与企业高质量发展系列图书，结合中国本土实践，对数字化时代下管理会计师所需的知识与技能进行了详细讲解。各类企业，不论是国有企业、私营企业还是跨国企业，其管理者和财会人士都必定会从本系列图书中直接获益。

本系列图书的作者既包括国内深耕管理会计多年的高校财会专业教授，又包括实战经验丰富的企业财务掌门人与机构精英。同时，IMA 还诚邀多位知名企业财务高管成立实务界编委会，为图书策划和写作提供真知灼见。在此，我谨代表 IMA 管理会计师协会，向本系列图书的作者、实务界编委、人民邮电出版社以及 IMA 项目团队的成员表示感谢！我们希望通过本系列图书的出版及相关宣传活动，大力推动中国本土管理会计实践的发展，助力企业和中国经济高质量发展！

IMA 管理会计师协会总裁兼首席执行官

杰弗里·汤姆森

2022 年 3 月 28 日

# 在学习和实践中提升管理会计能力

中国管理会计理论和实践自 2014 年以来进入快速发展轨道，各种管理会计工具方法在微观层面企事业单位的应用，正在日益加速、拓宽和深入，在企业转型升级、全社会高质量发展进程中发挥着重要作用。

当今社会信息技术迅猛发展，会计职业在互联网、大数据、人工智能等新技术业态的推动和加持下，信息采集、核算循环、数据存储、整合表达等方面持续发生变革，为管理会计在企业广泛运用和助力企业价值增长，奠定更坚实的算力基础、更有效的管理和决策支持。

随着《财政部关于全面推进管理会计体系建设的指导意见》以及《管理会计应用指引》等一系列规范指南的陆续出台，管理会计人才培养体系的建设和管理会计的应用推广，得到各界高度重视。应当看到，从目前中国管理会计发展情况看，管理会计师作为会计领域的中高端人才，在企事业单位仍存在着巨大缺口，庞大的财务和会计人员队伍，面临着关键职能转型压力：从核算型会计转向管理型会计。

IMA 管理会计师协会 2016 年发布《IMA 管理会计能力素质框架》，在管理会计领域广受认可，广为好评，被视为权威、科学、完整的技能评估、职业发展和人才管理标准，为中国及其他国家管理会计能力培养体系的构建提供了重要参考。这个框架文件在 2019 年得到重要的更新升级。

为加快促进中国管理会计体系建设，加强管理会计国际交流与合作，实现取长补短、融会贯通，IMA 与人民邮电出版社共同策划、启动"管理会计能力提升与企业高质量发展系列"丛书项目。该丛书设计以《IMA 管理会计能力素质框架》为基础，结合中国管理会计实际发展需求，以管理会计队伍能力提升为目标，以企业管理需求为导向，同时兼顾会计专业教育和研究。

本套丛书分为两期建设。第一期八本，选题内容覆盖和涉及管理会计从业人员工作中需要的各项能力，力求理论与实务兼备，既包含实务工作中常见问题的解决方法，也有经典的理论知识阐述，可帮助管理会计从业人员学习和完善自身各项能力，也能为积极推进转型的财务人员提供科学的路径。

在图书作者配置方面，体现学术界和实务界合作。本套丛书的作者均在管理会计领域深耕多年，既有理论深厚、指导体系完备的高校资深导师，又有紧贴一线前沿、实战经验丰富的企事业单位负责人，合力打造体系完整、贴近实务的管理会计能力提升新形态知识图书，推动企业管理会计人才建设及人才培养，促进企业提质增效。

作为新形态管理会计专业读物，本套丛书具备以下三大特点。

第一，理论与实务兼备。本套丛书将经典的管理会计理论与企业财务管理、经营发展相结合，内容均是从实践中来，再回归到实践中去，力求让读者通过阅读本套丛书对自身工作有所得、有所悟，从而提升自身工作实践水平。

第二，体系完备。本套丛书选题均提炼自《IMA 管理会计能力素质框架》，每本图书的内容都对应着专项管理会计必备能力，让读者体系化地学习管理会计各项知识、培养各项能力，科学地实现自我提升。

第三，形态新颖。本套丛书中大部分内容配套以微视频课程，均由作者精心制作，可让读者有立体化的阅读体验，更好地理解图书中的重难点内容。

天下之事，虑之贵详，行之贵力。管理会计具有极强的管理实践性，既要求广大财务从业人士学习掌握理论知识，还要积极转变传统财务思维，将理论运用于实践，进一步推动财务与业务融合，更好地助力企业高质量、可持续发展。本套丛书不仅是一系列优质、有影响力的内容创作与传播，更是为财务行业发展及人才培养提供智力支持和战略助力。我们希望与广大读者共同努力，系统、全面地构建具有中国本土特色的管理会计知识体系，大力促进中国管理会计行业发展，为企业高质量发展和中国经济转型做出积极贡献。

北京大学光华管理学院教授 王立彦

IMA 管理会计师协会副总裁、中国区首席代表 李刚

2022 年春于北京

　　各行各业，无论规模大小，都或多或少涉及全面预算管理。全面预算管理几乎将企业的所有关键问题融为一体，管理会计的许多主题（如成本控制、责任会计、绩效评价和激励机制）都与全面预算管理密切相关。以全面预算管理为"抓手"整合管理会计，有助于管理会计在企业"落地生根"并"开花结果"。由此可见，全面预算管理在管理会计中具有举足轻重的地位。

　　然而，理论与实践往往脱节。理论具有普适性，而实践具有特殊性。在实践中，说起全面预算管理，业界人士都觉得很重要，但又都觉得不简单，让人感到很头疼。如何破解全面预算管理的困境就是编写本书的初衷，也是作者写作的内在动力。

　　简单地说，全面预算管理就是借助全面预算的模式进行管理。因此，编制全面预算是全面预算管理的基础和起点。有鉴于此，本书包括七章，基于数智化背景，以"战略指引全面预算，全面预算引领经营"为主线，以全面预算的编制为起点，以全面预算的落地为目标，较为系统地讨论全面预算管理的基本原理。具体地说，本书力求体现以下几个特色。（1）强调战略引领。任何伟大战略的实施都离不开财务资源的支持。战略决定财务资源的配置。全面预算管理从资源配置的层面确保战略落地并取得预期成效。（2）强调理论与实践兼容。许多业界人士崇尚"拿来主义"，强调实践经验。实践固然重要，但缺乏理论素养，"知其然，不知其所以然"，终究走不远。（3）强调软硬技能并重。全面预算管理的数字背后隐含着经济利益或其他利益，甚至兼而有之。全面预算的编制过程就是"分权"和"分钱"的过程。掌握如何编制全面预算的"硬技能"固然重要，但掌握如何处理数字背后利益（权和钱）的"软技能"（如沟通或协调能力）同样重要。（4）关注数智化场景。全面预算管理具有鲜明的"情境化"特征。尽管数智化的脚步声越来越清晰，但总体而言，"过去未去"与"未来已来"将并存。既要密切关注数智化对全面预算管理的影响，又不宜夸大数智化对全面预算管理的影响。

本书由华南农业大学经济管理学院陈晓敏副教授负责编写初稿，暨南大学管理学院胡玉明教授负责修改、完善和定稿。在本书的编写过程中，作者得到 IMA 管理会计师协会和人民邮电出版社刘晓莹女士的大力支持。特别感谢业界同仁对本书写作提纲和初稿提出的建设性意见。

常言道："知易，行难。"全面预算管理就属于"知易，行难"的工作，写作全面预算管理方面的书也是如此。尽管作者热切希望写好本书，但由于能力有限，本书还存在许多不尽如人意之处，敬请各位读者批评指正。

胡玉明　陈晓敏

2022 年 2 月 15 日

# 目 录

▼
▼

## 1 第1章
## 初识全面预算

# 2 第2章
## 战略管理与全面预算

# 3 第3章
## 依据什么编制——全面预算的编制原理

# 4 第4章
# 全面预算的编制方法

# 5 第5章

# 资本预算

# 6 第6章
# 全面预算如何落地

# 7 第7章
# 全面预算管理的变与不变

# 初识全面预算

➤ **从一个案例说起：**

　　甲公司是一家从事美妆产品生产和销售的民营企业[①]。甲公司的总经理李先生偶然间参加了一个企业全面预算管理的高管培训班。在培训师热情洋溢的授课和现场氛围的感染下，李先生深切地感受到全面预算管理理念的魅力。高管培训班结束之后，李先生回到公司就与财务总监张先生交流自己对全面预算管理的理解，并建议张先生尝试编制全面预算并将全面预算管理理念引入公司。

　　张先生有专业知识背景，上学时自然学过全面预算管理的内容，也希望在甲公司做出一番成就，但一直没有大展身手的机会。这次得到李先生的重视，心潮澎湃，决定以编制全面预算为起点，逐步实施全面预算管理理念。

　　根据李先生的要求和甲公司的实际状况，张先生经过一个多月的奋战，终于拿出一套全面预算提交给李先生。李先生审阅这套全面预算之后，非常满意，觉得张先生不仅理解了自己的意图，而且按时完成了自己交办的任务。于是，两个人决定将这套全面预算下发给各个部门并贯彻执行。

　　看到这套全面预算，各个部门的负责人极度不满意，但敢怒不敢言，只能 消极应对。全面预算基本停留在文本上，流于形式。有一个部门的负责人忍无可忍，向甲公司老板易先生告状。甲公司老板易先生觉得李先生引发的意见太大，经过再三权衡，解聘了李先生。

　　很快，新聘的总经理林先生上任了。他吸取李先生的教训，为了更深

---

① 本书涉及的公司、个人及其案例都来源于现实，但基于一些原因，在不妨碍读者理解基本事实的前提下，本书做了虚拟化处理。如有雷同，纯属偶然。

入地熟悉甲公司的情况，走访各个部门，听取各个部门的意见。出乎林先生的预期，平时不太和谐的各个部门居然有相同的心声：得到李先生信任的张先生独断专行，代表财务部编制一套全面预算约束其他部门。

结果可想而知，张先生觉得自己吃力不讨好，非常郁闷，只好辞职。

不曾想在甲公司实施全面预算管理，让两位高管离职。但这是全面预算管理的过错吗？

# 众说纷纭的全面预算

在业界，全面预算就像股票，众所周知，却又众所不知。全面预算如此普及，以至人人可谈全面预算。许多人对全面预算既熟悉，却又陌生。

常言道："横看成岭侧成峰，远近高低各不同。"就全面预算而言，不同的人有不同的说法，可谓见仁见智、众说纷纭。说法如下。

全面预算强调各个部门各自为政，与企业整体战略脱节。

全面预算是一把手工程，就是一种摆设。全面预算的编制就是填各种表格。数智时代，企业可以轻而易举地编制全面预算。

全面预算是企业的祸害，根本不应该存在。编制全面预算就等于只能达到最低绩效。

全面预算就是财务部门编制的"数字游戏"，其实就是财务部门的财务预算。

……………

诸如此类观点非常多。

理论与实践往往脱节。理论具有普适性，而实践具有特殊性。在实践中，说起全面预算管理，业界人士都觉得很重要，也有必要，但业界人士都觉得不简单，让人很头疼。如何破解这个困局？这就是本书希望解决的问题。

# 何谓全面预算

　　企业里的每个部门、每个人都与全面预算有关。所有组织，无论是规模大到跨国组织（如联合国），小到家庭和个人，还是在性质上有所区别的营利性企业和各类非营利性组织（如大学、政府、基金会），甚至一些特殊的组织等，都必须编制全面预算。因此，各行各业，无论规模大小，都或多或少涉及全面预算。

　　所谓全面预算（master budget），就是以货币为主要计量单位，将企业战略目标所涉及的经济资源的配置，以各种表格呈现出来的计划文本。简而言之，企业的全面预算就是企业战略目标的具体化。更通俗地说，全面预算涉及三个基本问题：企业想干什么（企业战略目标），可能需要多少财务资源（经济资源的需求），如何分配这些财务资源（"分权"与"分钱"相结合的经济资源配置）。

## 全面预算包括哪些内容

　　全面预算的内容与编制方法，因企业的性质（营利性组织与非营利性组织）和规模（大型企业与中小型企业）的不同而有所不同。一套完整的全面预算应该包括经营预算（operating budget）、财务预算（financial budget）和资本预算（capital budget）三大部分。全面预算的基本框架如图 1-1 所示。

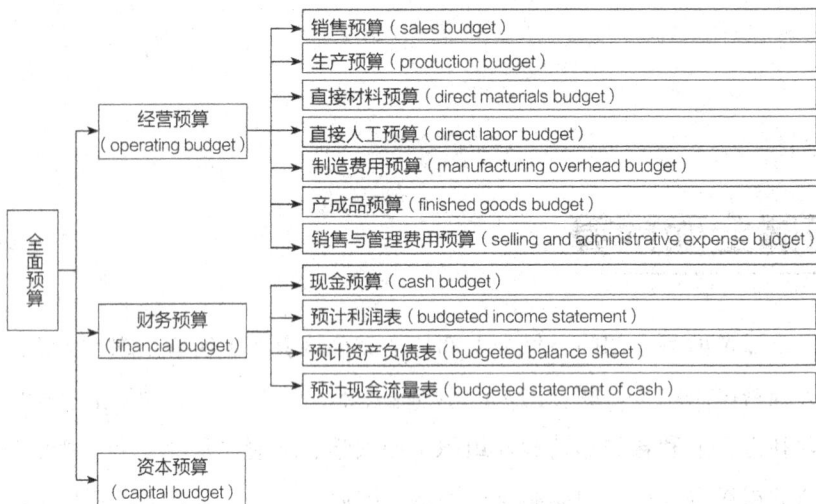

**图 1-1 全面预算的基本框架**

严格地说，销售预算、生产预算、直接材料预算和直接人工预算主要分别由销售部门、生产部门、采购部门和人力资源管理部门负责，并不完全属于财务部门职责范围，但是，这些预算最终都涉及财务资源的配置问题。只有理解过程（根源），才能理解结果。全面预算的编制过程不仅要"知其然"，更要"知其所以然"。由此可见，全面预算体现了跨界合作，彰显了业财融合的特征。

全面预算的各个部分之间紧密联系，浑然一体。基于市场经济环境，企业的生产经营活动必须以市场为导向。因此，销售预算是全面预算的起点和基础。全面预算各个组成部分之间的联系如图 1-2 所示。

市场环境与发展战略

销售预算　　　　长期销售预测

期末预算　　　生产预算　　　销售与管理费用预算

直接材料预算　　直接人工预算　　制造费用预算

产成品预算　　现金预算　　资本预算

预计利润表　　　预计资产负债表　　　预计现金流量表

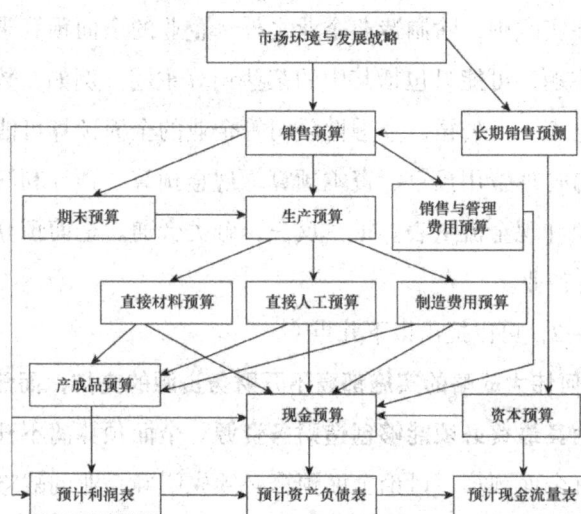

**图 1-2　全面预算各个组成部分之间的联系**

由图 1-2 可见，企业面临的市场环境与发展战略决定了企业的销售预算和长期销售预测。长期销售预测可能影响销售预算，也可能影响资本预算[①]，而资本预算必然影响现金预算、预计资产负债表和预计现金流量表。而销售预算影响现金预算、预计利润表、预计资产负债表和预计现金流量表。与此同时，销售预算要考虑期末预算和销售与管理费用预算，进而决定生产预算。生产预算决定直接材料预算、直接人工预算和制造费用预算，而直接材料预算、直接人工预算和制造费用预算不仅影响产成品预算，还影响现金预算、预计利润表、预计资产负债表和预计现金流量表。企业的经营活动都需要花钱，而经营活动之后，又可能赚钱。可谓"万涓成水，终究汇流成河"。这里的"河"就是现金预算。因此，现金预算是全面预算的核心。总之，企业战略指引全面预算，全面预算引领经营活动。全面预算是一个以战略和市场为导向，以销售预算为基础，以现金预算为核心的完整预算体系。

值得指出的是，图 1-1 所描述的全面预算基本框架是一个非常全面的

① 本书将在第 5 章讨论资本预算。

预算体系。在实践中，除制造业企业之外，企业的全面预算未必囊括前面提及的预算主题，可能只包括其中的某些预算主题。例如，数智时代的互联网公司、电商平台公司、金融性公司等企业的全面预算可能只包括销售预算、销售与管理费用预算、资本预算、现金预算、预计利润表、预计资产负债表和预计现金流量表。举一反三，触类旁通。全面预算基本理念依然适用于各行各业。

根据图 1-2，可以提出以下几点。

（1）**任何伟大战略的实施都离不开财务资源的支持，而任何战略之所以伟大是因为其最终必须能够创造财务资源。**全面预算离不开战略。没有战略，就没有全面预算。讨论全面预算必须先明确企业的战略。企业根据其所面临的内外部环境制定发展战略，全面预算从资源配置方面配合、支持企业实施发展战略。编制全面预算是一个战略分解过程（解码战略），全面预算对上承接战略，对下确定经济资源配置。因此，全面预算既是一个承上启下、融会贯通的工具，又是一个左右拉通、上下打通的过程。

（2）**基于市场经济环境，企业的一切活动都要以市场为导向。**企业的全面预算自然也不例外。全面预算一头连着市场（外部），一头连着企业（内部）。可谓预算中有市场，市场中有预算。全面预算下达预算指标的同时，必须给予各个部门相应的权力和激励（权与钱），权责利"三位一体"。显然，全面预算连接着权与钱。因此，全面预算要平衡企业的权与钱之间的关系。

（3）**全面预算强调"做什么事，配置什么资源；做多少事，配置多少资源"，而不是"给什么资源，做什么事；给多少资源，做多少事"。**全面预算将业务计划与财务计划有机融合在一起，业与财完美融合。

（4）**全面预算不仅表述整体战略，而且有助于协调各个部门的职能战略。**目标一致是成功的关键。全面预算编制过程各个部门应该心连心、手牵手，通力协作。如果各个部门不参与全面预算的编制过程，全面预算就会沦为财务部门的财务预算。只有各个部门充分达成共识，全面预算才有更好的执行性或可操作性。没有共同的意识就没有共同的行动。

（5）在全面预算的编制过程中，业务人员用其熟悉的业务语言编制经营预算，会计人员用其熟悉的会计语言将经营预算转化为财务预算和资本预算，进而转化为会计语言乃至商业语言。如此一来，业务语言与会计语言"无缝对接"或"无缝转换"。企业各个部门都"讲同一种语言"。

（6）全面预算不仅是管理工具（tool），还是一种管理系统（system）或制度。工具针对他人，企业一把手想用就用；系统或制度既针对他人，也针对一把手自己，可不用就尽量不用。因此，全面预算是企业的一把手工程，企业的一把手真心想推行、真心想运用全面预算是实施全面预算的驱动力。如果企业的一把手不认同全面预算，全面预算只能纸上谈兵，流于形式。

阅读至此，相信读者已经破除原先对全面预算的某些迷思。

## 为何编制全面预算

根据图 1-2，全面预算的编制过程涉及面较广，全面预算编制过程既耗时，又耗力，更耗财。那么，企业为何编制全面预算呢？

企业基于以下四个主要原因而编制全面预算。

（1）**化战略为行动**。每个企业也许都制定了伟大战略，但是，设计精巧、构思美妙的伟大战略，不会自然实现。没有实施的战略只是一种美丽的幻想，对企业不会产生任何效益。1999 年 6 月《财富》（*Fortune*）杂志的一篇题为《首席执行官们为何失败》（*WHY CEOs FAIL*）的文章认为：70% 的首席执行官并非因为糟糕的战略而失败，而是因为糟糕的战略实施而失败。如何解决战略与战略的有效实施是企业发展过程中面临的关键问题。显然，战略的有效实施更为重要。然而，战略很抽象，战略的实施却非常具体。如何通过描述（拆解）战略，化战略为行动，从而实施战略呢？战略不是企业一把手的专利，单靠一把手是难以有效实施战略的。只有企业各个部门和员工群策群力，才能有效实施企业的战略。全面预算将企业的战略转化为各个部门和员工的日常工作，进而化战略为行动，使企业的战略落地。

（2）**沟通与协调各个部门的诉求。**企业是一个人造的有机整体。协同（synergy）是企业组织结构设计的重要目标。企业通常由不同经营单位组成，这些不同的经营单位都有各自的战略目标。为了使企业的整体绩效高于各经营单位绩效之和，各个不同经营单位的战略目标必须协调与整合，不能各自为政，违背企业的整体战略。传统的企业依据职能分工而设计，每个职能部门（经营单位）都有其专业领域、语言和文化。由此，多数企业产生了职能部门（经营单位）之间沟通与协调的困难，从而衍生出各职能部门（经营单位）各自为政、自建藩篱的现象，从而形成有效实施战略的重要障碍。全面预算的编制过程本身就是各个部门之间的沟通与协调过程。全面预算以战略为导向，已经把企业的战略转化为企业共同的、易于理解的可执行语言，有助于构建战略核心型企业，突破战略实施的各种障碍。

（3）**检验战略实施的成效。**企业的战略落地只是"万里长征的第一步"，毕竟良好的开端只是成功的一半。企业的战略得到实施，但未必就能够达到预期成效。企业还需要以全面预算所确定的预算数值检验企业是否实现预期目标，分析企业实施战略是否存在执行力落差，若存在落差，分析背后的原因，趋利避害，扬长避短，进而反馈于企业战略的制定或修正企业的战略。由此，全面预算形成引导战略落地并化战略为行动，进而检验已经落地的战略实施成效的一个闭环。

（4）**为企业的绩效评价与激励机制提供依据。**全面预算强调"花钱必问效，无效必问责"的理念。以企业战略为导向的全面预算通过分解已经转化为各个部门和员工应该完成的责任预算，成为企业评价各个部门和员工绩效的依据。如果企业没有编制全面预算，其绩效评价将失去应有的基础，而如果企业没有绩效评价，全面预算可能就形同虚设。当然，绩效评价与激励机制是一个问题的两个方面。同理，如果企业没有绩效评价，激励机制将缺乏相应的依据，而如果企业没有相应的激励机制，绩效评价可能就流于形式。

# 如何编制全面预算

如前所述，企业战略指引全面预算，全面预算引领经营活动。全面预算是企业化战略为行动的管理工具，是连接企业战略与经营活动之间的桥梁。因此，编制全面预算是企业实施后续全面预算管理的起点和基础。

## 谁主导全面预算的编制

孔子在《论语·子路》中指出："名不正则言不顺，言不顺则事不成"。因此，主导全面预算编制工作的主体可能决定全面预算的成败。那么，由谁主导全面预算的编制工作呢？也许，许多人会不假思索、脱口而出：当然由财务部门主导全面预算的编制工作。

其实，并不是这样的。财务部门难以担当主导全面预算编制工作的重任。根据图 1-1 和图 1-2，全面预算综合反映了企业的不同层级、不同部门在预算期间内应该实现的目标和完成的任务，而企业的不同层级、不同部门的工作必须协调一致。从这个角度看，全面预算是连接企业内部不同层级和不同部门之间沟通与协调的桥梁。全面预算确定的各项指标就是企业内部不同层级和不同部门之间相互沟通与协调的结果。如此一来，全面预算的编制涉及企业的各个部门，单靠财务部门难以完成。

即便财务部门担当了主导全面预算编制工作的重任，其结果也不容乐观。由财务部门主导全面预算的编制工作可能存在三个问题。

（1）缺乏公平。财务部门也应该受到全面预算的约束，由一个受到约束的部门主导编制约束其他部门的全面预算，可能存在本位主义，显然有失公平。

（2）**缺乏权威性**。财务部门与其他部门属于平级部门，由一个平级部门主导约束其他部门及其人员的全面预算，缺乏权威性。

（3）**权限不够**。编制全面预算需要许多数据，而这些数据绝大部分都不是来自财务部门。财务部门与其他部门平级，难以及时地从其他部门取得相关数据，而且也难以协调各部门之间可能出现的矛盾。

回到前述甲公司的案例。甲公司的总经理李先生和财务总监张先生显然没有清晰地认识到财务部门难以独当一面地挑起编制全面预算的重任。

那么，由谁或哪个机构主导全面预算的编制工作呢？应该由超越具体职能部门的预算管理委员会（budget committee）主导全面预算的编制工作。因此，企业要实施全面预算管理，首先要成立预算管理委员会。预算管理委员会通常由企业的总经理，分管战略、研发、技术、销售、生产、财务和人力资源等部门的副总经理和董事会成员组成。

那么，预算管理委员会做什么呢？预算管理委员会具体负责全面预算的协调、编制、下达和考核。具体地说，预算管理委员会的主要职责如下。

（1）选择与企业战略目标协调一致的全面预算政策。

（2）审查企业各个部门所编制的预算草案。

（3）协调和解决企业各个部门在预算编制过程所出现的各种问题或矛盾。

（4）汇总编制完整的全面预算，并最后审议通过，颁布实施。

（5）监督、检查、分析全面预算的执行情况及其结果，督促企业各个部门协调一致地完成全面预算所规定的目标和任务，并收集和整理全面预算执行过程存在的问题，为编制后续的全面预算做好准备。

财务部门（分管财务部门的副总经理）在预算管理委员会处于比较特殊的位置。基于其专业性质，财务部门（分管财务部门的副总经理）不仅要负责对企业各个部门、各个单位的预算编制工作提供业务技术指导和帮助，而且要负责收集生产、销售、采购等部门提供的各种数据资料，把各个部门提出的初步预算按照一定的方法、程序汇编成全面预算草案。

## 采用何种模式编制全面预算

那么，企业采用何种模式编制全面预算呢？

全面预算的编制模式因企业而异。总体而言，全面预算的编制模式如下。

（1）**权威式全面预算编制模式**。采用权威式全面预算编制模式，企业最高管理层直接根据战略目标下达全面预算的数值（指标）。这种"自上而下"的全面预算编制模式，体现了企业最高管理层的权威性，以指令代替沟通，各个部门和员工未必理解和认同全面预算的数值，但编制全面预算过程的效率很高。权威式全面预算编制模式比较适合小型企业或所处环境变化较小的企业。

（2）**参与式全面预算编制模式**。采用参与式全面预算编制模式，"让听得到炮声的人呼唤炮火，让听得见炮声的人来做决策"，走群众路线，让企业各个部门和员工根据"现场的炮声"确定各自责任范围内的全面预算数值，上报企业最高管理层审批。这种"自下而上"的全面预算编制模式，体现了各个部门和员工的自主性，有利于全面预算的顺利实施，但参与式全面预算编制模式可能产生预算松弛（budget slack）的问题[①]。参与式全面预算编制模式适合所处环境变化较大的企业。

（3）**混合式全面预算编制模式**。顾名思义，混合式全面预算编制模式是吸取权威式全面预算编制模式和参与式全面预算编制模式的长处所形成的模式。采用混合式全面预算编制模式，企业最高管理层根据战略目标提出全面预算的数值（指标），企业各个部门和员工根据"现场的炮声"提

---

① 简单地说，预算松弛就是少报收入和利润等预算数值，多报成本费用等预算数值。

出反馈意见或建议，并逐级汇总上报企业最高管理层，经过反复沟通与协调，企业最高管理层最后下达全面预算的数值（指标）。这种上下互动的全面预算编制模式，兼顾权威性与自主性，自上而下（体现战略目标和权威性），自下而上（体现战略实施的可能性和自主性），上下互动，达到有效沟通与协调的目的，有利于全面预算的顺利实施。但编制全面预算过程的效率较低。这种"上下结合，分级编制，逐级汇总"的混合式全面预算编制模式适合多数企业。

综上所述，全面预算具有沟通与协调的功能。全面预算以企业的战略为导向，诠释了企业的经营理念与财务理念之间的关系，使企业不同领域的经理人不仅具有经营理念，而且具有财务理念，使各个领域的经理人都"讲同一种语言"（持续创造价值），从而使企业的战略与管理会计相融合，企业的管理会计与经营业务连为一体，内部视角与外部视角和谐统一，从而达到"整合四流（资金流、物资流、信息流和人力流），创造一流（一流绩效）"的理想境界。

# 全面预算的"实践难"问题

常言道"知易，行难"。如前所述，理论具有普适性，而实践具有特殊性。理论与实践总是存在差异。

## 全面预算的难点

全面预算既有误区，又有难点，编制全面预算不易，执行全面预算更难。在实践中，全面预算至少存在两大难点。

（1）如何"摆平"数字背后的各种利益。如前所述，全面预算的编制过程绝非简单的填表过程，而是基于企业战略目标的"分权"与"分钱"的博弈过程。由此，全面预算所确定的预算数值不是单纯的数字，其背后隐含着经济利益或其他利益，甚至兼而有之。无论采用何种全面预算编制模式，企业各个部门和员工对其应该承担的全面预算数值必定"分毫必争""锱铢必较"。"摆平就是水平"。一旦"摆平"数字背后的各种利益，全面预算的编制过程就转化为非常简单的填表过程。如前所述，对于全面预算众说纷纭，存在种种误区乃至陷阱。通过阅读全面预算的相关论著，可以消除全面预算的种种误区，尽量避免踏入陷阱，但却难以消除全面预算所确定的预算数值背后的利益诉求。

（2）如何破解企业一把手的"官本位"意识。全面预算背后隐含着分权化管理思维。一旦完成全面预算的编制工作，企业所有部门和员工（包括企业的一把手）都必须受全面预算的约束。例如，乙公司引入全面预算之后，总经理刘先生想购买一份行业研究报告，打电话给相关人员。相关人员回复："没问题，请您告诉我计入哪项预算？"总经理刘先生顿时感到麻烦，意识到企业引入全面预算就相当于引入一条枷锁。而且，全面预算使企业的日常管理程序化和制度化。如此一来，企业的一把手可能没有特权，缺乏存在感。企业的一把手也就慢慢开始抵触全面预算。久而久之，全面预算形同虚设，流于形式。如何破除企业一把手的"官本位"意识和有权不用过期作废的崇尚权力观念，就成为企业实施全面预算的难点。

## 全面预算没有通用模板可借用

俗话说"一千个企业，一千个样"。全面预算具有鲜明的情境化特征，没有通用模板可借用。有些业界人士奉行"拿来主义"的实用理念。在企业的管理过程中，本着"他山之石，可以攻玉"的心态，让"拿来主义"的实用理念大行其道，这也确实让业界人士一度非常受用。业界人士也因此快速地掌握了一套宝典和先进经验，但毕竟不是从自身情况出发，难免不适用。

许多人总是强调学以致用，但越具体的"他山之石"越具有鲜明的情境化特征，自然也就越难以"攻玉"。广而推之，全面预算管理乃至管理类书籍就像菜谱，看懂"菜谱"却未必能做出"美味佳肴"。

在快速变化的世界，"他山之石"可以"观赏"（也应该被"观赏"），却未必"可以攻玉"。许多人从小就听过的童话故事《小马过河》可以形象地说明这个问题。小马准备过河时，老牛说："水很浅，刚没小腿，能蹚过去。"而松鼠则说："小马！别过河，你会被淹死的！"不可否认，无论是老牛的话，还是松鼠的话，都是经验之谈，甚至可以说是成功的经验之谈。小马应该听信老牛的话，还是听信松鼠的话呢？如果"他山之石"都"可以攻玉"，只要好好总结某些成功企业的先进经验并广而推之，岂不就可以大功告成，企业何须经营管理呢？

其实，商界并不存在最好的全面预算，只存在最适合某个企业的全面预算。全面预算成功的案例并不多，但不成功的案例却不少。有多少人说全面预算好，几乎就有多少人说全面预算不好，可谓毁誉参半。不过，除非所有引入全面预算的企业都以失败告终，否则，不能得出全面预算没有用的结论。总体而言，许多企业的实践还是证明全面预算是一种行之有效的管理制度。

**2**

战略管理与全面预算

➤ **从一个案例说起：**

G 公司是一家从事家电产销业务的民营企业。G 公司总经理凌先生一直苦恼于其精心制定出来的战略无法落地并取得预期成效。

为了破解心中的烦心事，总经理凌先生召集 G 公司各个部门的经理开闭门会，专门讨论公司战略落地问题。总经理凌先生说明本次闭门会的主旨之后，希望各个部门的经理畅所欲言，但足足有半个小时，会场一片寂静，似乎没有人想开口发言。总经理凌先生只能点名，让战略规划部经理汤先生发表意见。

战略规划部经理汤先生平静地说："公司一直重视战略的制定，精心制定了发展战略，并根据发展战略做出了年度战略规划。可是，这些战略规划没有得到有效的实施。坦率地说，就我个人及部门的权限，我也没有办法解决该问题。但我个人觉得公司缺乏引导战略落地的机制。"

各个部门的经理纷纷发言。不过，各个部门的经理发言大同小异，基本都抱怨自己缺乏实施年度战略规划或经营计划所需要的权和钱。

听了各个部门经理的发言之后，总经理凌先生问财务部经理魏女士："许多企业都实施的全面预算管理能否解决战略落地问题？"财务部经理魏女士回答："公司的战略决定公司应该做什么，而公司要做什么，自然需要具有相应的权力和资源。从理论上说，全面预算管理可以起到承上启下、化战略为行动的功效。根据公司战略编制全面预算可以从资源配置的层面解决公司战略落地问题。而且，规模较大的企业也都借助全面预算管理实施分权型管理模式。根据各个部门承接战略的目标和任务，配置权和钱。"

听了财务部经理魏女士的发言之后，总经理凌先生点点头说："财务部魏经理的意见值得考虑。这样，给魏经理半个月的时间准备，然后请魏经理用半天的时间给在座的各个部门经理讲讲如何借助全面预算管理化战略为行动。"随后，总经理凌先生宣布散会。

　　各个部门的经理都期待财务部魏经理指点迷津。

# 战略管理

企业已经进入"事事战略定位，时时战略定位"的战略管理时代。基于战略管理时代，企业的战略定位及其战略管理非常重要。所谓战略，就是企业从全局考虑做出的长远谋划，而战略管理则是对企业全局的、长远的发展方向、目标、任务和政策以及资源配置做出决策和管理的过程。

## 战略的层次

如前所述，企业是一个人造的有机整体。协同是企业组织设计的重要目标。企业通常由不同经营单位组成。这些不同的经营单位都有各自的战略。与此相对应，企业的战略通常分为整体战略（即选择可竞争的经营领域的总体战略）、经营单位战略（即某个经营领域具体竞争策略的业务单位战略，也称为竞争战略）和职能战略（即涉及各职能部门的职能性战略）。

当然，整体战略是企业的顶层设计，经营单位战略、职能战略必须服从整体战略。

整体战略、经营单位战略与职能战略的关注点如表 2-1 所示。

表 2-1　整体战略、经营单位战略与职能战略的关注点

| 战略的层次 | 关注点 |
| --- | --- |
| 整体战略 | ·企业所有商机，包括地域扩张、兼并与收购、产品拓展与收缩<br>·界定企业的价值观<br>·识别和构建或取得关键资源和能力<br>·企业所处的竞争领域以及各经营单位之间的联系<br>·如何在企业各经营单位之间分配资源<br>·企业面临的各种约束 |
| 经营单位战略 | ·企业如何在特定领域展开竞争即企业如何在特定领域创造价值<br>·企业顾客的愿景以及企业如何向顾客交付价值<br>·协调企业的各种行为，并使其与企业潜在竞争优势相匹配<br>·强化企业的竞争战略 |
| 职能战略 | ·营销、财务、研究、技术、运营和其他职能部门的各种计划和目标<br>·各职能部门之间的协调<br>·界定各职能部门的业务和流程，确保企业的竞争地位<br>·明确各职能部门的设置是否以及如何与其竞争战略相匹配 |

## 战略管理的基本原则

企业实施战略管理通常必须遵循以下四个原则。

（1）**目标可行原则**。企业战略目标的设定，应该具有一定的前瞻性和适当的挑战性，使战略目标通过一定的努力可以实现，并能够使长期目标与短期目标有效衔接。也就是说，战略目标既不能定得太高，也不能定得太低，而且必须兼顾长短期目标。

（2）**资源匹配原则**。企业应该根据各业务部门与战略目标的匹配程度进行资源配置。任何伟大战略的实施都需要各种资源的支持。企业应该根据各个职能部门承担的战略目标配置相应的资源，使资源与战略目标相匹配。

（3）**责任落实原则**。企业应该将战略目标落实到具体的责任中心

（responsibility center）和责任人，构成不同层级彼此相连的战略目标责任圈或责任链。为此，企业应该根据战略目标确定各职能部门的任务，设置责任中心，将战略目标分解落实到各个责任中心及其负责人，做到"千斤重担众人挑，人人肩上有指标"。

（4）**协同管理原则**。企业是一个整体，局部战略与整体战略应该协调一致，局部利益与整体利益应该协同一致，形成合力，形成"1+1>2"的协同效应。有鉴于此，企业应该以实现战略目标为核心，考虑不同责任中心业务目标之间的有效协同，加强各职能部门之间的协同管理，有效提高资源使用的效率和效果。

## 战略管理包含哪些内容

从战略的视角来考察，企业就是一个"战略制定—战略实施—战略调整—战略实施"无限循环的实体。完全可以说，不存在没有战略的企业，也不存在没有企业的战略。这就是"事事战略定位，时时战略定位"的生动写照。有鉴于此，战略管理的基本内容包括战略分析、战略制定、战略实施、战略评价与控制、战略调整。

（1）**战略分析**。战略分析是战略制定的基础。战略分析包括外部环境分析和内部环境分析。战略分析的基本工具包括 SWOT 分析法（strength，weakness，opportunity，threat）、波特五力分析法（Porter's five forces analysis）和波士顿矩阵分析法（BCG matrix）。

（2）**战略制定**。战略制定就是企业根据其愿景、使命和内外部环境分析情况，选择和设定战略目标的过程。企业可以其具体管理情境选择自上而下、自下而上或上下结合的方法制定战略目标。为了实现企业的战略目标，企业确定战略目标之后，各职能部门需要结合企业战略目标设定各自的战略目标（即经营单位战略目标），并将其具体化为一套与本企业可利用资源相匹配的关键财务及非财务指标的预测值。

（3）**战略实施**。在企业的战略管理领域，战略制定并不是问题的关键，问题的关键在于战略实施。所谓战略实施，就是企业将其战略目标变成现实的管理过程，即化战略为行动。企业的战略目标不可能自然而然地实现。因此，企业应该加强战略管控，结合使用各种管理工具或方法，引导战略落地，将企业中与战略实施相关的关键业务予以流程化，从而确保企业高效率和高效益地实现战略目标。

（4）**战略评价与控制**。战略落地并不意味着战略得到有效的实施。为了有效地实施战略，企业还需要借助战略评价与控制。所谓战略评价与控制，就是企业在战略实施过程中，通过检测战略实施进展情况，评价战略执行效果，审视战略的科学性和有效性，不断调整战略举措，以达到预期目标。战略评价主要包括：①战略是否适应企业的内外部环境；②战略是否达到有效的资源配置；③战略涉及的风险程度是否可以接受；④战略实施的时间和进度是否恰当。

（5）**战略调整**。企业的战略必须与企业内外部环境相适应。即便是最优秀的领航员，想顺利地带领一艘远航的船到达目的地，也需要根据风向和水流的变化，随时调整航线，难道企业就不需要根据环境的变化与时俱进地调整或修正战略吗？显然，企业应该根据内外部环境的变化及时做出战略调整。所谓战略调整，就是企业根据其面临内外部环境的发展变化和战略评价结果，及时调整其制定的战略，以保证战略有效指导企业经营管理活动。战略调整通常包括调整企业的愿景、长期发展方向、战略目标及其战略举措等。

## 战略分析的基本工具

如前所述，战略分析是战略制定的基础。战略分析包括外部环境分析和内部环境分析。战略分析的基本工具包括 SWOT 分析法、波特五力分析法和波士顿矩阵分析法。

### 1.SWOT 分析法

SWOT 分析法（S 表示优势、W 表示劣势、O 表示机会、T 表示威

胁），是指基于企业内外部竞争环境和竞争条件的综合分析。具体地说，
SWOT 分析法就是将与研究对象密切相关的各种主要内部优势、劣势和外
部的机会、威胁等，通过分析列举出来，并依照矩阵形式排列，然后用系
统分析的思想，把各种因素相互匹配，从中得出相应结论。这种结论通常
带有一定的决策性，对企业制定相应的发展战略、经营计划以及对策可以
起到支撑作用。根据 SWOT 分析法，战略目标应该是企业"能够做的"（即
企业内部的优势和劣势）和"可能做的"（即外部环境的机会和威胁）之
间的有机组合。

图 2-1 是 SWOT 分析模板。

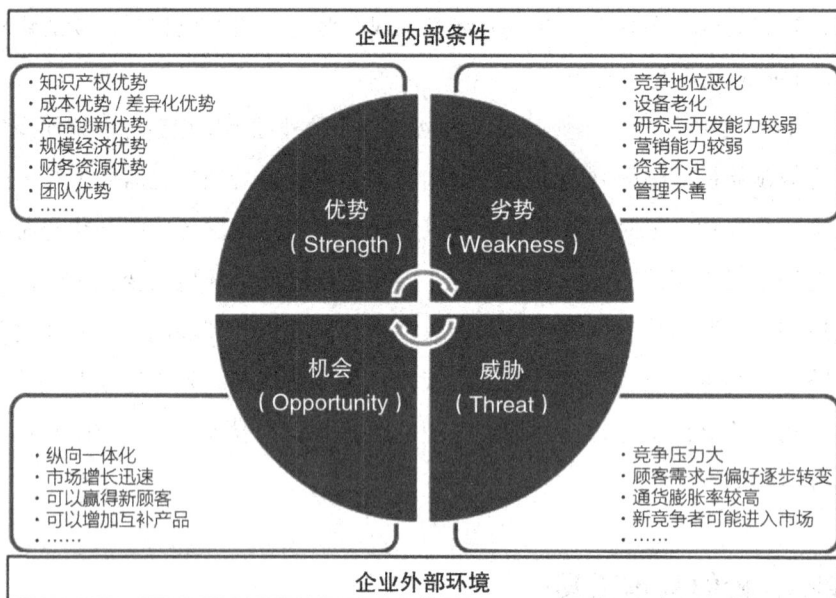

**图 2-1　SWOT 分析模板**

根据图 2-1，SWOT 分析可以为企业选择和制定战略提供备选方案。
SWOT 分析提供四种可能战略。

（1）SO（优势 - 机会）战略。这是依靠企业内部优势抓住外部机
会的战略。如果某家资源雄厚（内在优势）的企业发现某个国际市场未

曾饱和（外在机会），那么，该企业就可以采取 SO 战略开拓这个国际市场。

（2）WO（劣势 – 机会）战略。这是利用企业外部机会改变内部劣势的战略。如果某家面对计算机服务需求增长的企业（外在机会）十分缺乏技术专家（内在劣势），那么，该企业就可以采用 WO 战略培育、招聘技术专家，或购入某家拥有高技术的计算机企业。

（3）ST（优势 – 威胁）战略。这是利用企业的优势避免或减轻外部威胁打击的战略。如某家企业的销售渠道很多（内在优势），但由于各种限制又不允许该企业经营其他商品（外在威胁），那么，该企业就可以采取 ST 战略，走集中型、多样化道路。

（4）WT（劣势 – 威胁）战略。这是直接克服内部劣势和避免外部威胁的战略。如果某家企业的商品质量差（内在劣势），供应渠道不可靠（外在威胁），该企业就可以采取 WT 战略，强化企业管理，提高产品质量，稳定供应渠道，或走联合、合并之路以谋生存和发展。

下面以 A 家电公司为例，说明 SWOT 分析的具体运用。

A 家电公司始建于 20 世纪 50 年代，作为军工单位为国家安全服务，后因国家政策调整及自身发展需要，在 20 世纪 70 年代开始发展民用产品，进入家电行业，并于 20 世纪 90 年代中期挂牌上市。A 家电公司地处我国西南某二级城市，是国内著名的家电上市公司，主要从事电视机、电冰箱、空调等家用电器的研发、生产、销售和服务，并拓展至信息、电子、通信等领域，是一家综合型跨国集团。A 家电公司在以下三个方面具有一定优势。①研发优势。A 家电公司拥有多个国家级技术中心为其提供技术支持。②产业链优势。以行业内平板电视"面板 + 整机"为例，A 家电公司已拥有高度整合的垂直产业链，在一体化研发和一体化制造方面体现出明显的整合优势。③销售优势。国内各地均设有其营销和服务网点，美洲、东南亚、澳洲、欧洲均设有子公司，为其遍及全球的经贸往来提供基本条件。

根据 A 家电公司的具体情况，其 SWOT 分析结果如表 2-2 所示。

### 表 2-2　A 家电公司 SWOT 分析结果

| SWOT 分类 | 分析结果 |
|---|---|
| 优势 / S | ·拥有良好的销售网及平台<br>·在西南地区具有良好的顾客基础<br>·拥有具有竞争优势的国家级技术中心<br>·是地方支柱产业，政府扶持力度较大<br>·历史久，信用等级高，信贷能力强 |
| 劣势 / W | ·在职员工整体教育程度偏低，高素质人才比例不够高<br>·价格大战导致品牌价值下降<br>·缺乏具有核心竞争力的产品<br>·产品结构较为固定，变革阻力较大<br>·对下游的定价能力较弱 |
| 机会 / O | ·城市化进程加快，对家电产品需求大<br>·国家对家电行业的政策支持力度较大<br>·"互联网 +"提升了顾客个性化的消费需求（特别是智能家电市场）<br>·我国农村地区比重大，家电消费市场较大<br>·家电产品作为家庭必需品，可替代性极弱 |
| 威胁 / T | ·全球经济增速有所放缓<br>·技术研发投入大，经营风险大<br>·专业化家电公司受捧，同行业竞争激烈<br>·行业性的存货问题较为突出<br>·物价上涨过快，导致成本较高 |

根据表 2-2，可以很直观地看出 A 家电公司的优势、劣势、机会和威胁。这是 A 家电公司战略定位的重要依据。

SO（优势 – 机会）战略：家电市场仍有较大空间，A 家电公司应当做好市场调研，充分了解顾客需求，向核心产品优势进军；关注西南地区的农村市场，利用良好的销售网点等优势，加强中低端产品的营销；利用政府扶持项目和良好的银行信贷条件，充分利用资金，并形成核心竞争力。

WO（劣势 – 机会）战略：引进高素质人才，充实人才队伍，尤其是在管理和技术方面，努力实现质的飞跃；明确产品优势，提高质量和售后服务水平，重新树立品牌形象；充分拓展销售渠道，避免强势下游买方压低产品价格。

ST（优势－威胁）战略：充分利用国家对家电行业销售及技术的各项扶持政策，调整产品支持侧重点，迎合市场需求；通过完善的销售网和售后服务以及现金内部管理制度，减少管理成本和销售成本。

WT（劣势－威胁）战略：加强员工的培训教育，提高整体业务技能水平；加强品牌建设，提升品牌的知名度和影响力；引进高素质人才，增强公司的创新能力，开发出更加多样的产品。

在 SWOT 分析中，还应注意三个问题。①要明确优势、劣势与机会、威胁的地位不同，可以通过改变竞争双方的优劣势对比关系，对研究对象带来一定机会或威胁。这是 SWOT 分析的基本结构。②从内容上说，SWOT 分析既应该包含静态分析，也应该包含动态分析，即既要分析研究对象与其竞争对手现实的优劣势或现实的优劣势对比关系，还要探讨研究对象与其竞争对手各自的优劣势及其面临的机会、威胁的发展变化趋势，由此预测现实优劣势在未来可能发生的变化，据此分析战略目标的合理性，并设想战略措施。③在战略定位时，SWOT 分析不是孤立的，而应该与对现状产生原因的分析，特别是实现未来战略目标或阶段战略目标需要满足的条件的分析相结合。对现状产生的原因没有全面的认识，或对实现战略目标应具备的条件做出错误判断可能导致对优劣势和机会、威胁的错误认识。

### 2. 波特五力分析法

波特五力分析法，是指将供应商议价能力、购买者议价能力、新进入者的威胁、替代品的威胁、现有企业之间的竞争作为竞争主要来源的一种竞争力分析方法。

图 2-2 是波特五力分析模板。

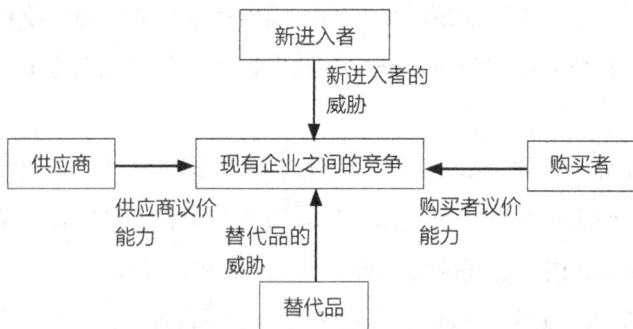

**图 2-2　波特五力分析模板**

任何企业都不可能也没有必要占据价值链（value chain）的全部，关键在于企业的战略定位和行业的选择。各行各业，其盈利能力存在显著差异。迈克尔·波特（Michael E.Porter）在其《竞争战略》（*Competitive Strategy*）中指出，有五大力量（five forces）影响着行业的平均盈利能力。

图 2-3 描述了行业平均盈利能力如何受五大力量的影响。

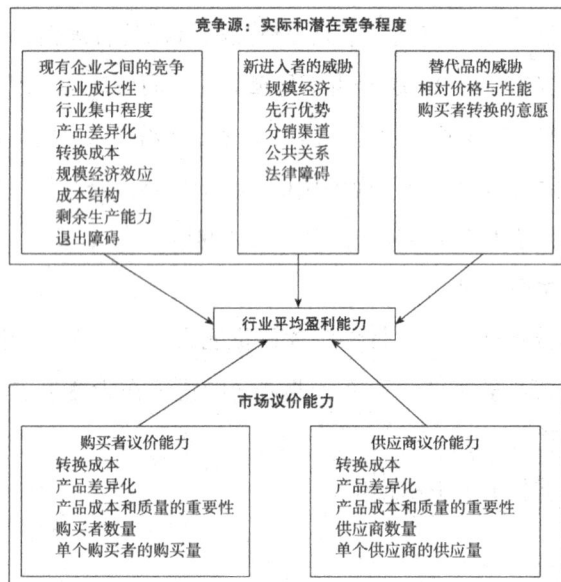

**图 2-3　行业平均盈利能力如何受五大力量的影响**

根据图 2-3, 竞争的强度决定企业在行业中创造超额利润的潜力, 潜在利润能否由行业保持则取决于该行业的企业与其购买者和供应商的议价(讨价还价)能力。可见, 在一个行业中, 存在三种潜在的竞争源: 现有企业之间的竞争、新进入者的威胁和替代品的威胁。而议价能力则从市场的层面影响甚至加剧行业的竞争程度, 从而影响行业平均盈利能力。

(1) 现有企业之间的竞争。

在多数行业中, 现有企业之间的竞争性质影响企业平均盈利能力。有些行业, 企业之间的竞争异常激烈, 其产品价格接近甚至低于边际成本。而有些行业, 价格竞争并不激烈, 相反, 其竞争的落脚点表现在非价格因素, 如创新或品牌形象等方面。决定现有企业之间竞争强度的主要因素如下。

①行业成长性。如果某个行业高速增长, 那么, 现有企业不需要通过从其他企业争夺市场份额来获得自身的增长, 其竞争程度相对较低; 相反, 如果某个行业很萧条, 现有企业获得发展空间的唯一途径就是从其他企业那里夺得市场份额, 其竞争程度相对较为激烈。这时, "价格大战"在所难免。

②行业集中程度。某个行业的企业数量及其规模决定了该行业的集中程度。行业集中程度影响同行业的各个企业之间协商定价方式和其他竞争方式。例如, 如果某个行业只有一个企业, 该企业就可以制定并实施竞争规则, 这时该企业就是价格的制定者; 如果某个行业只有两三个规模相当的企业, 这些企业就可以合作竞争, 避免恶性价格竞争; 如果某个行业存在许多规模相当且较小的企业, 那么, 该行业的价格竞争必定非常激烈, 这时企业只能是价格的接受者。

③产品差异化和转换成本。企业之间的竞争程度取决于其产品或服务的差异化程度。如果某个行业提供的产品非常相似, 顾客就可以根据价格因素随时从一家企业转向另一家企业。当然, 顾客需要付出的转换成本决定着顾客从一家企业的产品转向另一家企业的产品的购买倾向。如果转换成本很低, 同行业企业之间的竞争就会非常激烈; 如果企业的产品独一无二, 具有非常强的差异化程度, 顾客转换成本就非常高, 同行业企业之间的竞争程度就相对较低。

④规模经济效应与成本结构。如果某个行业存在某种类型的规模经济效应，那么，规模就成为重要的竞争因素。市场份额的争夺将显得异常激烈。与规模经济效应相联系的是成本结构问题（企业成本总额中，固定成本与变动成本所占的比例）[①]。一般而言，规模经济效应大的企业，其固定成本所占比例相对比较高。这样，企业就有强烈的动机降低价格，以利用剩余生产能力。频繁地进行"价格大战"的航空行业就是这种情况的典型例证。

⑤剩余生产能力和退出障碍。如果企业存在剩余生产能力，必然会产生降低价格，扩大需求量，从而利用剩余生产能力的强烈动机。与此相联系，如果企业资产的专用性很强，那么，企业从某个行业退出存在重大障碍或退出代价高昂，剩余生产能力问题就可能显得更为突出。因此，剩余生产能力和退出障碍同样影响竞争的强度。

（2）新进入者的威胁。

企业获得的超常利润必然会引来新进入者。新进入者的到来，可能影响行业中现有企业的竞争格局，从而影响行业的平均盈利能力。因此，新进入者进入行业的难易程度便成为影响行业平均盈利能力的重要因素。新进入者对现有企业的威胁程度取决于以下因素。

①规模经济。如果某个行业存在规模经济效应，那么，新进入者就面临斥巨额投资而生产能力可能难以充分利用的风险。这样，新进入者至少在早期可能处于成本劣势地位。

②先行优势。先行者（early entrants）起步早，在行业内占据一定的竞争地位，从而通常具备一定的先行优势。例如，先行者可能制定行业标准，与廉价原材料供应商达成特别协议，也可能获得管制行业经营的政府许可。从规模经济的角度看，先行者也比新进入者拥有绝对的成本优势。有时，顾客使用现有产品之后，便喜欢这种产品，则其转换成本较高。这时，先行优势就非常明显。例如，微软公司Windows操作系统的用户就面临巨大的转换成本，其他软件公司不容易推销其他操作系统。

---

① 第3章将进一步讨论固定成本与变动成本问题。

③分销渠道与公共关系。现有分销渠道的有限容量，以及开辟新的分销渠道的巨额成本，成为新进入者进入该行业的强大障碍。例如，汽车行业的新进入者可能因难以开发经销商网络而面临难以逾越的障碍，新消费品生产企业的产品难以进入超级市场。企业与顾客之间的现有关系也使得新进入者难以进入该行业。例如，审计服务行业、投资银行业和广告业就是典型例证。

④法律障碍。在有些行业，法律障碍（例如研究密集型行业的专利权和版权）限制新进入者进入该行业。同样地，许可证规则也限制新进入者进入某些行业（例如出租车服务业、医疗服务行业、广播和电信行业）。

（3）替代品的威胁。

替代品是指其功能与现有产品相似或相同的产品。替代品的威胁取决于相互竞争的产品或服务的价格和性能，以及顾客的替代意愿。如果两种替代品之间性能差不多，品牌就是一个重要的竞争因素。当然，品牌也是影响顾客转换意愿的重要因素。例如，名牌服装并不具有更多实用性，但因为顾客认可该品牌的价值，即使其价格与其他品牌相同甚至高一些，顾客仍然喜欢该品牌产品，而没有转换意愿。

（4）购买者议价能力。

决定购买者力量的因素主要是价格敏感性和相对议价能力。价格敏感性决定购买者愿意讨价还价的程度；相对议价能力决定购买者能否成功地取得较低价格。

①价格敏感性。如果企业提供的产品或服务不具有独特性且顾客转换成本很低，那么，购买者的价格敏感性就很强。当然，价格敏感性与顾客定位也有关。通常，低收入阶层顾客的价格敏感性强一些。

②相对议价能力。即便购买者对价格敏感，如果购买者不具备议价能力，也难以取得较低的价格。相对议价能力取决于购买者相对于供应商的数量、单一购买者的购买数量、购买者可选择产品或服务的数量、购买者转换成本以及购买者向后整合（backward integration）的威胁。例如，在汽车行业，汽车制造商比零部件制造商具有更强的议价能力。因为汽车制造商是大的购买者，存在许多可选择的供应商，而且转换成本较低。相反，

在个人计算机行业，由于顾客转换成本很高，计算机制造商的议价能力比操作系统制造商的议价能力弱。

（5）供应商议价能力。

供应商议价能力的分析与购买者议价能力的分析基本思路相同。这里不赘述。

仍以 A 家电公司为例，说明波特五力分析的具体运用。

（1）新进入者的威胁。我国的家电市场已经日趋成熟，现存的各家电企业形成了规模化生产，固定资产占资产总额的比重较大，如果生产量达不到一定的规模，固定成本、研发成本等投入难以摊销，这种规模经济给新进入者形成了很大的障碍。同时，由于家电产品的生产流程需要投入大量资金，而行业内的激烈竞争，利润有限，投资周期长，因此，新进入者进入市场的可能性很小。然而，就上游主要配件供应商而言，其产品在家电产品成本所占比例较大。例如，平板电视的屏幕等，供应商只需要对其生产线进行一定的改造，就可以加入家电行业。家电企业仍要谨慎对待上游主要供应商的威胁。

（2）替代品的威胁。家电产品作为人们日常生活必不可少的用品，很难用其他物品代替。然而，随着技术的快速发展与迭代，个别家电产品也面临着一些威胁。例如，20 世纪 90 年代风靡一时的录像机、影碟机，由于人们娱乐方式的改变，早已被家庭影院或高档电影院代替，以致现在几乎不会出现在市场上。因此，家电企业应该灵活地把握市场需求，避免个别产品的战略决策失误，对企业整体利润产生影响。

（3）供应商议价能力。家电行业经过长时间的市场竞争，市场上的家电企业两极分化严重，一些家电企业看准了市场发展态势，在重组兼并过程中越做越大，增加了市场集中度，从而确保了企业的竞争力。例如，美的电器、格力电器、海尔集团等龙头企业有着完善的供应链管理系统。对这些家电企业而言，其上游供应商的议价能力较弱。然而，在激烈的市场竞争中，部分家电企业由于战略选择的失误，没有顺应企业发展情势的变化，没有做大做强，反而被龙头企业抢占了原有市场份额。这类企业由于资金和技术的积贫积弱，缺乏整机生产能力，从而在产品链的上游和核心技术方面缺少话语权，与供应商的价格磋商也就缺乏议价能力。

（4）购买者议价能力。目前家电行业产能过剩，可供顾客选择的余地很大，行业内已经完全形成买方市场，下游渠道商能够强行压低价格，或要求更全面的服务，尤其是国美、苏宁等连锁家电卖场在大中城市的优势地位，在与家电企业合作时具有很强的议价能力。因此，家电行业购买者的议价能力很强。

（5）现有企业之间的竞争。家电行业的龙头企业效应明显，只有增加市场集中度，才能形成企业的品牌效应和供应链管理等优势，拥有更多市场份额。因此，龙头企业是家电企业的主要竞争者。家电企业销售两极分化现象较为明显，A家电公司的主要竞争者为格力电器、海尔集团、TCL集团和美的电器。

值得指出的是，上述讨论的行业分析框架建立在行业存在明确的范围基础上。现实未必如此。因为行业的界线越来越难以明确划分，也并非泾渭分明。因此，不恰当的行业界定可能导致战略分析的失误。基于数智时代，"场景"逐步取代"行业"。不过，无论是"场景"还是"行业"，其分析的思路大同小异。

### 3. 波士顿矩阵分析法

波士顿矩阵分析法认为决定产品结构的基本因素通常包括市场引力与企业实力。反映市场引力的指标是销售增长率，这是决定企业产品结构合理性的外在因素。反映企业实力的指标是市场占有率，这是决定企业产品结构的内在要素。

波士顿矩阵分析法通常借助波士顿矩阵确定企业的哪些业务可以提供较高的潜在收益，哪些业务在消耗企业的资源。波士顿矩阵指在直角坐标图上，以纵轴表示企业销售增长率（从上至下，由高到低），以横轴表示市场占有率（从左至右，由低到高），将坐标图划分为明星类产品（★）、问题类产品（？）、金牛类产品（¥）、瘦狗类产品（×）。波士顿矩阵如图2-4所示。

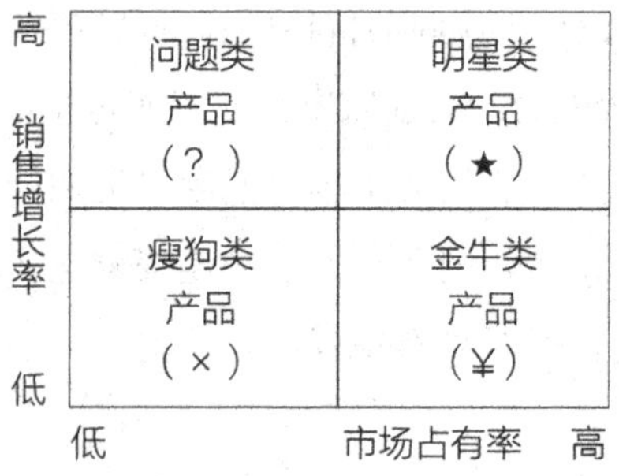

**图2-4  波士顿矩阵**

根据图2-4，销售增长率（纵轴）与市场占有率（横轴）的组合，可能出现四种不同性质的产品类型：①销售增长率和市场占有率双高的产品群（明星类产品）；②销售增长率和市场占有率双低的产品群（瘦狗类产品）；③销售增长率高而市场占有率低的产品群（问题类产品）；④销售增长率低而市场占有率高的产品群（金牛类产品）。

那么，波士顿矩阵的战略含义是什么呢？

企业应该尽量从金牛类产品获得更多现金，并限制金牛类产品的投资。明星类产品和问题类产品具有增长潜力，应将从金牛类产品获得的大量现金投资于明星类产品和问题类产品。随着市场的成熟和销售速度的放缓，明星类产品可能演变为金牛类产品。瘦狗类产品则属于不再投资扩展或即将淘汰的产品。

总之，波士顿矩阵分析法的目的在于通过划分产品所处的不同象限，使企业采取不同决策，以保证其不断地淘汰没有发展前景的产品，保持问题类产品、明星类产品、金牛类产品的合理组合，实现产品及资源分配结构的良性循环。

值得指出的是，战略分析具有鲜明的个性化特征，因企业而异。这里只是提供基本的分析框架，读者理应举一反三，触类旁通，切勿生搬硬套。

## 常见的战略类型

企业如何在特定行业有所作为，在相当大程度上取决于其战略定位。

为何在没有吸引力的行业中仍存在盈利水平很高的企业，而在吸引力很高的行业中却又存在经营状况很差的企业？受潜在高利润的诱惑，企业进入与自身竞争优势毫不相关的行业从事多元化经营，最终这些企业缘何大多以失败告终？这就涉及企业的竞争战略地位问题。

其实，没有不赚钱的行业，只有不赚钱的企业。因此，企业竞争定位涉及两方面问题：行业吸引力和企业在该行业的竞争地位。

行业吸引力与企业竞争地位相互依存，但是，并非绝对固定不变的。随着技术和经济的发展，两者可能都会发生变化。选择行业固然重要，但更重要的还是企业在其所选择的行业中的竞争地位。企业在行业中的竞争地位决定了企业的盈利能力。只要企业占据较好的竞争地位，即便在行业结构不利、行业平均盈利能力不强的环境下，企业的盈利能力依然可能强于行业平均水平。如果这种局面能够长期存在，企业便具备持续的竞争优势。

企业制定竞争战略的实质，就是将一个企业与其所面临的环境建立联系。尽管相关环境的范围相当广泛，包括社会、经济、法律和教育等因素。但是，在企业环境中，最关键的因素就是企业所参与竞争的一个或几个行业。行业结构强烈地影响着竞争规则的制定以及潜在的可供选择的战略。行业外部力量通常影响着行业内部的所有企业。问题的关键在于企业对外部影响的应变能力。一个行业内部的竞争环境取决于五种基本的竞争力量（见图 2-2）。这些力量汇集起来决定着该行业的最终利润空间。最终利润空间将随着这五种力量的合力变化而发生根本性变化。企业的战略目标在于使企业在行业内部处于最佳定位，保卫自己，抗击五种竞争力量或根据企业本身的意愿来影响这五种竞争力量。因此，企业盈利能力不仅受到行业结构的影响，而且受到企业在其行业竞争定位时所做的战略选择的影响。

在市场经济环境下，企业之间的竞争是不可避免的。尽管企业相对其竞争对手存在许多优势和劣势，企业仍然可以拥有两种基本的竞争战略：成本领先（cost leadership）战略和差异化（differentiation）战略。这两种战略都有助于企业建立可持续的竞争优势。图 2-5 描述了这两种战略及其竞争优势。

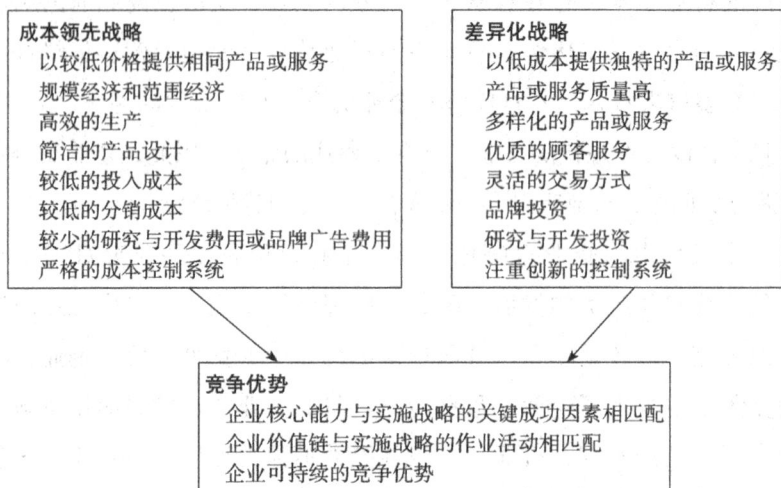

```
┌─────────────────────────────┐      ┌─────────────────────────────┐
│ 成本领先战略                 │      │ 差异化战略                   │
│   以较低价格提供相同产品或服务│      │   以低成本提供独特的产品或服务│
│   规模经济和范围经济         │      │   产品或服务质量高           │
│   高效的生产                 │      │   多样化的产品或服务         │
│   简洁的产品设计             │      │   优质的顾客服务             │
│   较低的投入成本             │      │   灵活的交易方式             │
│   较低的分销成本             │      │   品牌投资                   │
│   较少的研究与开发费用或品牌广告费用│ │   研究与开发投资             │
│   严格的成本控制系统         │      │   注重创新的控制系统         │
└─────────────────────────────┘      └─────────────────────────────┘
            ┌──────────────────────────────────────────┐
            │ 竞争优势                                   │
            │   企业核心能力与实施战略的关键成功因素相匹配│
            │   企业价值链与实施战略的作业活动相匹配     │
            │   企业可持续的竞争优势                     │
            └──────────────────────────────────────────┘
```

**图 2-5　两种战略及其竞争优势**

一个企业所具有的优势或劣势的显著性最终取决于企业在多大程度上能够在成本领先和差异化方面有所作为，而成本领先和差异化又受行业结构影响。

**1. 成本领先战略**

成本领先战略通常是一种获取竞争优势最明确的战略。成本领先要求积极地建立达到有效规模的生产设施，在经验基础上，严格控制成本费用，全力以赴降低成本费用。贯穿于整个战略的主题是如何使企业成本费用低于其竞争对手。为了达到这些目标，企业必须高度重视成本费用管理。

尽管企业在一个行业内部存在着强大的竞争力量，但是，处于成本领先地位的企业依然可以获得保持高于行业平均水平的盈利能力，原因如下。①成本领先可以使企业在与其竞争对手的竞争过程中受到保护。成本领先意味着当别的企业在竞争中失去利润时，该企业依然可以得到利润。②在强大的购买者议价能力博弈过程中，处于成本领先的企业有利于保卫自己。购买者只能将价格压到该企业之后的竞争对手的水平。③成本领先的企业也构成对强大供应商的防卫。成本领先企业在应对产品涨价方面具有较高的灵活性。④形成成本领先地位的各种因素通常也以规模经济或成本优势的形式建立起进入壁垒，从而可以抵御新进入者的威胁。⑤面临替代品的竞争，与同行业的其他竞争对手相比，成本领先企业通常处于更有利的地位，从而抵御替代品的威胁。因此，成本领先企业面对五大力量的威胁具有强大的防御能力。

在成本领先战略的指导下，企业的目标就是要使其成为行业的低成本生产者。成本领先优势的来源各不相同，并取决于行业结构。成本领先优势的来源主要包括规模经济、专有技术、优惠的原料等。当然，规模经济是有条件的，它受市场容量的约束。如果企业能够创造和维持全面的成本领先地位，那么，它只要将价格控制在行业平均或接近平均的水平，就可以获取高于平均水平的经营绩效。与竞争对手的价位相比，成本领先企业的成本较低其利润较高逐步推断出成本领先优势的战略价值取决于其持久性。如果企业成本领先优势的来源对竞争对手来说是难以复制或模仿的，其持久性就会存在。因此，企业要获得成本领先优势就必须追溯成本动因（cost driver）和重构价值链。

**2. 差异化战略**

在差异化战略指导下，企业力求就顾客广泛重视的一些方面在行业内别具一格。如果一个企业能够提供给顾客某种具有独特性的东西，那么，该企业就具备了有别于其竞争对手的经营差异化。经营差异化减少了竞争，能够保证企业占有一定的市场份额。

差异化战略利用顾客对品牌的忠诚以及由此产生的对价格的敏感性下降使企业得以避开竞争。差异化战略可以使盈利能力提升而不必追求成本领先。顾客的忠诚以及某一个竞争对手要战胜这种独特性需要付出的努力也就构成了进入壁垒。产品或服务差异化带来的较高利润可以用来应对供应商的强大压力，同时也可以缓解顾客的压力。当顾客缺乏选择余地时，其价格的敏感性也就不高。采取差异化战略而赢得顾客忠诚的企业，在面对替代品威胁时，其所处的地位比其他竞争对手也更为有利（毛利率的高低就是衡量企业运用差异化战略是否成功的良好指标）。

因此，实施差异化战略的企业必须做好三件事：①确定产品或服务的一种或多种受顾客重视的独特性；②以独特的方式为特定顾客提供具有独特性的产品或服务，满足顾客的需求；③以低于顾客愿意为具有独特性的产品或服务支付的价格的成本水平实现这种独特性。

### 3. 目标集中战略

如果企业竞争优势的两种基本形式与企业寻求获得这种优势的活动范围相结合，就可以引导出企业在产业中创造高于平均经营绩效水平的第三种战略：目标集中战略。

目标集中战略因其着眼于在行业内一个狭小空间内做出选择，这种战略与其他战略迥然不同。目标集中战略选择行业内一种或一组细分市场，并量体裁衣，使其战略为某个特定细分市场服务而不是为其他细分市场服务。市场是一个整体，但是，对于某家企业而言，其市场是具体的。市场不是抽象的市场，而是特定的细分市场。企业所面对的是特定细分市场的特定顾客。如果企业片面追求市场份额，想赚天下所有人的钱，试图满足所有顾客的需求，可能使企业在特定产品、特定的细分市场失去竞争优势，从而失去企业持续的竞争优势。因此，企业的战略目标必须集中，不能面面俱到。

成本领先战略、差异化战略和目标集中战略相互联系、相互配合。成本领先战略保证了理论利润，体现了效率（efficiency）；差异化战略保证了市场份额，使企业在成本方面的高效率转化为高效益（effective）；目标集中战略则进一步强化了成本领先优势和差异化优势。

当然，企业竞争战略的选择不会自然而然地产生竞争优势。为了获得持续的竞争优势，企业必须明确目标，制定与企业面临的内外部环境相适应的战略并有效执行战略。成本领先战略和差异化战略都要求企业具备核心能力（core competence），并以适当的方式构造其价值链。核心能力和价值链的独特性以及竞争对手难以模仿的程度决定其竞争优势的可持续性。

以 A 家电公司为例，根据波特五力分析，其应该采用何种战略呢？

如前所述，企业的基本战略包括成本领先战略、差异化战略和目标集中战略。

成本领先战略要求企业内部具有良好的资金运作能力，各部门有严格的管理制度并得到有效执行，生产产品的技术成熟，销售过程不需要投入太多资金。就家电行业而言，新产品的研发需要投入大量资金，并且具有很高的经营风险。而且，家电行业销售网的建立和市场的推广深刻影响着企业的竞争效果。因此，A 家电公司不适合采用成本领先战略。

差异化战略的着力点在于企业提供产品或者服务的创新。差异化战略的应用范围（包括产品外观、技术应用、功能特点、销售方式、顾客服务等）很广。企业采用差异化战略可以避免同质化竞争。差异化战略要求企业具有优良的生产能力，产品的设计和生产具有创新能力，并且还需要销售渠道的针对性配合。A 家电公司悠久的历史、完整的生产线、成熟的销售渠道，以及良好的信贷条件和政府扶持效果均有利于其取得大量贷款，具备设计和生产差异化产品及服务的有利条件，同时 A 家电公司拥有具有竞争优势的国家级技术中心，长期以来积累了创新优势。因此，A 家电公司适合采用差异化战略。

目标集中战略对市场要求极高，需要有明确的细分市场，并且细分市场的容量足够大，具有增长潜力，市场的竞争者相对较少且威胁较小。根据目标集中战略对市场的要求，家电市场难以满足。因此，A 家电公司也不适合采用目标集中战略。

综上所述，根据波特五力分析，A 家电公司适合采用差异化战略。

# 基于战略导向的全面预算

正如第 1 章所述，企业战略指引全面预算，全面预算引领经营活动。由此，全面预算可以化战略为行动，引领战略落地。当然，从另一个方面看，全面预算离不开战略。没有战略，就没有全面预算。讨论全面预算必须先明确企业战略。企业战略是全面预算管理的"题中应有之义"①。

## 全面预算引导战略落地

为了编制一份完整的全面预算，企业经理人首先必须确定企业战略，然后根据战略确定企业要达到的目标。目标是企业的目的地，全面预算则是指引企业到达目的地的地图。没有战略和目标，企业的经营活动将缺乏方向。

企业战略、决策方案或经营计划与全面预算，层层递进。图 2-6 描绘了企业战略与全面预算之间的关系。

---

① 因此，"全面预算管理"之前没有必要"画蛇添足"地加上"战略"两个字呢？

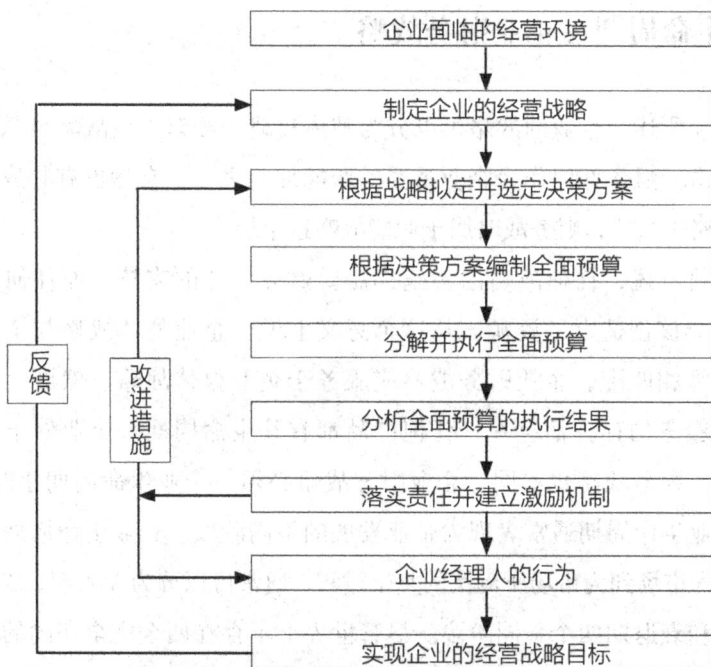

**图 2-6　企业战略与全面预算之间的关系**

根据图 2-6，全面预算立足企业经营环境，"上承战略，下接绩效"，充分体现"环境—战略—行为—过程—结果"一体化的逻辑，进而引导企业战略落地。其中，"落实责任并建立激励机制"中的"落实责任"，产生"改进措施"，可能修改企业的战略，进而影响下一个环节"根据战略拟定并选定决策方案"；"落实责任并建立激励机制"并结合"改进措施"也必然影响"企业经理人的行为"。企业根据战略编制全面预算。如果企业执行了全面预算，企业战略也就自然落地[①]。

①　这里隐含的意思是：如果企业没有执行全面预算，企业战略就难以落地。如果企业没有根据战略编制全面预算，即便企业执行了全面预算，企业战略也难以落地。因为此时的全面预算可能强调各个部门的利益，导致各个部门"各自为政"，进而造成全面预算与企业整体战略脱节。第 6 章将进一步讨论这个问题。

## 企业生命周期与企业财务战略

如前所述，企业的战略可以分为整体战略、经营单位战略与职能战略三个层次。财务部门作为企业重要的职能部门之一，自然也有其战略，即财务战略。当然，财务战略属于职能战略这个层次。

如前所述，任何战略的实施都需要财务资源的支持，而任何战略的实施都应该创造财务资源。从这个意义上说，企业整体战略与企业财务战略必须相匹配，企业财务战略应服务于企业整体战略。然而，企业因产品或服务的存在而存在，任何产品都有其生命周期。企业处于不同发展阶段，财务战略也不同。企业财务战略必须与企业生命周期相匹配。

企业生命周期通常表现为企业发展的不同阶段。企业生命周期反映产品从进入市场到为市场所淘汰的整个过程，通常可以分为投入期、成长期、成熟期和衰退期四个不同阶段。尽管世界上不存在两个完全相同的企业，企业经营过程也充满个性化色彩，但是，一般认为企业生命周期具有一些基本特征，如表 2-3 所示。

**表 2-3　企业生命周期的基本特征**

| 基本特征 | 企业生命周期 | | | |
|---|---|---|---|---|
| | 投入期 | 成长期 | 成熟期 | 衰退期 |
| 市场特征 | 知名度不高 | 建立了知名度 | 具有较高知名度 | 市场萎缩 |
| 战略目标 | 生存并成长 | 发展壮大 | 巩固、改善 | 产品更新 |
| 关键因素 | 营销、得到顾客认可 | 提高市场份额 | 控制成本 | 研究与开发 |
| 成长性 | 非常高 | 高 | 中等偏低 | 负数 |
| 资金来源 | 权益资本 | 权益资本 | 债务资本 | 债务资本 |
| 经营风险 | 非常高 | 高 | 中等 | 低 |
| 财务风险 | 非常低 | 低 | 中等 | 高 |
| 现金流量 | 负数 | 基本平衡 | 正数 | 平衡 |
| 每股收益 | 几乎没有或非常低 | 低 | 高 | 开始下滑 |

续表

| 基本特征 | 企业生命周期 | | | |
| --- | --- | --- | --- | --- |
| | 投入期 | 成长期 | 成熟期 | 衰退期 |
| 股利支付率 | 0 | 一般 | 高 | 100% |
| 市盈率 | 非常高 | 高 | 中等 | 低 |
| 财务战略 | 稳步成长型 | 快速扩张型 | 稳健型 | 紧缩型 |

由表 2-3 可知以下信息。

（1）如果企业生命周期处于投入期，顾客对企业的产品了解不多，产品在市场上的知名度较低，市场份额较小，而为了获得顾客认可，提高产品知名度，需要投入巨额营销费用。这样，经营活动现金流量通常为负数，利润较少甚至亏损，企业经营风险非常高。面对这种情形，根据经营风险与财务风险的匹配关系，企业可以采取"吸引权益资本、较低财务杠杆和不分配"的稳步成长型财务战略，积极支持产品的市场推广。

（2）如果企业生命周期处于成长期，顾客逐步接受或认可企业的产品，产品在市场上已经初步建立了知名度，销售量逐步增加，市场份额逐步增长，经营活动现金流量基本保持平衡。这时，尽管营销费用还在增加，但其占销售额的比重却有所下降，经营风险也有所降低。面对这种情形，根据经营风险与财务风险的匹配关系，企业可以采取"吸引权益资本、低财务杠杆和少分配"的快速扩张型财务战略，积极树立产品的品牌形象，提高市场份额。

（3）如果企业生命周期进入成熟期，这时，多数顾客已经接受或认可企业的产品，产品在市场上树立了较高的知名度，销售量稳步增加，市场份额保持在较高水平，经营活动现金流量相对稳定且充裕。但同类产品竞争较为激烈，价格成为一个敏感问题，只要加强成本控制就能够"将昨天的成本转化为明天的利润"，经营风险中等。面对这种情形，根据经营风险与财务风险的匹配关系，企业可以采取"吸引债务资本、适当财务杠杆和适当分配"的稳健型财务战略，强化成本控制，巩固现有市场份额。

（4）如果企业生命周期已经进入衰退期，产品开始甚至已经老化，难以满足顾客的需求，销售量逐步下降，市场开始或已经萎缩。这时，尽管经营活动现金流量还可以保持平衡，但是，产品几乎已经无利可图，企业面临产品更新问题。面对这种情形，根据经营风险与财务风险的匹配关系，企业可以采取"吸引债务资本、较高财务杠杆和多分配"的紧缩型财务战略，积极支持产品更新换代，并为下一个产品生命周期做准备。

当然，企业生命周期的划分一般不可能像表2-3那样泾渭分明，自然也就不存在一种放之四海而皆准的财务战略，但是，企业财务战略必须与企业生命周期相匹配却是一个不争的事实。相反，如果忽视企业生命周期，采用统一或不匹配的财务战略，可能导致企业财务状况恶化，危及企业价值。更为重要的是，企业财务战略影响企业全面预算的侧重点同样是一个不争的事实。

## 企业生命周期与企业全面预算

企业生命周期也影响企业全面预算。

### 1. 投入期的全面预算

投入期是企业创办、新产品投入、新市场开拓的时期。企业在投入期经营风险高，投资风险大，可能产生大量资本支出与现金流出，现金流量净额经常出现负值。在投入期，企业研发新产品的成败未知，未来现金流量具有很大的不确定性，因此，投入期的全面预算应当重点关注以资本投入为中心的资本预算。

在编制全面预算时，重点在于投资项目的预算总额及其投资方向。首先要注意投资项目的可行性分析与决策过程、对投资项目的优劣取舍、对投资项目的预计未来现金流量规划。其次要从投资项目的资金需求量方面对拟投资项目的支出做出整体规划。同时考虑投资项目支出的时间序列，做好资本支出的现金流出量规划，在综合考虑企业预算总额、各个项目预算及时间序列基础上，结合企业的融资方式做好筹资预算，以保证企业的资金供应能满足投资项目的资金支出需求。

### 2. 成长期的全面预算

常言道："没有不开张的油盐店。"企业发展方向正确，经过投入期的努力，进入成长期。在成长期，企业的市场迅速扩张，企业战略管理的重点是扩大市场占有率，同时注重企业内部的规范管理。成长期的营销管理是企业管理的关键，企业要通过市场营销打开产品销路，不断提高市场占有率。这时，企业存在较高的经营风险，产品能否以及以何种价格被市场接受存在不确定性，而且，企业为了扩大市场投入大量的市场营销费用，为了吸引顾客而制定各种信用条件和信用政策，财务风险较低。因此，在成长期，企业全面预算的重点是销售预算。

企业应当以市场为导向，基于销售预测编制销售预算。在销售预算确定的前提下，以销定产，编制企业的生产、采购、成本费用、利润和现金流量等各种职能预算，以各个职能预算为基础编制企业的综合财务预算。通过企业的全面预算促进企业营销战略的全面落实，以获取企业的可持续竞争优势。

### 3. 成熟期的全面预算

经过成长期的高利润阶段，企业进入现金流量稳定且充裕的成熟期。在成熟期，企业的市场占有率、产品和产品价格以及现金流量都趋于稳定，一般也较少出现大规模的资本支出，稳定的市场占有率保证企业的销售量和现金流量。此时，企业的现金流量净额为正值，经营风险中等。因此，在成熟期，企业战略管理的重点是成本控制并预防潜在的持续经营压力。

与成本控制的战略管理导向相适应，企业全面预算注重成本预算、生产预算、采购预算和经营费用预算。为了预防潜在的持续经营压力，企业还需要准备转型，包括产品、运营模式的转型。

### 4. 衰退期的全面预算

在衰退期，企业的产品市场萎缩，市场总量下降，销售出现负增长，同时在财务上，企业收回前期大量的应收账款，而潜在的投资项目尚未确定。因此，在衰退期，企业可能拥有一定的自由现金流量。此时，企业战略管理的重点在于积极寻找下一轮新产品的开发和新的增长点，同时要关注现金的收回与合理支出。

与企业战略管理的重点相对应，全面预算就应当注重预计现金流量表、经营预算、资本预算和筹资预算，围绕现金预算，合理安排自由现金流量，同时关注筹资预算，为下一轮的增长储备资金。

表2-4列示了基于企业生命周期的全面预算特征。

**表 2-4 基于企业生命周期的全面预算特征**

| 企业生命周期 | 全面预算核心 | 管理重点 | 可能优点 | 可能风险 |
|---|---|---|---|---|
| 投入期 | 资本投入 | 资本运营、产业投资 | 量入为出，由投资带动发展 | 经营风险较高 |
| 成长期 | 以销定产、利润最大化 | 立足市场，抢占市场资源 | 适应市场需求，增强企业的综合盈利能力 | 可能造成产品过度开发，忽略降低成本；过度赊销，增加企业坏账风险，可能引发短期行为，增加企业的财务风险和经营风险，不利于企业长远发展 |
| 成熟期 | 目标成本 | 力求控制成本，以价格取胜 | 通过节流降低成本，提高企业整体经济效益 | 可能忽略产品质量及新产品的开发 |
| 衰退期 | 现金流量 | 合理控制现金流量，防止自由现金流量滥用 | 重视现金流量管理 | 对现金管理要求较高 |

下面以 W 公司为例，简要说明企业生命周期与全面预算之间的关系。

W 公司主要生产汽车车厢板、行李架、电机壳、防撞梁、电池托架等汽车零件，从 2001 年成立至今，建立了 15 家制造工厂、1 个管理中心和 1 个研发中心。W 公司注重产品研发，关注产品质量安全。W 公司的产品质量安全已通过 TS16949 质量管理体系标准、ISO14000 环境管理体系以及 OHSA18000 职业健康安全管理体系认证，拥有多项自主专利产品。W 公司目前在我国的主要客户包括国内知名的汽车企业。对于 W 公司而言，其主要任务就是生产产品，根据研发部门设计的产品和工艺流程，保质保量完成产品生产，及时将产品运输到客户手中。因此，整体而言，W 公司的全面预算以成本控制为主。但不同生命周期的全面预算会有不同的需求与侧重点。2001 年，W 公司成立初期，其目标是扩大投资，控制投资风险。这时，W 公司的盈利水平较低。作为制造型企业，W 公司初始投资较大，厂房、生产设备等固定资产投资额较大，其固定成本较高，且这时，W 公司生产产品不稳定，客户来源和客户需求都存在较大不确定性。这个时期，W 公司还在业务的探索尝试期，需要做出投资项目的决策，全面预算目标以资本为核心，需要全面规划各种支出，对拟投资项目强化可行性分析与预测，规划拟投资项目的支出总额，合理预计投资项目的现金流量，保证资金运转。W 公司顺利完成初期的项目投资与发展，确定目标客户，稳定主导产品，实现资金的稳定，满足项目投资需求。2009—2012 年，我国汽车行业进入迅猛发展时期，W 公司也及时抓住行业发展契机，销售量在短期内快速增长，进入成长期。这时，W 公司快速成长，全面预算转向以销售为核心。以销定产是这个时期全面预算的核心。在销售预测的基础上，W 公司根据销售预算编制生产和成本费用等预算。2015 年以后，我国汽车市场进入饱和状态，并转向能源汽车，汽车零配件的市场也进入白热化竞争状态。这时，同行之间的竞争转向价格控制。W 公司步入成熟期，需要寻求成本优势，控制成本，提高销售量以保证市场份额，巩固自身的市场地位。W 公司的全面预算提前考虑到市场的变化，积极转型，部分产品下线，控制材料采购成本，注重产品成本控制。同时，W 公司关注汽车行业的新发展，能源汽车强势崛起，新生代客户需要个性化，开始定制汽车产品配件。W 公司适应行业发展，注重新产品的研发，其全面预算开始增加研发支出，尽量避免进入衰退期。

# 数智时代的战略分析与全面预算

基于数智时代，易变性（volatility）、不确定性（uncertainty）、复杂性（complexity）和模糊性（ambiguity）或敏捷性（agility）即"VUCA"（俗称"乌卡"）已经成为常态，技术进步、人口结构和商业模式创新潜移默化地影响着社会经济的发展，新经济时代悄然而至。基于数智时代，在战略分析、战略制定并据此编制全面预算时，企业经理人尤其需要关注技术进步这个影响因素。

（1）技术进步可以创造行业的替代品。例如，无线电话替代了有线电话。

（2）技术进步可以减少对大规模分销渠道的需求，从而为新进入者开辟新的市场。例如，基于互联网的电子商务技术打破了传统的分销渠道模式。

（3）技术进步可以加速新产品的设计，催生更激烈的竞争或垄断。

（4）技术进步可以平衡某个企业与供应商或经销商之间的力量。

（5）技术进步可以改变行业结构，进而改变行业的盈利能力。

总之，技术进步既是影响企业制定战略的内部因素，也是外部因素。先进的信息技术（技术因素）和全球市场开放（国际化因素）改变了现代企业经营活动的基本前提：新产品一旦出现，人们都知道，且唾手可得，消费者可以便捷地买到该款新产品。如此一来，所谓"填补国内空白"失去了原有的意义。一国的企业没有生产出某种新产品，不等于全球的企业都没有生产出该新产品。有鉴于此，企业与企业之间的竞争可能变得异常惨烈。稍不留神，企业原先精心制定的伟大战略可能变得完全不合时宜。因此，技术变革显著影响企业的战略分析和战略制定，战略调整随之而来，甚至可能频繁发生战略调整。所有这些因素都显著影响着企业全面预算的编制（尤其是对销售量的预测）。

# 3

依据什么编制——全面
预算的编制原理

**➤ 从一个案例说起：**

　　丙公司是一家从事电子产品研发、制造和销售的民营企业。丙公司的总经理王先生是全面预算管理理念的拥护者，极力推崇全面预算管理理念。但总经理王先生清醒地意识到在丙公司处于成长期时，需要充分激发各个部门和员工的创造性和积极性，不宜实施严格的全面预算管理。后来，总经理王先生认为，丙公司现在已经进入稳步发展阶段，到了全面引入全面预算管理理念的时候了。

　　于是，丙公司总经理王先生召集丙公司各部门经理开会，讨论全面引入全面预算管理理念，构建全面预算管理体系相关事宜。总经理王先生首先说明全面预算管理理念的重要性以及丙公司全面引入全面预算管理理念的必要性，并希望各部门经理畅所欲言，集思广益。

　　总经理王先生话音刚落，营销部经理陈先生立即抢着说："营销部每年年底都做了下一年度的销售计划，但总是难以完成预计销售任务。因为财务部没有给予必要的市场推广费用，而人力资源管理部也没有给予必要的人力支持，人手不够，现有的激励措施也不到位。有些产品的研发与设计没有充分考虑顾客的消费习惯，不好推销。生产部生产出来的产品成本有点高，导致产品销售价格没有优势。这也影响我们如期完成销售任务。"

　　营销部经理陈先生此言一出，马上引发财务部经理宋女士的不满。财务部经理宋女士回应道："不是财务部不给市场推广费，而是营销部没有向财务部提供针对目标顾客的营销方案及其相应的预算。且许多销售款没有及时回笼，财务部也没有那么多资源。"

　　生产部经理孙先生则把责任推给研发与设计部和人力资源管理部："营

销部难以完成预计销售任务，也不能全怪我们。产品设计已经锁定了大部分材料成本，我们只是按产品设计方案将产品生产出来，降低产品成本的空间很有限。生产工人缺乏应有的培训，对生产流程不够熟悉，影响生产效率。"

听了宋女士和孙先生的指责，人力资源管理部经理刘先生辩解道："营销部也没有向我们提出增加销售人员的需求和激励销售人员的可行方案。生产部同样没有提出生产工人的培训方案。当然，我们会改善我们的工作，为各部门提供更好的服务。"

研发与设计部经理赵先生有些难为情地说："谢谢各位同事提出的宝贵意见。看来，我们的工作影响了各位同事的工作成效。我们的研发与设计费用不足，有些工作确实没有做到位。况且，研发与设计活动本质上是一种风险投资。即便财务部给我们钱，我们也不能保证一定能够研发与设计出符合顾客消费习惯的新产品。我们怎么编研发与设计费用预算？"

听了丙公司的主要部门经理发言之后，总经理王先生总结道："尽管各位经理都有推卸责任的意思，但还是畅所欲言。通过沟通，我们看到各个部门平时的配合还不够默契。我知道全面预算管理是一把手工程。我今天向各位表态，我将以身作则，坚决支持公司全面引入全面预算管理理念。根据公司的实际情况，公司将采用混合式全面预算编制模式编制公司的全面预算。我希望通过编制全面预算将公司的战略、经营计划与资源配置有机统一起来，树立'整个公司一盘棋'的观念。随着全面预算管理理念的推进，今后会经常召开像今天这样的会议，沟通、协调全面预算管理理念实施过程中可能出现的问题，总结经验教训。"

随后，丙公司总经理王先生宣布散会。

全面预算的编制是全面预算管理的起点和基础。那么，如何编制一份完整的全面预算呢？全面预算所需的数据又从哪来呢？

# 全面预算编制的起点——经营预测

许多人认为编制全面预算就是填表格。编制全面预算离不开填表格，但编制全面预算涉及的众多数据从何而来呢？企业必须根据预测数据填写各种表格，编制全面预算。

所谓预测，是指用合理的方法预计或推断事物的发展趋势。预测是一个由已知推测未知的过程，这里着重要讨论的是经营预测问题。

## 什么是经营预测

管好一个企业，就是要管好企业的未来，而管好企业的未来就意味着合理预测其将来。然而，企业所处的经济环境存在不确定性，新技术日新月异，市场需求变幻多端。这就更要求企业的经理人不仅着眼于现在，更应该关注未来，而预测正是联系现在与未来的桥梁。

### 1. 经营预测的内容

经营预测主要包括销售预测、成本预测、利润预测和资金预测。

（1）销售预测。销售预测指企业基于一定的市场环境和营销规划，根据相关产品的历史销售资料测算其在未来一定时期的销售额（包括销售量和单位销售价格）。销售预测是编制销售预算的基础。

（2）成本预测。成本预测指企业基于正常生产环境，预计企业未来一定时期生产某种产品的成本水平。成本预测为编制成本预算提供依据。

（3）利润预测。利润预测指基于销售预测和成本预测，预计企业未来一定时期的利润水平。利润预测为编制预计利润表提供依据。

（4）资金预测。资金预测指基于企业的经营计划，预计企业未来一定时期的资金需求量。资金预测为编制现金预算或预计现金流量表提供依据。

**2. 经营预测有哪些原则**

经济活动的发展趋势总是具有一定的规律性并可为预测者所认知和掌握。实际上，这些规律性就是经营预测的基本原则。

（1）延续性原则。延续性原则指过去和现在的某种发展规律会一直延续到未来。依据延续性原则，预测者在推测未知变量的发展趋势时，就可以将未来视为历史的延伸。趋势预测分析法就是基于延续性原则的方法。

（2）相关性原则。相关性原则指在企业的生产经营过程中，一些经济变量之间存在着相互依存、相互制约的关系。依据相关性原则，预测者可以通过一个（或几个）经济变量的变动推测另一个（或另几个）经济变量的变动情况。因果分析预测法就是基于相关性原则的方法。

（3）相似性原则。相似性原则指企业生产经营活动中不同经济变量（通常是无关变量）的发展规律有时会出现十分相似的情况。依据相似性原则，预测者可以利用已知变量的发展规律类推未知变量的发展趋势。判断分析法就是基于相似性原则的方法。

（4）统计规律性原则。统计规律性原则指尽管对某个变量的一次观测结果可能是随机的，但对于多次观测结果而言，则会出现具有某种统计规律性的现象。依据统计规律性原则，预测者可利用数理统计的方法推算未知变量的发展趋势。回归分析法就是基于统计规律性原则的方法。

（5）实事求是原则。真实可靠的数据或信息是有效预测的基本条件。因此，经营预测要深入调查研究，了解企业的历史和现状。

（6）成本效益原则。任何事物的未来发展趋势和状况，必定是在内外因素共同作用下出现的，因此，其结果具有多种可能性。如果企业片面追求预测的精确度，将会造成预测的投入超出其带来的收益的情况，从而失去预测的意义。

**3. 经营预测的一般程序**

经营预测通常遵循以下七个步骤。

（1）确定预测目标。企业首先要清楚预测目标，然后根据预测目标确定预测对象、内容和范围，并规定时间范围及预测结果所要求达到的精确度。确定预测目标的目的在于把握整个预测工作的重心。

（2）收集、分析信息。收集与预测对象直接或间接相关的信息是保证预测质量的前提。对于所获信息，要分析是否符合预测的要求。有些信息还需要经过整理、归纳和加工，如将其绘成历史曲线，或计算其长期趋势等，以明了信息变化的一般特性。

（3）选择预测方法。根据整理后的预测信息及预测对象的特性建立预测模型，并根据各种预测方法的适用条件和特点选择合适的预测方法。运用预测方法的核心是建立能够描述、概括研究对象特征和变化规律的模型，包括定性模型和定量模型。

（4）实施预测。根据预测模型，拟定预测的调查提纲，输入相关信息，计算或处理信息，得出初步的预测结果。

（5）验证预测结果。由于受到信息的质量、预测者的分析判断能力、预测方法本身的局限性等因素的影响，以及影响预测对象的外部因素变化，预测结果可能产生误差。因此，有必要验证前期的初步预测结果，找出产生误差的原因，保证预测的结果尽可能符合实际情况。

（6）修正预测结果。采用多种方法检验预测的精度，以便及时修正所选择的预测方法。

（7）输出最后预测结果。修正预测结果后，输出最后预测结果。

经营预测的一般程序如图 3-1 所示。

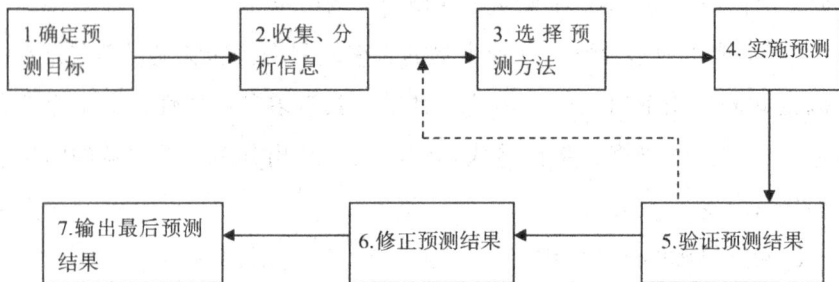

注：验证预测结果，可能改变预测方法的选择

图 3-1　经营预测的一般程序

## 经营预测的方法

预测的方法很多，企业应该根据不同的需要选择不同的预测方法。总体而言，经营预测方法包括定性预测法（qualitative forecasting method）和定量预测法（quantitative forecasting method）。

### 1.定性预测法

定性预测法，又称判断预测法，指由有关方面的专业人员或专家根据自己的经验和知识，结合预测对象的特点开展综合分析，进而对事物的未来状况和发展趋势做出推测的预测方法。

定性预测法通常适用于缺乏历史统计资料的事件，或者历史统计资料不全，需要依靠专家经验做出预测的情境（如新产品销售情况的预测、新技术发展趋势的预测等）。经营预测常用的定性预测法包括市场调查法、德尔菲法和主观概率法。

（1）市场调查法。

市场调查法指预测者（如营销人员）在深入市场调查（如全面调查、重点调查和抽样调查）研究并取得必要经济信息的基础上，根据自己的历史经验和专业水平，对市场发展变化前景做出分析判断的方法。

（2）德尔菲法。

德尔菲法（Delphi method），又称专家评估法。德尔菲法利用一个专家小组的集体智慧，通过预测者向有关专家逐次寄送调查表，由有关专家根据自己的业务专长和对预测对象的深入了解，"背对背"对表中提出的问题逐次独立发表个人意见，经多次反馈和整理之后，推断出未来一定时期的市场变动趋势。

德尔菲法的工作程序大致如下。

①提出要求，明确预测目标，用书面通知被选定的专家。由预测者根据预测对象和内容，向各位专家提供有关资料及征询要求。

②各位专家接到通知之后，根据自己掌握的信息，对研究对象的未来发展趋势提出自己的预测及其依据或理由，以书面形式答复预测者。

③预测者将收到的第一轮专家意见加以归纳整理，列出各种不同预测结果和相应的依据或理由，然后再寄给各位专家，第二轮征询意见。

④各位专家接到汇总意见之后，分析各种预测意见及其依据或理由，提出自己修改的预测意见及其依据或理由。如此反复征询，归纳和修改，直到意见取得基本一致为止。

⑤预测者根据调查结果，整理出书面意见和预测报告。

当然，采用德尔菲法，专家的组成和人数都经过特意选择，人数不宜太多或太少，一般为 10 ~ 20 人。每轮征询的时间也不宜太长或太短，通常为 7 ~ 10 天。

（3）主观概率法。

主观概率法指预测者凭经验和主观认识，对某种事件出现的可能性做出某种估计，综合分析各种估计，从而得出综合性预测结果的预测方法。

**2. 定量预测法**

定量预测法指在掌握与预测对象有关的各种要素的定量资料基础上，运用数学方法处理数据，从而建立能够反映有关变量之间关系的各类预测模型的方法。经营预测常用的定量预测法包括回归分析预测法和趋势预测法。

（1）回归分析预测法。

回归分析预测法是通过研究两组或两组以上变量之间的关系，建立相应的回归预测模型的一种预测方法。所谓回归分析，就是研究某一个随机变量（因变量）与其他一个或几个变量（自变量）之间的数量关系。由回归分析求出的关系式通常称为回归模型。根据自变量的数量，回归模型可以分为一元回归模型和多元回归模型。

（2）趋势预测法。

应用回归分析预测法必须要找到影响预测目标的主要因素。而经济现象相当复杂，有时实际上难以找到影响预测目标的主要因素，即使找到影响预测目标的主要因素，也未必能够取得相关资料。这时，回归分析预测法可能不适用，可以采用趋势预测法。

趋势预测法，也称为时间序列预测法，将预测目标的历史数据按照时间顺序排列成时间序列并分析其随时间推移的变化趋势，外推预测目标的未来值。趋势预测法承认事物发展的延续性，考虑了事物发展过程的随机因素的影响和干扰。趋势预测法主要包括算术平均法、一次移动平均法和加权平均法。

值得指出的是，预测者通常综合运用各种定性与定量预测方法，相互印证，以期得到更为合理的预测结果。当然，信息技术的发展以及企业资源计划系统（Enterprise Resource Planning，ERP）和各种专门预测软件的普及有助于预测者综合运用各种预测方法。

## 销售预测

如前所述，销售预测是编制销售预算的基础。销售预测方法同样包括定量预测法（主要包括回归分析预测法和趋势预测法）和定性预测法（主要包括市场调查法、德尔菲法和主观概率法）。下面简要说明这些销售预测方法的运用。

### 1. 销售预测的定量预测法

销售预测的定量预测法主要包括回归分析预测法（主要包括一元回归分析预测法和多元回归分析预测法）和趋势预测法（主要包括算术平均法、一次移动平均法和加权平均法）。

（1）回归分析预测法。

回归分析预测法主要包括一元回归分析预测法和多元回归分析预测法。

如前所述，一元回归分析预测法假定影响预测对象如销售量（额）的因素只有一个，按照数学的最小二乘法原理确定一条误差最小且能正确反映影响因素（$X$）和预测对象（$Y$）之间因果关系的直线：$Y = a + bX$。

【例 3-1】M 公司主要在华南地区生产冰柜的冷凝管。近五年来，华南地区冰柜和 M 公司冷凝管的销售统计资料如表 3-1 所示。

表 3-1 华南地区冰柜和 M 公司冷凝管的销售统计资料

| 年份 | 华南地区冰柜销售量（X）/ 万台 | M公司华南地区冷凝管销售量（Y）/ 万只 |
|---|---|---|
| 20×1年 | 150 | 36 |
| 20×2年 | 165 | 40 |
| 20×3年 | 180 | 50 |
| 20×4年 | 200 | 57 |
| 20×5年 | 225 | 65 |

根据一元回归分析预测法的基本要求，对表 3-1 的销售资料进行加工处理，其结果如表 3-2 所示。

表 3-2 一元回归分析预测法的基本数据

| 年份 | X | Y | XY | X² |
|---|---|---|---|---|
| 20×1年 | 150 | 36 | 5 400 | 22 500 |
| 20×2年 | 165 | 40 | 6 600 | 27 225 |
| 20×3年 | 180 | 50 | 9 000 | 32 400 |
| 20×4年 | 200 | 57 | 11 400 | 40 000 |
| 20×5年 | 225 | 65 | 14 625 | 50 625 |
| n=5 | $\sum X$=920 | $\sum Y$=248 | $\sum XY$=47 025 | $\sum X^2$=172 750 |

注：X为华南地区冰柜销售量，单位为万台；

　　Y为M公司华南地区冷凝管销售量，单位为万只。

$A=(\sum Y - b\sum X)/n$

$B=(n\sum XY - \sum X \sum Y)/[n\sum X^2 - (\sum X)^2]$

根据表 3-2 的数据，计算 a 和 b 如下。

$b=(5\times47\,025 - 920\times248) \div (5\times172\,750 - 920^2)=0.40$

$a=(248 - 0.40\times920) \div 5 = -24$

由此，M公司华南地区冷凝管销售量（Y）与华南地区冰柜销售量（X）的一元回归模型为：

$Y=-24+0.40X$

如果华南地区 20×6 年冰柜的销售量预计为 240 万台，那么，根据一元回归分析预测法，20×6 年 M 公司华南地区冷凝管的销售量为 72（−24+0.40×240）万只。

然而，在实践中，销售额的变动往往是多种因素共同影响的结果。有鉴于此，销售预测需要考虑多个因素，采用多元回归分析预测法。

【例 3-2】假设 J 公司的产品销售量（$Y$）受居民人均收入（$X_1$）和单位销售价格（$X_2$）的影响较大。J 公司近五年的相关销售资料如表 3-3 所示。

表 3-3　J 公司近五年的相关销售资料

| 年度 | 销售量（$Y$）/ 万件 | 居民人均收入（$X_1$）/ 万元 | 单位销售价格（$X_2$）/ 元·件$^{-1}$ |
|---|---|---|---|
| 20×1 年 | 13 | 9 | 5 |
| 20×2 年 | 15 | 8 | 2 |
| 20×3 年 | 20 | 10 | 3 |
| 20×4 年 | 18 | 10 | 4 |
| 20×5 年 | 19 | 13 | 5 |
| 合计 | 85 | 50 | 19 |

根据多元回归分析预测法的基本要求，对表 3-3 的销售资料进行加工处理，其结果如表 3-4 所示。

表 3-4　多元回归分析预测法的基本数据

| 年份 | $X_1^2$ | $X_2^2$ | $X_1X_2$ | $X_1Y$ | $X_2Y$ |
|---|---|---|---|---|---|
| 20×1 年 | 81 | 25 | 45 | 117 | 65 |
| 20×2 年 | 64 | 4 | 16 | 120 | 30 |
| 20×3 年 | 100 | 9 | 30 | 200 | 60 |
| 20×4 年 | 100 | 16 | 40 | 180 | 72 |

续表

| 年份 | $X_1^2$ | $X_2^2$ | $X_1 X_2$ | $X_1 Y$ | $X_2 Y$ |
|---|---|---|---|---|---|
| 20×5年 | 169 | 25 | 65 | 247 | 95 |
| $n=5$ | $\sum X_1^2 = 514$ | $\sum X_2^2 = 79$ | $\sum X_1 X_2 = 196$ | $\sum X_1 Y = 864$ | $\sum X_2 Y = 322$ |

注：$X_1$ 为居民人均收入，单位为万元；

$X_2$ 为单位销售价格，单位为元·件$^{-1}$；

$Y$ 为销售量，单位为万件。

多元回归模型的回归系数 $a$、$b_1$ 和 $b_2$ 可以通过求解下列方程组而得：

$\sum Y = na + b_1 \sum X_1 + b_2 \sum X_2$

$\sum X_1 Y = a \sum X_1 + b_1 \sum X_1^2 + b_2 \sum X_1 X_2$

$\sum X_2 Y = a \sum X_2 + b_1 \sum X_1 X_2 + b_2 \sum X_2^2$

根据表 3-4 的数据，得到方程组：

$85 = 5a + 50b_1 + 19b_2$

$864 = 50a + 514b_1 + 196b_2$

$322 = 19a + 196b_1 + 79b_2$

求解方程组，得到：

$a = 6.208$

$b_1 = 1.71$

$b_2 = -1.66$

由此，J公司的产品销售量（$Y$）与居民人均收入（$X_1$）和单位销售价格（$X_2$）之间的关系为：

$Y = 6.208 + 1.71 X_1 - 1.66 X_2$

如果预计 20×6 年居民人均收入为 15 万元，J公司的产品单位销售价格为 5 元/件，那么，J公司 20×6 年的销售量为 23.56（6.208+1.71×15-1.66×5）万件。

（2）趋势预测法。

趋势预测法主要包括算术平均法、一次移动平均法和加权平均法。

顾名思义，算术平均法就是简单平均计算某个变量在过去一定时期的实际数值，以其平均值作为该变量的未来预测值的一种预测方法。其计算公式为：

$$\overline{X} = \frac{\sum\limits_{i=1}^{n} X_i}{n}$$

式中：$\overline{X}$ 为某个变量的平均值；$n$ 为期数；$X_i$ 为某个变量第 $i$ 期的实际数值。

【例 3-3】D 公司 20×1 年各月销售额如表 3-5 所示。

表 3-5　D 公司 20×1 年各月销售额

单位：万元

| 月份 | 销售额 |
| --- | --- |
| 1 月 | 100 |
| 2 月 | 130 |
| 3 月 | 120 |
| 4 月 | 160 |
| 5 月 | 190 |
| 6 月 | 230 |
| 7 月 | 270 |
| 8 月 | 310 |
| 9 月 | 280 |
| 10 月 | 180 |
| 11 月 | 160 |
| 12 月 | 140 |

采用算术平均法预测 D 公司 20×2 年 1 月的销售额如下。

销售额 =（100+130+120+160+190+230+270+310+280+180+160+140）÷12=189.17（万元）

算术平均法假设将来的发展是历史的延续。如果某个变量的数值在一定的历史时期内呈现出某种特定的变化趋势（如上升或下降趋势），则不能简单地采用算术平均法。

与算术平均法不同，一次移动平均法是分段（即按连续且与未来期间相关的若干期间）平均计算某个变量在过去一定时期的实际数值，以其平均值作为该变量的未来预测值的一种预测方法。其计算公式为：

$$M_{i+1} = \frac{X_i + X_{i-1} + \cdots + X_{i-m+1}}{m}$$

式中：$M_{i+1}$ 为移动平均数；$m$ 为分段期间数。

【例 3-4】沿用【例 3-3】的资料，假设 D 公司 20×1 年近三个月的销售额与 20×2 年 1 月的销售额预测值有关，即 $m=3$。

$$M_{13} = (X_{12} + X_{11} + X_{10}) \div 3 = (140 + 160 + 180) \div 3 = 160（万元）$$

即 D 公司 20×2 年 1 月的销售额为 160 万元。

同理，一次移动平均法假设将来的发展是某一段特定时期历史的延续。如果某个变量的数值在一定的历史时期内呈现出某种特定的变化趋势（如上升或下降趋势），同样不能简单地采用一次移动平均法。

其实，加权平均法是算术平均法或一次移动平均法的改进。加权平均法是根据变量的实际历史数值与预测值的相关程度分别赋予不同的权重，然后加权平均，以求得预测值的一种方法。变量的实际历史数值与预测值的相关程度越密切，赋予的权重越大，反之亦然。其计算公式为：

$$\bar{y} = \sum_{i=1}^{n} W_i X_i \div \sum_{i=1}^{n} W_i \ (i=1,2,\cdots,n)$$

如果取 $\sum_{i=1}^{n} W_i = 1$，此时 $\bar{y} = \sum_{i=1}^{n} W_i X_i \ (i=1,2,\cdots,n)$

式中：$\bar{y}$ 为加权平均数；$W_i$ 为第 $i$ 个历史数值；$X_i$ 为第 $i$ 个历史数值的权重；$n$ 为历史数值的个数。

加权平均法的关键在于如何确定实际历史数值的权重。例如，当实际历史数值呈现递增或递减的趋势时，就有必要赋予最近几期历史数值更大的权重。

【例 3-5】沿用【例 3-3】的资料，假设 D 公司 20×1 年 10 月、11 月

和 12 月的权重分别为 0.20、0.30 和 0.50，采用加权平均法，D 公司 20×2年 1 月的销售额为：

$$\bar{y} = \sum_{i=1}^{n} W_i X_i$$

$\bar{y}$ =0.20×180+0.30×160+0.50×140=154（万元）

**2. 销售预测的定性预测法**

如前所述，销售预测的定性预测法主要包括市场调查法、德尔菲法和主观概率法。下面说明如何应用德尔菲法预测销售量。

【例 3-6】F 公司准备开发一种新产品。F 公司特聘请 7 位专家采用德尔菲法预测新产品在一定时期内的销售量。7 位专家连续三轮预测，对该产品最乐观、最悲观和最可能三种情况的销售量水平做出了估计。7 位专家三次预测结果如表 3-6 所示。

**表 3-6　7 位专家三次预测结果汇总**

单位：件

| 专家编号 | 第一轮预测 | | | 第二轮预测 | | | 第三轮预测 | | |
|---|---|---|---|---|---|---|---|---|---|
| | 最乐观 | 最可能 | 最悲观 | 最乐观 | 最可能 | 最悲观 | 最乐观 | 最可能 | 最悲观 |
| 1 | 2 300 | 2 000 | 1 500 | 2 300 | 2 000 | 1 700 | 2 300 | 2 000 | 1 600 |
| 2 | 1 500 | 1 400 | 900 | 1 800 | 1 500 | 1 100 | 1 800 | 1 500 | 1 300 |
| 3 | 2 100 | 1 700 | 1 300 | 2 100 | 1 900 | 1 500 | 2 100 | 1 900 | 1 500 |
| 4 | 3 500 | 2 300 | 2 000 | 3 500 | 2 000 | 1 700 | 3 000 | 1 700 | 1 500 |
| 5 | 1 200 | 900 | 700 | 1 200 | 1 300 | 900 | 1 700 | 1 500 | 1 100 |
| 6 | 2 000 | 1 500 | 1 100 | 2 000 | 1 500 | 1 100 | 2 000 | 1 700 | 1 100 |
| 7 | 1 300 | 1 100 | 1 000 | 1 500 | 1 300 | 1 000 | 1 700 | 1 500 | 1 300 |
| 平均值 | 1 986 | 1 557 | 1 214 | 2057 | 1 643 | 1 286 | 2 086 | 1 686 | 1 343 |

F 公司在第三轮预测的基础上，用算术平均法预测该新产品未来销售

量为：

（2 086+1 686+1 343）÷3=1 705（件）

### 3. 数智时代的销售预测

基于数智时代，各种数据似乎唾手可得。毋庸置疑，海量数据为销售预测提供了方便，但各种销售定量预测方法基于已有销售数据，以已有销售数据推算未来的销售数据。因此，各种销售定量预测方法大致适用于已有销售数据的现有产品（老产品）的销售预测。

企业正准备推向市场的新产品，没有销售"痕迹"，自然没有销售数据。那么，如何预测新产品的销售量呢？

也许，新产品的销售预测更适合采用定性销售预测方法。就新产品而言，有效的供给带动有效的需求（而不是需求带动供给）。新产品尚未推向市场，顾客不知道会有这种产品，自然不可能有需求。如此一来，就新产品而言，市场调查法基本不适用，德尔菲法和主观概率法更适用。S公司是一家知名电器企业，其董事长田先生曾经宣称："我从不相信市场调查，尤其是新产品的市场调查。"媒体记者李先生问田先生："那您如何判断新产品的市场前景呢？"田先生自信地回答："我靠我的商业悟性判断新产品的市场前景。"李先生接着问："您如何理解商业悟性呢？"田先生说："通俗地说，商业悟性就是先知先觉，至少先知半觉。在同行和顾客不知不觉时，果断研发、适时推出潜在或想象中符合顾客需求的产品。"李先生进一步问："您能说具体一些吗？"田先生说："杰出企业家应该深刻理解并预见目标顾客的需求以及企业的核心能力与目标顾客需求之间的匹配关系，时刻思考凭企业的核心能力能够解决目标顾客哪些痛点；基于目标顾客的痛点，研发新产品，根据目标顾客需求设计产品功能和确定目标价位，提前铺垫，借助媒体，做足顾客消费观念引导。产品功能恰当，产品价格实惠，新产品何愁没有销路呢？我主要根据产能预测新产品的销售量。"由此看来，就新产品而言，采用主观概率法预测销售量可能更适用。

当然，新产品一旦推向市场，就变为老产品。有鉴于此，销售预测必须考虑产品生命周期。导入期，新产品刚刚进入市场，顾客尚未熟悉产品，销售量不大；成长期，顾客逐渐熟悉并接受产品，销售量可能迅速增加；成熟期，产品进入畅销阶段，前期销售量稳步增加，后期销售量增速减缓；衰退期，产品可能逐渐被淘汰，销售量急剧减少。

　　更为重要的是，数智时代，技术快速迭代，顾客消费观念快速变化，各种替代品不断涌现，产品生命周期不断缩短。销售预测必须充分考虑技术变革和替代品因素。如果市场发生重大变化，预测者需要基于自己的职业判断调整销售预测。

## 成本预测

　　如前所述，成本预测为编制成本预算提供依据。但提起成本预测，离不开对成本性态（cost behavior）的分析。

### 1. 成本的不同分类——成本性态

众所周知，制造业企业的成本包括直接材料、直接人工和制造费用。

　　成本性态，又称为成本习性，指成本总额的变动与业务量之间的依存关系。也就是说，在一个特定的相关范围（relevant range）内，如果某项业务量发生变动，与之相对应的成本总额将如何变动。按成本性态，制造业企业的成本可以分为变动成本（variable cost）与固定成本（fixed cost）。

　　（1）变动成本。

　　变动成本指在相关范围内，成本总额与业务量成正比例变动关系的成本项目，如直接材料、直接人工等项目。但是，如果从单位业务量分摊的变动成本来看，则不具有以上特征。单位业务量分摊的变动成本即单位变动成本（Variable Cost Per Unit，VCPU），在相关范围内固定不变，即单位变动成本不随着业务量的变化而变化。

　　（2）固定成本。

　　固定成本指在相关范围内，成本总额不受业务量变动的影响而保持固

定不变的成本项目，如生产用厂房、设备按直线法计提的折旧费用[①]，保险
费用，广告费用和管理人员工资等成本项目。但是，如果从单位业务量分
摊的固定成本来看，则不具有以上特征。单位业务量分摊的固定成本即单
位固定成本（Fixed Cost Per Unit，FCPU），与业务量成反比例关系，即：
业务量越大，单位业务量分摊的固定成本越小；业务量越小，单位业务量
分摊的固定成本越大。

成本性态以相关范围为基础。相关范围包含两层含义：①特定的期间；
②某个特定的业务量范围。只有在相关范围内，成本性态的结论才有效。

在实践中，并非所有成本项目都可以一清二楚地分为变动成本与固定
成本。有些成本项目可能同时包含变动成本与固定成本。这类成本项目称
为混合成本（mixed cost）或半变动成本（semi-variable cost）。从理论上
说，任何成本项目都可以按其成本性态分解为变动成本与固定成本。有鉴
于此，没有必要将混合成本单独列为一类成本项目。

（3）混合成本的分解。

混合成本的分解方法主要包括历史成本分析法、工程研究法、账户
分类法和合同认定法。但是，较常用的是历史成本分析法。因此，下面
讨论历史成本分析法。历史成本分析法包括高低点法（high-low points
method）、散布图法（scatter diagram method）和回归分析法（regression
analysis method）。

①高低点法。

高低点法通过观察相关范围内的成本总额与业务量的最高点和最低点
之间的差异分解混合成本。

高低点法假设成本总额与业务量存在线性关系，即其成本表达式为：
$Y = a + bX$。

假设 $X_1$、$X_2$ 分别为最高点和最低点的业务量，$Y_1$、$Y_2$ 分别为最高点和

---

① 根据直线法，固定资产应计提折旧的价值在固定资产使用年限内平均分配，
与业务量无关。如果企业采用工作量法或产量法计提折旧，折旧费用就是一种变
动成本。

最低点的成本总额，那么：

$$Y_1 = a + bX_1 \qquad （1）$$

$$Y_2 = a + bX_2 \qquad （2）$$

由（1）-（2）得到：$Y_1-Y_2 = b（X_1-X_2）$

$$b=（Y_1-Y_2）/（X_1-X_2） \qquad （3）$$

将（3）代入（1）得：$a = Y_1-[（Y_1-Y_2）/（X_1-X_2）]X_1$

或将（3）代入（2）得：$a = Y_2-[（Y_1-Y_2）/（X_1-X_2）]X_2$

求出 $a$ 与 $b$ 的数值之后，成本表达式 $Y = a + bX$ 也就随之确定。利用高低点法既可以将混合成本分解为固定成本与变动成本，又可以预测在相关范围内（高低点法的最低点和最高点就是相关范围的起始点和终点）基于某个业务量水平的混合成本总额。

【例 3-7】H 公司 20×0 年度 1—12 月机器工作时间（单位：小时）与维修成本（单位：元）的历史数据如表 3-7 所示。

表 3-7　H 公司 20×0 年度 1—12 月机器工作时间与维修成本的历史数据

| 月份 | 机器工作时间（X）/小时 | 维修成本（Y）/元 |
| --- | --- | --- |
| 1 月 | 1 200 | 900 |
| 2 月 | 1 300 | 910 |
| 3 月 | 1 150 | 840 |
| 4 月 | 1 050 | 850 |
| 5 月 | 900 | 820 |
| 6 月 | 800 | 730 |
| 7 月 | 700 | 720 |
| 8 月 | 800 | 780 |
| 9 月 | 950 | 750 |
| 10 月 | 1 100 | 890 |
| 11 月 | 1 250 | 920 |
| 12 月 | 1 400 | 930 |

根据表3-7，首先，确定在相关范围（700~1 400小时）内的最高点与最低点，如表3-8所示。

**表3-8 最高点与最低点数据**

| 项目 | 机器工作时间（$X$）/小时 | 维修成本（$Y$）/元 |
|---|---|---|
| 最高点 | 1 400 | 930 |
| 最低点 | 700 | 720 |
| 最高点与最低点差异 | 700 | 210 |

其次，运用高低点法分解维修成本：

$b=$（930-720）÷（1 400-700）=0.30（元/小时）

$a=$930-0.30×1 400=510（元）或$a=$720-0.30×700=510（元）

最后，写出维修成本的表达式：$Y=510 + 0.30X$。

如果H公司20×1年1月预计机器工作时间为750小时，那么，其维修成本将为735（510 + 0.30×750）元。

值得指出的是：在实践中，高低点的业务量与成本总额未必严格对应。也就是说，业务量最高，但与之相对应的成本总额却未必最高，业务量最低，但与之相对应的成本总额却未必最低。这时，应该以业务量的最高点或最低点确定成本总额的最高点或最低点。因为业务量是成本总额产生的动因（driver）。

高低点法计算简单，运用简便。但高低点法只用最高点与最低点确定成本性态，如果最高点与最低点缺乏代表性，那么，其结果可能与实际相差较大。

②散布图法。

散布图法的应用：将所观察的历史成本数据，在直角坐标系上作图，描绘出各期成本点散布图，并以目测的方法在各成本点之间画出一条反映成本变动趋势的直线，其与纵轴的交点就是固定成本（$a$），然后再据此计算单位变动成本（$b$）。具体地说，散布图法应用的基本步骤如下。

A.画一个平面直角坐标系，以横轴代表业务量（$X$），以纵轴代表成本总额（$Y$）。

B.将业务量与成本总额坐标点逐一描绘在直角坐标系上，形成若干坐标点，即散布点。

C.以目测的方法模拟一条能大致代表上述各点的直线。其表达式为：$Y=a + bX$。

D.上述直线与纵轴的交点就是固定成本（$a$）。

E.在直线上任意取一点（$X_1$，$Y_1$）即可确定单位变动成本（$b$），即：$b=（Y_1-a）/X_1$。

由此确定了 $a$ 与 $b$，这样，成本表达式 $Y=a + bX$ 便随之确定。

【例 3-8】沿用【例 3-7】，根据表 3-7 的数据，绘制散布图如图 3-2 所示。

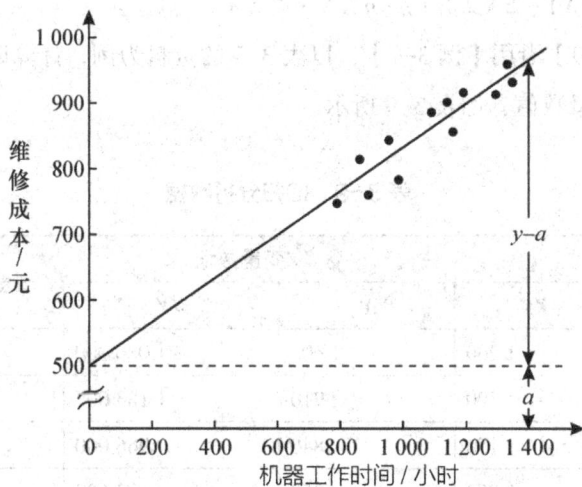

图 3-2  H 公司维修成本散布图

根据图 3-2，目测画出的成本趋势直线与纵轴的交点为 500，即固定成本总额 $a$=500，成本趋势直线的斜率即单位变动成本 $b$。在成本趋势直线上任意取一点，如（1 200，900），那么，$b$=（900-500）÷1 200=0.33。由此，维修成本表达式为：$Y$=500 + 0.33$X$。

如果 H 公司 20×1 年 1 月预计机器工作时间为 750 小时，那么，其维修成本将为 747.5（500 + 0.33×750）元。

由此可见，散布图法综合考虑了各散布点的成本总额与业务量之间的依存关系，而不仅仅凭最高点与最低点确定成本表达式。因而，相对于高低点法，用散布图法预测的结果要精确一些。但是，散布图法只是目测的结果，对同一组数据资料，不同的目测者可能描绘出不同的直线。

③回归分析法。

如前所述，对同一组数据资料，不同的目测者可能描绘出不同的直线。回归分析法就是要从这些众多的直线中寻找出一条最接近散布图中各点的直线。这条直线的表达式为 $Y = a + bX$。如前所述，根据最小二乘法，可以得到回归系数 $a$ 和 $b$ 的计算公式：

$a=(\sum Y-b\sum X)/n$

$b=(n\sum XY-\sum X\sum Y)/[n\sum X^2-(\sum X)^2]$

【例 3-9】沿用【例 3-7】，以表 3-7 的资料为例，计算回归分析法涉及的各个变量数值，如表 3-9 所示。

表 3-9　回归分析数据

| 月份 | 变量数值 | | | |
|---|---|---|---|---|
| | $X$ | $Y$ | $XY$ | $X^2$ |
| 1 月 | 1 200 | 900 | 1 080 000 | 1 440 000 |
| 2 月 | 1 300 | 910 | 1 183 000 | 1 690 000 |
| 3 月 | 1 150 | 840 | 966 000 | 1 322 500 |
| 4 月 | 1 050 | 850 | 892 500 | 1 102 500 |
| 5 月 | 900 | 820 | 738 000 | 810 000 |
| 6 月 | 800 | 730 | 584 000 | 640 000 |
| 7 月 | 700 | 720 | 504 000 | 490 000 |
| 8 月 | 800 | 780 | 624 000 | 640 000 |
| 9 月 | 950 | 750 | 712 500 | 902 500 |
| 10 月 | 1 100 | 890 | 979 000 | 1 210 000 |
| 11 月 | 1 250 | 920 | 1 150 000 | 1 562 500 |
| 12 月 | 1 400 | 930 | 1 302 000 | 1 960 000 |
| $n$=12 | $\sum X$=12 600 | $\sum Y$=10 040 | $\sum XY$=10 715 000 | $\sum X^2$=13 770 000 |

根据表 3-9，计算 $a$ 与 $b$ 数值如下。

$b=(12 \times 10\ 715\ 000-12\ 600 \times 10\ 040) \div (12 \times 13\ 770\ 000-12\ 600^2)=0.32$

$a=(10\ 040-0.32 \times 12\ 600) \div 12=500.67$

于是，得到维修成本表达式为：$Y=500.67+0.32X$。

如果 H 公司 20×1 年 1 月预计机器工作时间为 750 小时，那么，其维修成本将为 740.67（500.67 + 0.32×750）元。

回归分析法克服了高低点法和散布图法的局限性，运用最小二乘法求解成本表达式，具有严密性和科学性。如果手工计算，其计算过程比较复杂。当然，借助于电子计算机，其计算过程就显得相当简单。

综上所述，各种混合成本分解的基本思路都是先求出 $a$ 与 $b$，进而列出成本表达式：$Y=a+bX$。

**2. 如何预测成本**

其实，前述的混合成本分解结果所列示的成本表达式（$Y=a+bX$）就可以用于预测基于某个特定业务量的固定成本总额（$a$）和变动成本总额（$bX$）。但这是一种以过去（历史成本数据）推断未来（成本预测数据）的预测方法，适合现有产品（老产品）的成本预测，并不适合新产品的成本预测。

就新产品而言，标准成本法（standard costing）和目标成本法（target costing）是更为合适的成本预测方法。

（1）标准成本法。

顾名思义，标准成本法是以标准成本（standard cost）为基础的成本预测与控制方法。标准成本是企业基于正常环境生产某种产品预期发生的成本。由此可见，确定了标准成本也就能预测成本。从这个意义上说，确定标准成本与成本预测同义。

①确定标准成本的依据。

合理地确定标准成本必须综合考虑多方面的因素。这些因素主要如下。

A. 历史数据。历史数据是企业经营多年的经验数据，对未来的成本有一定的预测功能。企业通过仔细分析生产产品的历史数据，确定标准成本。然而，根据历史数据确定的标准成本，只反映企业内部的成本状况，不能反映外部竞争者的状况，因而缺乏紧迫性。因此，在依据历史数据的同时，也需要持续改善标准成本，适当增加员工的执行压力。

B. 作业分析。作业（activity）是一项有特定目的的工作和任务。企业的产品生产过程由一系列作业组成。成本在作业活动过程中发生。作业分析的目的就是要分析每项作业的本质、原因与潜力，据以确定这一系列作业活动应该发生的成本，并以此为依据确定标准成本[①]。

C. 标杆基准。以同行业最好企业的成本作为自己的标准成本。在内部研究与初步竞争分析的基础上，通过公开披露的数据、数据库以及合作方获得同行业先进企业的实际数据，并将其作为自己的标准，或以不同行业类似经营活动的实际数据作为自己的标准，确定标准成本，有助于企业保持强大的竞争能力。

D. 战略目标。确定标准成本是一种管理艺术。在实践中，企业应该根据自己的战略目标与所处的市场环境，选择适合自己的标准成本。如果企业实施低成本战略，在确定标准成本时，可以尽量与行业最佳标准成本看齐，甚至使得自己成为行业的成本"领头羊"，以保证企业战略的有效实施。如果企业实施差异化战略，为了在竞争中保持自己的优势，可以围绕产品差异化而确定标准成本。

②如何确定标准成本。

如前所述，成本项目包括直接材料、直接人工和制造费用（根据成本性态，制造费用又可以分为变动性制造费用和固定性制造费用）。因此，企业应该分别确定生产经营过程中的直接材料、直接人工和制造费用等成本项目

---

① 以作业为核心和成本计算对象的作业成本法（Activity-Based Costing，ABC）可以为作业分析提供颗粒度更细的成本信息。作业成本法的成本计算过程就是成本动因（cost driver）的分析过程。通过成本动因分析，可以追踪成本发生的来龙去脉，揭示"成本为何发生"和"成本如何发生"，使确定标准成本的过程更为精细化。

的标准成本，进而确定单位标准成本。单位标准成本就是各个成本项目的标准用量与标准价格的乘积之和。单位标准成本的计算公式为：

单位标准成本 = ∑（某个成本项目的单位标准用量 × 某个成本项目的单位标准价格）

A.直接材料标准成本。

直接材料标准成本涉及直接材料标准用量和直接材料标准价格两个变量。

企业经理人应全面评估企业的每一项业务的必要投入量，并综合考虑产品设计要求、质量标准、生产过程中不可避免的正常损耗以及次品、废品耗用的原材料等因素，从而确定基于当前生产条件和技术水平的单位产品直接材料标准用量。不同产品的直接材料标准用量应该分别记录，同一种产品不同生产步骤的直接材料标准用量也应该分别记录。经理人将各个生产步骤的直接材料标准用量汇总，就可以得到单位产品直接材料标准用量。

直接材料标准价格，包括购入直接材料的发票价格和其他附带成本。确定直接材料标准价格需要采购部门做必要的市场调查，在保证原料质量的前提下，选择价格条件最为优惠的供应商，同时还应该考虑经济订货批量、相关折扣、运输方式、信用条件以及供应商是否能按时按量送交原料等因素。

确定单位产品直接材料标准用量和标准价格之后，就可以确定单位产品直接材料标准成本。其计算公式为：

单位产品直接材料标准成本 =∑（各种直接材料单位标准用量 × 各种直接材料单位标准价格）

【例 3-10】W 公司生产的甲产品需要耗用 A、B 两种原材料。W 公司确定的甲产品单位直接材料标准成本如表 3-10 所示。

表3-10　W 公司甲产品的单位直接材料标准成本

| 项目 | A 材料 | B 材料 |
| --- | --- | --- |
| 标准用量： | | |
| 单位产品耗用量 / 千克 | 5.00 | 4.00 |

续表

| 项目 | A 材料 | B 材料 |
|---|---|---|
| 单位产品材料正常损耗 / 千克 | 0.50 | 0.30 |
| 预计单位废 / 次品耗用材料量 / 千克 | 0.30 | |
| 直接材料单位标准用量 / 千克 | 5.80 | 4.30 |
| 标准价格： | | |
| 单位材料发票价格 / 元 | 3.00 | 4.00 |
| 单位材料运杂费及其他相关费用 / 元 | 0.60 | 0.90 |
| 减：单位材料现金折扣 / 元·千克$^{-1}$ | 0.09 | 0.06 |
| 直接材料单位标准价格 / 元·千克$^{-1}$ | 3.51 | 4.84 |
| 各种直接材料单位标准成本 / 元·千克$^{-1}$ | 20.358 | 20.812 |
| 单位产品直接材料标准成本 / 元·千克$^{-1}$ | | 41.17 |

B. 直接人工标准成本。

经理人可以从标准用量和标准价格两个方面确定直接人工标准成本。

直接人工的标准价格是指标准工资率。采用计件工资制的企业，其标准工资率是指单位产品的应付工资；采用计时制的企业，其标准工资率则指单位工时的应付工资；采用工资制的企业，则需要用工资总额按标准人工小时分配之后确定标准工资率。

直接人工的标准用量是指在现有正常的生产经营条件下，生产单位产品所需耗用的工时数，其中包括生产过程直接耗用工时、设备故障及日常维修停工时间、员工必要的休息时间。直接人工的标准用量是最难确定的标准成本项目。经理人需要全面分析生产过程中的每项作业，剔除不必要的因素，确定最具有效率的生产方式。实际上，员工的工作效率、技术水平、工作状态参差不齐，经理人应该在平均水平基础上确定直接人工的标准工时，从而使得直接人工标准用量成为合理、先进的标准，保证成本控制的效果。

确定单位产品直接人工标准用量（标准工时）和标准价格（标准工资率）之后，就可以确定单位产品直接人工标准成本。其计算公式为：

单位产品直接人工标准成本 =Σ（各种直接人工单位标准工时 × 各种直接人工单位标准工资率）

【例 3-11】沿用【例 3-10】，W 公司确定的甲产品单位直接人工标准成本如表 3-11 所示。

表 3-11 W 公司甲产品的单位直接人工标准成本

| 项目 | 数值 |
| --- | --- |
| 单位产品耗用直接人工工时 / 小时 | 2.00 |
| 预计员工所需休息时间 / 小时 | 0.10 |
| 预计设备故障维修停工时间 / 小时 | 0.40 |
| 单位产品直接人工标准工时 / 小时 | 2.50 |
| 直接人工标准工资率 / 元·小时$^{-1}$ | 6.00 |
| 单位产品直接人工标准成本 / 元 | 15.00 |

C. 制造费用标准成本。

制造费用具有两个特点：第一，与直接材料和直接人工不同，制造费用无法追溯到具体产品；第二，严格地说，直接材料和直接人工都是变动成本，而制造费用则包含了变动性制造费用与固定性制造费用两部分。

制造费用标准成本是指在企业正常的生产经营条件下，生产单位产品所发生的制造费用成本。既然制造费用包括变动性制造费用与固定性制造费用，制造费用标准成本自然也包括变动性制造费用标准成本与固定性制造费用标准成本。

制造费用分配基础为制造费用的标准用量，通常是指直接人工标准工时或机器标准工时。制造费用标准分配率就是制造费用的标准价格。以制造费用标准分配率乘以生产单位产品的直接人工标准工时或机器标准工时，就可以确定单位产品的制造费用标准成本。其计算公式为：

（变动性 / 固定性）制造费用标准分配率 =（变动性 / 固定性）制造费用预算 ÷ 制造费用分配基础

单位产品变动性制造费用标准成本 = Σ（单位产品直接人工标准工时 × 变动性制造费用标准分配率）

单位产品固定性制造费用标准成本 = Σ（单位产品机器标准工时 × 固定性制造费用标准分配率）

【例 3-12】沿用【例 3-10】，W 公司确定的甲产品单位制造费用标准成本如表 3-12 所示。

**表 3-12　W 公司甲产品的单位制造费用标准成本**

| 项目 | 数值 |
| --- | --- |
| 变动性制造费用： | |
| 　单位产品直接人工标准工时 / 小时 | 2.00 |
| 　变动性制造费用标准分配率 / 元 · 小时 $^{-1}$ | 1.35 |
| 　单位产品变动性制造费用标准成本 / 元 | 2.70 |
| 固定性制造费用： | |
| 　单位产品机器标准工时 / 小时 | 2.05 |
| 　固定性制造费用标准分配率 / 元 · 小时 $^{-1}$ | 0.80 |
| 　单位产品固定性制造费用标准成本 / 元 | 1.64 |
| 　单位产品制造费用标准成本 / 元 | 4.34 |

D. 标准成本表。

确定各个成本项目的单位产品标准成本之后，就可以得到单位产品标准成本。

基于完全成本法（full costing），单位产品标准成本的计算公式为：

单位产品标准成本 = 单位产品直接材料标准成本 + 单位产品直接人工标准成本 + 单位产品变动性制造费用标准成本 + 单位产品固定性制造费用标准成本

基于变动成本法（variable costing），单位产品标准成本的计算公式为：

单位产品标准成本 = 单位产品直接材料标准成本 + 单位产品直接人工

标准成本 + 单位产品变动性制造费用标准成本

【例 3-13】沿用【例 3-10】、【例 3-11】和【例 3-12】，假设 W 公司采用完全成本法，其甲产品的标准成本如表 3-13 所示。

**表 3-13　W 公司甲产品标准成本**

单位：元

| 成本项目 | 金额 |
|---|---|
| 单位产品直接材料标准成本 | 41,17 |
| 单位产品直接人工标准成本 | 15.00 |
| 单位产品制造费用标准成本： | — |
| 　单位产品变动性制造费用标准成本 | 2.70 |
| 　单位产品固定性制造费用标准成本 | 1.64 |
| 单位产品标准成本 | 60.51 |

确定了单位产品标准成本之后，就可以根据计划生产量预测产品成本总额。例如，假设根据市场预测和销售预算，W 公司 20×1 年 11 月计划生产甲产品 100 000 件，采用完全成本法，W 公司 20×1 年 11 月的产品成本预测值为 6 051 000（100 000×60.51）元。

由此可见，确定标准成本是成本预测的起点，直接关系到后续的成本预算和预算考核的成效。显然，确定标准成本不是一个单纯的财务问题。为了确保标准成本的合理性，相关部门（如行政管理部门、研究与开发部门、设计部门、采购部门、技术部门、人力资源管理部门、生产部门和财务部门）和个人，都应该共同参与确定标准成本。企业在确定标准成本时，必须全面地评估企业的生产经营条件，而后以历史成本资料为基础，结合经济环境、技术水平、市场供求关系的变化调整或修订拟定的标准成本。

（2）目标成本法。

目标成本法就是以市场为导向，以竞争性市场价格为基础，根据企业的目标利润（导源于企业的战略），确定产品应该达到的成本水平的一种成本预测方法。目标成本的计算公式为：

单位产品目标成本 = 单位产品竞争性市场价格 – 单位产品目标利润

由此可见，目标成本法以具有竞争性市场价格和企业的目标利润倒推出目标成本。这里的目标利润体现了企业的长远发展战略要求，而竞争性市场价格则体现了市场导向。竞争性市场价格的确定本身就是一个博弈的过程，竞争性市场价格既是企业本身应该接受的价格，又是企业现有和潜在竞争对手都应该接受的价格。因此，以竞争性市场价格为导向实际上就是知己知彼战略思想的体现。由此所确定的目标成本就是企业的生产经营应该达到的成本水平。

目标成本法将企业的内部发展战略与企业的外部市场有机地结合起来，以市场为导向预测产品成本应该达到的水平，从而将企业的成本预测提高到战略的高度。目标成本法的进步之处在于将企业的外部竞争性市场价格导入企业的内部成本预测工作，进而保证企业内部的成本预测过程与企业外部的市场信息相结合。当然，目标成本法也是一种动态的成本预测方法。因为企业面临的外部市场环境多变，成本预测以市场为导向必须时刻注意外部市场的变化，及时调整企业的内部发展战略，不断提高生产效率，降低成本水平，使企业的生产经营过程达到持续改善的境界。

其实，标准成本法所确定的标准成本本身也是一种目标成本。目标成本法所确定的目标成本，如果企业能够达到，一旦付诸实施就成为企业生产过程的标准成本。因此，标准成本只是企业在某一特定的生产阶段应该达到的目标成本，标准成本法是目标成本法的必然延伸。

【例 3-14】S 公司计划研究与开发并生产一种新产品即 A 型涂料。S 公司通过市场调查发现，每千克 A 型涂料的竞争性市场价格为 0.50 元。根据 S 公司的战略目标，每千克 A 型涂料的目标利润为 0.25 元。这样，每千克 A 型涂料的目标成本为：

每千克 A 型涂料的目标成本 =0.50–0.25=0.25（元）

如果 S 公司投产 A 型涂料，那么，每千克 A 型涂料的目标成本 0.25 元就成为 S 公司生产 A 型涂料的单位产品标准成本。

当然，为了便于成本预测与成本控制，企业经理人可能有必要将目标成本进一步分解为直接材料目标成本、直接人工目标成本和制造费用目标成本。例如，S 公司经过分解，每千克 A 型涂料的直接材料目标成本、直接人工目标成本和制造费用目标成本分别为 0.220 元、0.017 元和 0.013 元。由此，目标成本法确定的目标成本（进而转化为标准成本）就是产品成本的预测值。

值得指出的是，基于数智时代，涌现出许多平台型企业。这些平台型企业并不直接制造产品，自然没有真正意义上的"成本"概念。但这些平台型企业发生大量的销售与管理费用。根据其性态，销售与管理费用也可以分为变动性销售与管理费用和固定性销售与管理费用。因此，前述的成本预测思路同样适用于预测变动性销售与管理费用和固定性销售与管理费用。

**3. 他山之石：Y 公司如何确定标准成本**

Y 公司是一家生产吉他的民营企业。之前，Y 公司采用实际成本法确定吉他成本。因为原来的总经理傅先生认为实际成本法有助于及时了解每把吉他的成本，能够及时地控制成本。然而，经历两年的实践之后，Y 公司董事会对 Y 公司的成本管理状况不满意——吉他成本居高不下。于是，Y 公司董事会决定聘请从事多年成本管理工作的肖先生接任 Y 公司的总经理。

上任之后，肖先生决定在 Y 公司实施标准成本法。于是，肖先生要求生产部门经理廖先生简要地描述 Y 公司的生产流程。廖先生向肖先生介绍以下情况。

Y 公司设有两个部门，一个是吉他身构造部门，另一个是吉他成品部门。在吉他身构造部门，高度熟练的技术人员制成木质吉他，并贴上几层木板。然后，这些吉他身构造部门的完工产品被送到吉他成品部门，并在吉他成品部门包上边、装上琴弦。吉他成品部门的工人还要调好吉他的声音并加以检测。

听了廖先生的介绍之后，肖先生聘请了几位信息专业人士搜集了 Y 公司竞争对手的成本管理水平资料。一个多月之后，这几位信息专业人士分别提交了报告。根据这些报告，成本管理水平最好的 Z 公司相关数据如下。

（1）直接人工。

吉他身构造部门的标准工时为 3.00 小时 / 把，标准工资率为 20.00 元 / 小时。

吉他成品部门的标准工时为 1.50 小时 / 把，标准工资率为 25.00 元 / 小时。

（2）直接材料。

每把吉他耗费的镶木板为 4.00 千克，其单位价格是 10.00 元 / 千克。

每把吉他需要 6 根琴弦，每根琴弦的价格为 5.00 元。

其他各种辅助材料成本是 5.00 元 / 把。

（3）变动性制造费用。

吉他身构造部门的标准工时为 3.00 小时 / 把，动力费成本是 1.50 元 / 小时，镶木板的冲洗费是 2.00 元 / 小时。

吉他成品部门的标准工时为 1.50 小时 / 把，动力费是 1.50 元 / 小时，检测费用是 2.00 元 / 小时。

（4）固定性制造费用。

吉他身构造部门每月的生产工时为 1 500 小时，每月的固定性制造费用如表 3-14 所示。

表 3-14　吉他身构造部门每月的固定性制造费用

| 项目 | 金额 / 元 |
| --- | --- |
| 厂房折旧 | 100 000 |
| 设备折旧 | 85 000 |
| 保险费 | 20 000 |
| 车间管理人员工资 | 15 000 |
| 合计 | 220 000 |

吉他成品部门每月的生产工时为 1 500 小时，每月的固定性制造费用如表 3-15 所示。

表3-15　吉他成品部门每月的固定性制造费用

| 项目 | 金额 / 元 |
| --- | --- |
| 厂房折旧 | 80 000 |
| 设备折旧 | 65 000 |
| 保险费 | 15 000 |
| 车间管理人员工资 | 10 000 |
| 合计 | 170 000 |

　　根据上述资料，肖先生要求财务部门经理施先生以 Z 公司的成本数据为标准成本，确定 Y 公司的标准成本。

　　施先生很快就根据 Z 公司的成本数据确定了 Y 公司的标准成本，如表 3-16 所示。

表3-16　Y 公司的标准成本

单位：元

| 项目 | 吉他身构造部门 | 吉他成品部门 | 合计 |
| --- | --- | --- | --- |
| 直接人工标准成本 | 60（3.00×20） | 37.50（1.50×25） | 97.50 |
| 直接材料标准成本 | 40（4.00×10） | 35（5.00×5 + 5.00） | 75.00 |
| 变动性制造费用标准成本 | 10.50（3.00×1.50 + 3.00×2.00） | 5.25（1.50×1.50 + 1.50×2.00） | 15.75 |
| 固定性制造费用标准成本 | 440（220 000÷500*） | 170（170 000÷1 000**） | 610.00 |
| 每把吉他标准成本 | 550.50 | 247.75 | 798.25 |

　　注：*1 500÷3=500（把）；**1 500÷1.5=1 000（把）。

　　肖先生拿着施先生确定的标准成本与生产部门经理廖先生讨论 Y 公司的标准成本问题。廖先生基本同意施先生确定的标准成本，但提出 Y 公司与 Z 公司存在一些差距，建议调整直接人工标准工时，将吉他身构造部门的标准工时调整为 3.50 小时 / 把，将吉他成品部门的标准工时调整为 2.00 小时 / 把。

经过讨论，肖先生和施先生同意廖先生的建议。施先生重新编制 Y 公司的标准成本，如表 3-17 所示。

表 3-17  Y 公司调整后的标准成本

单位：元

| 项目 | 吉他身构造部门 | 吉他成品部门 | 合计 |
|---|---|---|---|
| 直接人工标准成本 | 70（3.50 × 20） | 50（2.00 × 25） | 120.00 |
| 直接材料标准成本 | 40（4.00 × 10） | 35（5.00 × 6 ＋ 5.00） | 75.00 |
| 变动性制造费用标准成本 | 10.50（3.00 × 1.50 ＋ 3.00 × 2.00） | 5.25（1.50 × 1.50 ＋ 1.50 × 2.00） | 15.75 |
| 固定性制造费用标准成本 | 440（220 000 ÷ 500*） | 170（170 000 ÷ 1 000**） | 610.00 |
| 每把吉他标准成本 | 560.50 | 260.25 | 820.75 |

注：*1 500 ÷ 3=500（把）；**1 500 ÷ 1.5=1 000（把）。

肖先生问廖先生还有什么建议。廖先生建议由财务部门经理施先生牵头在公司内部宣讲实施标准成本法的意义与确定标准成本的思路和过程。施先生欣然同意。

通过施先生的宣讲，Y 公司相关部门及其人员统一了思想，认同、配合实施标准成本法。实践证明，Y 公司实施标准成本法取得了预期成效。

## 利润预测

如前所述，利润预测为编制预计利润表提供依据。其实，企业做好销售预测和成本预测之后，利润预测也就是水到渠成的事情。

根据销售量、成本和利润三者之间的关系，利润的计算公式为[①]：

利润（$P/L$）=$\Sigma$[各种产品单位销售价格（$P$）× 各种产品销售量（$Q$）- 各种产品单位变动成本（$b$）× 各种产品销售量（$Q$）] - 固定成本总额（$a$）

【例3-15】假设 F 公司 $20 \times 1$ 年 11 月只产销一种产品，单位销售价格为 10 元，单位变动成本为 6 元，$20 \times 1$ 年 11 月的预计固定成本总额为 200 000 元，预计销售量为 500 000 件。

根据上述资料，F 公司 $20 \times 1$ 年 11 月的利润预计为：

预计利润 =$10 \times 500\,000 - 6 \times 500\,000 - 200\,000 = 1\,800\,000$（元）

基于数智时代，可以将销售量、成本和利润三者之间的关系描绘成图，实现利润预测的可视化。这种可视化的图称为量本利图（volume-cost-profit chart）。以销售量（$Q$）为横轴，以成本总额（TC）和销售收入总额（TR）为纵轴。量本利图的绘制方法如下。

（1）以固定成本（$a$）为纵坐标的截距，作平行于横坐标的直线即固定成本线（$a$）。

（2）以（0，$a$）为原点，以单位变动成本（$b$）为斜率，作成本总额线（TC=$a + b \times Q_1$）。

（3）以（0，0）为原点，以单位销售价格（$P$）为斜率，作销售收入总额线（TR=$P \times Q_1$）。

根据上述步骤绘制的量本利图如图 3-3 所示。

---

① 严格地说，成本与费用不同。为了简化公式的表述形式，这里的"成本"包括费用，即单位变动成本包括单位变动费用，固定成本总额包括固定费用总额。

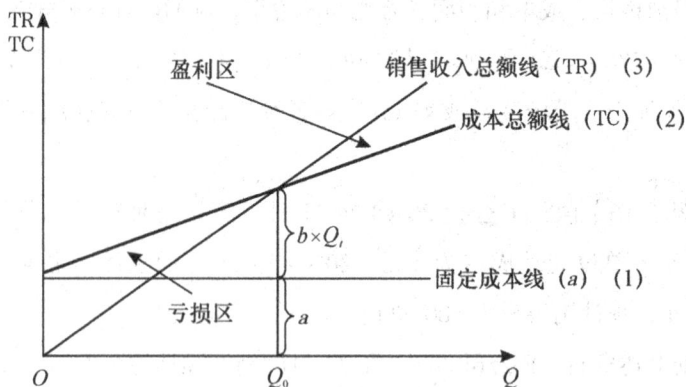

图 3-3　量本利图

图 3-3 的量本利图还可以简化为直接表现销售量与利润之间关系的量利图（volume- profit chart）。以销售量（$Q$）为横轴，以利润总额（$P/L$）为纵轴。量利图的制作方法如下。

（1）如果销售量（$Q$）为 0，利润（$P/L$）为 $-a$，则确定了点（0，$-a$）。

（2）如果利润（$P/L$）为 0，销售量（$Q$）为 $Q_0$，则确定了点（$Q_0$，0）。

（3）连接点（0，$-a$）和点（$Q_0$，0）成一条直线。这条直线就是利润线（$P/L$）。

根据上述步骤绘制的量利图如图 3-4 所示。

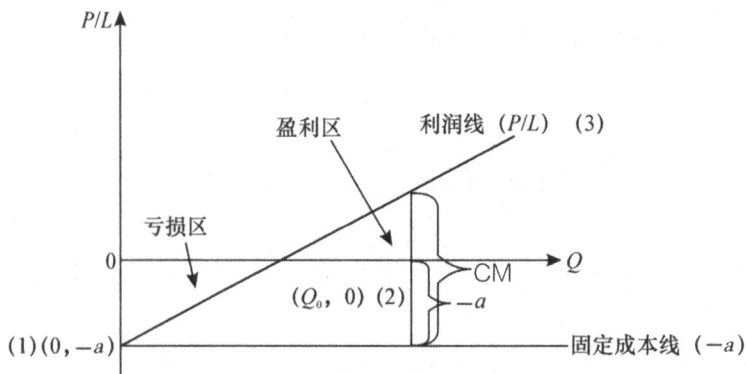

图 3-4　量利图

如果在图 3-4 上，再以点（0，$-a$）为起点，作平行于横轴的直线即固定成本线（$-a$）。那么，利润线（$P/L$）与固定成本线（$-a$）所形成的区域为边际贡献总额（即销售收入总额 – 变动成本总额）。边际贡献总额能否弥补固定成本总额决定盈亏状况。如果边际贡献总额小于固定成本总额（$CM < a$），企业处于亏损状态（$P/L < 0$）；如果边际贡献总额等于固定成本总额（$CM = a$），企业处于盈亏平衡状态（$P/L = 0$）；如果边际贡献总额大于固定成本总额（$CM > a$），企业处于盈利状态（$P/L > 0$）。

显然，根据图 3-3 或图 3-4，企业经理人可以直观地预测基于某个预计销售量水平的预计利润。这就是数智时代的可视化利润预测，既生动，又形象。

当然，企业还可以根据销售利润率（利润 / 销售收入总额）或利润增长目标更直接地预测利润，公式为：

利润 = 销售收入总额 × 销售利润率

或

利润 = 上期利润 ×（1+ 预计利润增长率）

## 资金预测

如前所述，资金预测为编制现金预算或预计现金流量表提供依据。资金预测包括短期资金预测和长期资金预测。短期资金预测与长期资金预测的思路不同。实际上，长期资金预测就是资本预算。资本预算将在第 5 章讨论，这里只讨论短期资金预测。

短期资金预测的主要方法包括销售百分比法和内含增长率法。

### 1. 销售百分比法

会计恒等式"资产总额 = 负债总额 + 所有者权益总额"本身就说明企业的资金需求量变化与企业的资产总额、负债总额、所有者权益总额的变动密切相关。基于市场经济环境，企业的生产经营活动以市场为导向。推动企业资金需求量变化的因素就是市场需求。市场需求可以用销售量加以量化。如果企业的资产总额、负债总额的变化与销售额的变化成一定的比例关系，那么，企业经理人就可以用预计销售额变化（用 $\Delta S$ 表示）结合资产总额、负债总额与销售额的比例关系来预测企业的融资需求量。企业短期资金需求量（Financing Requirement，FR）预测模型为：

$$FR=(A_t/S_t)\times\Delta S-(L_t/S_t)\times\Delta S-S_{t+1}\times SR\times(1-C)$$

式中：$A_t$ 表示 $t$ 时点的资产总额；$S_t$ 表示 $t$ 时点的销售总额；$L_t$ 表示 $t$ 时点的负债总额；$\Delta S$ 表示增加的销售额；$S_{t+1}$ 表示（$t+1$）时点即预测时的销售额；SR 表示销售利润率；$C$ 表示现金股利支付率，（$1-C$）便是利润留存率。$A_t/S_t$ 就是资产总额与销售总额的比例关系，$L_t/S_t$ 就是负债总额与销售总额的比例关系。这样，"（$A_t/S_t$）$\times\Delta S$"表示销售额的变化引起的资产总额的变化；"（$L_t/S_t$）$\times\Delta S$"表示销售额的变化引起的负债总额的变化；"$S_{t+1}\times SR\times(1-C)$"表示留存收益提供的资金。

当然，这里的留存收益提供的资金是有条件的。这个条件就是企业的留存收益与现金流量大体相当。否则，只有留存收益，没有现金流量，留存收益无法提供资金。

【例 3-16】假设 K 公司 20×1 年度的生产能力只利用了 65%，实际销售额为 850 000 元，净利润为 42 500 元，发放现金股利 17 000 元。如果 K 公司 20×2 年度预计销售额为 1 000 000 元，并依然按 20×1 年度的现金股利支付率支付现金股利。假设 K 公司的固定资产、长期投资、无形资产、长期负债、实收资本、留存收益等项目的数额与销售额的变化无关。K 公司 20×1 年末资产负债表（简表）如表 3-18 所示。

**表 3-18　K 公司 20×1 年末资产负债表（简表）**

单位：元

| 资产 | 金额 | 负债与所有者权益 | 金额 |
|---|---|---|---|
| 现金 | 20 000 | 应付账款 | 100 000 |
| 应收账款 | 150 000 | 应交税费 | 50 000 |
| 存货 | 200 000 | 长期负债 | 230 000 |
| 固定资产净值 | 300 000 | 实收资本 | 350 000 |
| 长期投资 | 40 000 | 留存收益 | 40 000 |

续表

| 资产 | 金额 | 负债与所有者权益 | 金额 |
|---|---|---|---|
| 无形资产 | 60 000 | | |
| 资产总额 | 770 000 | 负债与所有者权益总额 | 770 000 |

需要注意的是，全面预算是管理会计的主题，体现管理的需求，资产负债表项目需要根据管理需求分解或归并。根据上述资料，预测 20×2 年度 K 公司短期资金需求量。

根据表 3-18 及相关资料，计算各个相关项目与销售额的比例关系如表 3-19 所示。

**表 3-19　K 公司资产负债表相关项目与销售额的比例关系**

| 资产 | 占销售额比例(%) | 负债与所有者权益 | 占销售额比例(%) |
|---|---|---|---|
| 现金 | 2.35 | 应付账款 | 11.76 |
| 应收账款 | 17.65 | 应交税费 | 5.88 |
| 存货 | 23.53 | 长期负债 | 不适用 |
| 固定资产净值 | 不适用 | 实收资本 | 不适用 |
| 长期投资 | 不适用 | 留存收益 | 不适用 |
| 无形资产 | 不适用 | | |
| 资产总额 | 43.53 | 负债与所有者权益总额 | 17.64 |

根据表 3-18，K 公司短期资金需求量（FR）为：

$$FR = （43.53\%-17.64\%）× （1\ 000\ 000-850\ 000）-1\ 000\ 000×（42\ 500÷850\ 000）×（1-17\ 000÷42\ 500）=8\ 835（元）$$

这种短期资金需求量预测方法假设资产总额、负债总额与销售额之间保持一定的比例关系（当然，这个假设条件未必现实）。因此，这种短期资金需求量预测方法称为销售百分比法。

**2. 内含增长率法**

如前所述，销售额增长会带来资金需求量的增加，那么，销售额增长与资金需求量之间就会存在一定的关系。根据这种关系，可以直接计算基于特定因素增长的资金需求量。假设销售额增长与资金需求量成正比例关系，并存在稳定的百分比。企业经理人可以将每增加一元销售额需要追加的资金需求量称为资金需求量（FR）占销售额增长（$\Delta$SR）的百分比（FR/$\Delta$RS）。

如前所述，短期资金需求量（FR）预测模型为：

$$FR = (A_t/S_t) \times \Delta S - (L_t/S_t) \times \Delta S - S_{t+1} \times SR \times (1-C)$$

如果假设 $S_t$ 为基期销售额，$\Delta S/S_t$ 为销售额增长率，那么：

新增销售额（$\Delta S$）$= S_t \times (\Delta S/S_t)$

由此：

$$FR = (A_t/S_t) \times S_t \times (\Delta S/S_t) - (L_t/S_t) \times S_t \times (\Delta S/S_t) - S_t \times (1+\Delta S/S_t) \times SR \times (1-C)$$

等式两边同时除以 "$S_t \times (\Delta S/S_t)$"，整理便得到资金需求量占销售额增长的百分比（FR/$\Delta$RS）为：

$$FR/\Delta RS = A_t/S_t - L_t/S_t - SR \times (1-C) \times [(1+\Delta S/S_t)/(\Delta S/S_t)]$$

【例 3-17】沿用【例 3-16】的资料，K 公司的销售额增长率（$\Delta S/S_t$）为：

$$\Delta S/S_t = [(1\,000\,000 - 850\,000) \div 850\,000] = 17.65\%$$

资金需求量占销售额增长的百分比（FR/$\Delta$RS）为：

$$FR/\Delta RS = 43.53\% - 17.64\% - 42\,500 \div 850\,000 \times (1 - 17\,000 \div 42\,500) \times [(1 + 17.65\%)/17.65\%] = 5.89\%$$

那么，短期资金需求量（FR）为：

FR = 资金需求量占销售额增长的百分比 × 销售额增长 $= 5.89\% \times 150\,000 = 8\,835$（元）

内含增长率法的预测结果与销售百分比法的预测结果相同。

基于数智时代，各种预测软件可以轻而易举地完成销售预测、成本预测、利润预测和资金预测的数据处理工作，但各种预测结果能否得到相关部门及其员工的认同或接受则需要预测者做深入细致的沟通和协调工作。不过，销售预测、成本预测、利润预测和资金预测基本都独立运作，并没有融为一体。全面预算可以将销售预测、成本预测、利润预测和资金预测转化为预算，并整合为一体。

# 他山之石：N 公司如何编制全面预算

正如第 1 章的图 1-1 或图 1-2 所示，全面预算是一个以市场和战略为导向，以销售预算为基础，以现金预算为核心的完整预算体系。有鉴于此，根据图 1-1 或图 1-2，讨论全面预算的编制原理。

【例 3-18】假设 N 公司只生产和销售一种产品，所有材料也都是为该产品服务且只有一种材料。N 公司 20×1 年 12 月 31 日资产负债表（简表）如表 3-20 所示。

表 3-20　N 公司 20×1 年 12 月 31 日资产负债表（简表）

单位：元

| 资产 | 金额 | 负债与所有者权益 | 金额 |
|---|---|---|---|
| 现金 | 10 000 | 应付账款 / 购料款 | 16 000 |
| 应收账款 | 75 000 | 银行借款 | 10 000 |
| 材料存货 /3 600 千克 | 3 600 | 实收资本 | 80 000 |
| 产成品存货 /600 件 | 13 800 | 未分配利润 | 56 400 |
| 固定资产 | 80 000 | | |
| 累计折旧 | 20 000 | | |
| 资产总额 | 162 400 | 负债与所有者权益总额 | 162 400 |

N 公司有以下假设。

（1）预算期内公司面临的法律、法规、政策及经济环境没有重大变化。

（2）公司适用的税率、汇率及银行信贷利率没有重大变化。

（3）公司所处行业形势、市场行情没有重大变化。

（4）公司主要经营所在地、业务涉及地区的社会经济环境没有重大变化。

（5）公司主要产品和原材料的市场价格、供求关系没有重大变化。

（6）公司现行的生产组织结构没有重大调整，公司能正常运行，计划的投资项目能如期完成并投入运营。

（7）无其他不可抗拒力及不可预测因素造成的重大不利影响。

假设N公司正在准备编制20×2年第一季度的全面预算。N公司的其他相关资料如下。

（1）根据销售预测，第一季度预计销售量为17 000件（其中，1月预计销售量为6 000件，2月预计销售量为6 000件，3月预计销售量为5 000件），单位产品销售价格都是26.00元。N公司的信用政策是销售款当月收取50%，其余下月收讫。

（2）N公司各月月末的预计产成品存货为下月预计销售量的10%。20×2年4月的预计销售量为5 600件。

（3）N公司单位产品直接材料标准用量为6千克，每千克材料的标准价格为1.00元。各月月末的预计材料存货为下月生产所需要材料数量的10%。20×2年4月预计生产所需要材料数量为31 200千克。N公司购买材料的付款条件为：当月购买材料款当月支付50%，其余款项下月支付。

（4）N公司单位产品直接人工标准工时为5小时，单位工时标准工资率为2.00元。

（5）N公司20×2年第一季度预计发生的制造费用如表3-21所示。

表3-21　N公司20×2年第一季度预计发生的制造费用

| 项目 | 项目内容 | 数据 |
|---|---|---|
| 变动性制造费用 | 间接材料分配率 | 0.40元/小时 |
| | 间接人工分配率 | 1.00元/小时 |
| 固定性制造费用 | 折旧费用 | 1 000元/月 |

| 项目 | 项目内容 | 数据 |
|------|---------|------|
| 固定性制造费用 | 财产税 | 1 000 元 / 月 |
| | 维修费用 | 1 500 元 / 月 |

（6）N公司第一季度预计发生的销售与管理费用如表 3-22 所示。

表 3-22　N 公司第一季度预计发生的销售与管理费用

| 项目 | 数据 |
|------|------|
| 销售佣金占比 | 销售收入的 1% |
| 管理人员工资 | 5 000 元 / 月 |
| 广告费用 | 1 000 元 / 月 |

（7）N公司通过研究确定 20×2 年第一季度每月支付所得税 3 000 元，支付股利 3 000 元。同时决定在 20×2 年 3 月购置一台价款为 20 000 元的生产设备。

（8）根据财务部的意见，预算期间现金库存最低限额为 10 000 元。如果现金不足，可以向银行借款。

为了简化，不考虑流转税如增值税和投资问题。

根据上述资料，为 N 公司编制 20×2 年第一季度的全面预算。

## 销售预算

如前所述，全面预算以销售预算为出发点，其他预算也都以销售预算为基础，而销售预算以销售预测为基础。根据销售预测的结果，可以得到预计销售量和销售价格，由此可以得到预计销售额[1]：

预计销售额 = 预计销售量 × 预计单位产品销售价格

根据 N 公司的现销和赊销比例以及赊销的信用政策便可得到预计的现金流入量。由此，销售预算与现金预算对接[2]，销售预算的现金收入成为现金预算的现金收入，财务会计的权责发生制转化为收付实现制。

根据【例 3-18】的资料，N 公司编制的第一季度销售预算如表 3-23所示。

表 3-23　N 公司 20×2 年第一季度销售预算

| 摘要 | 1 月 | 2 月 | 3 月 | 合计 |
|---|---|---|---|---|
| 预计销售量 / 件 | 6 000 | 6 000 | 5 000 | 17 000 |
| 预计单位产品销售价格 / 元·件 $^{-1}$ | 26.00 | 26.00 | 26.00 | — |
| 预计销售额 / 元 | 156 000 | 156 000 | 130 000 | 442 000 |
| 收回期初应收账款 / 元 | 75 000 | | | 75 000 |
| 1 月销售现金收入 / 元 | 78 000 | 78 000 | | 156 000 |
| 2 月销售现金收入 / 元 | | 78 000 | 78 000 | 156 000 |
| 3 月销售现金收入 / 元 | | | 65 000 | 65 000 |
| 现金收入合计 / 元 | 153 000 | 156 000 | 143 000 | 452 000 |

---

[1] 只要能够写出表达式，计算机就可以轻易地完成计算工作或全面预算的编制工作。问题的关键在于如何确定相关数据。例如，如何确定预计销售量和预计销售价格的具体数值。全面预算数据不是单纯的数据，其背后蕴含着相关部门及其员工的权力、责任与利益。例如，为了实现销售目标，营销部门及其员工拥有哪些权力、负有哪些责任、能得到哪些利益。因此，全面预算数值的确定充满着利益的博弈。

[2] 同理，后续的其他预算（如直接材料预算等）也应该与现金预算对接。

## 生产预算

如果企业实行准时生产（Just in Time，JIT）[1]，那么，预计销售量就是预计生产量，销售预算就是生产预算，即销售预算与生产预算可以合二为一。但是，在实践中，准时生产所需要的前提条件难以满足。因此，对于绝大多数企业而言，还必须单独编制生产预算。

如果企业无法实施准时生产，那么，企业就需要以预计销售量和预计产成品存货为基础编制生产预算。其基本表达式为[2]：

预计销售量（来自销售预算）

加：预计期末产成品存货

产成品存货需要量

减：期初产成品存货

预计生产量

根据【例 3-18】的资料，N 公司编制的第一季度生产预算如表 3-24 所示。

---

① 准时生产是最近 20 多年来，高新技术广泛运用于生产领域，在生产高度计算机化、自动化基础上形成的一种新的生产管理系统。其目标就是消除一切不必要的作业。例如，除非特种行业如酿酒和烟草行业，与存货有关的存货储存、维护、归类、整理等作业，因存货质量问题、供产销各阶段的停工待料或脱销等问题而引起的作业就是不必要的作业。准时生产要求企业在供产销的各个环节尽量实现"零存货"（zero inventory）和"零缺陷"（zero defect）。具体地说，在供应阶段，企业所需要的原材料、外购件能够保质保量、准时供生产使用；在生产阶段，各个生产环节密切配合，协调一致，前一道工序按后一道工序的要求保质保量、准时地提供半成品；在销售阶段，按顾客的要求，保质保量、准时地将产品送到顾客手中。
② 全面预算的表格可以通过 Excel 生成。因此，这样的表达式可以与 Excel 保持一致。下同。

表 3-24　N 公司 20×2 年第一季度生产预算

单位：件

| 摘要 | 1月 | 2月 | 3月 | 合计① |
|---|---|---|---|---|
| 预计销售量 | 6 000 | 6 000 | 5 000 | 17 000 |
| 加：预计期末产成品存货 | 600 | 500 | 560 | 560 |
| 减：期初产成品存货 | 600 | 600 | 500 | 600 |
| 预计生产量 | 6 000 | 5 900 | 5 060 | 16 960 |

## 成本预算

如前所述，成本包括直接材料、直接人工和制造费用。因此，成本预算包括直接材料预算、直接人工预算和制造费用预算。

### 1. 直接材料预算

直接材料预算是生产预算的具体化。其基本表达式为：

预计生产量（来自生产预算）

乘：单位产品直接材料标准用量

预计直接材料需用量

加：预计期末材料存货

预计直接材料需要量

减：期初材料存货

预计直接材料采购量

乘：单位材料标准价格

预计直接材料采购金额

减：不需要在本期支付的购料款

预计本期支付的直接材料金额

---

① 值得注意的是，期末期初产成品存货是一个时点指标，各个月份的时点数值不可相加。下同。

根据【例3-18】的资料，N公司编制的第一季度直接材料（采购）预算如表3-25所示。

表3-25　N公司20×2年第一季度直接材料（采购）预算

| 摘要 | 1月 | 2月 | 3月 | 合计 |
| --- | --- | --- | --- | --- |
| 预计生产量 / 件 | 6 000 | 5 900 | 5 060 | 16 960 |
| 单位产品直接材料标准用量 / 千克·件$^{-1}$ | 6 | 6 | 6 | — |
| 预计直接材料需用量 / 千克 | 36 000 | 35 400 | 30 360 | 101 760 |
| 加：预计期末材料存货 / 千克 | 3 540 | 3 036 | 3 120 | 3 120 |
| 减：期初材料存货 / 千克 | 3 600 | 3 540 | 3 036 | 3 600 |
| 预计直接材料采购量 / 千克 | 35 940 | 34 896 | 30 444 | 101 280 |
| 单位材料标准价格 / 元·千克$^{-1}$ | 1.00 | 1.00 | 1.00 | 1.00 |
| 预计直接材料采购金额 / 元 | 35 940 | 34 896 | 30 444 | 101 280 |
| 应付期初购料款 / 元 | 16 000 | | | 16 000 |
| 1月购料现金支出 / 元 | 17 970 | 17 970 | | 35 940 |
| 2月购料现金支出 / 元 | | 17 448 | 17 448 | 34 896 |
| 3月购料现金支出 / 元 | | | 15 222 | 15 222 |
| 现金支出合计 / 元 | 33 970 | 35 418 | 32 670 | 102 058 |

## 2. 直接人工预算

直接人工预算也是生产预算的具体化。其基本表达式为：

预计生产量（来自生产预算）

乘：单位产品直接人工标准工时

预计直接人工需要量

乘：标准工资率

预计直接人工费用金额

通常，直接人工费用都需要使用现金支付。因此，不需要另外预计本期现金支付的数额。

根据【例 3-18】的资料，N 公司编制的第一季度直接人工预算如表 3-26 所示。

表 3-26　N 公司 20×2 年第一季度直接人工预算

| 摘要 | 1 月 | 2 月 | 3 月 | 合计 |
| --- | --- | --- | --- | --- |
| 预计生产量 / 件 | 6 000 | 5 900 | 5 060 | 16 960 |
| 单位产品直接人工标准工时 / 小时·件$^{-1}$ | 5 | 5 | 5 | — |
| 预计直接人工需要量 / 小时 | 30 000 | 29 500 | 25 300 | 84 800 |
| 标准工资率 / 元·小时$^{-1}$ | 2.00 | 2.00 | 2.00 | — |
| 预计直接人工费用金额 / 元 | 60 000 | 59 000 | 50 600 | 169 600 |

值得指出的是，基于数智时代，许多自动化程度很高的企业已经出现了无人车间或无灯工厂，计算机或机器人代替了人，直接人工的数额越来越少。如此一来，直接人工预算也就变得越来越不重要。

**3. 制造费用预算**

如前所述，根据成本性态，制造费用可以分为变动性制造费用和固定性制造费用。因此，制造费用预算包括变动性制造费用预算和固定性制造费用预算两部分。同时，制造费用包括属于转账摊销而非现金支出的折旧费用。为了与现金预算对接，制造费用预算应该扣除非现金支出的折旧费用。

制造费用预算也是生产预算的具体化。其基本表达式为：

预计直接人工标准工时

乘：变动性制造费用标准分配率

预计变动性制造费用

加：预计固定性制造费用

预计制造费用合计

减：折旧费用

预计需用现金支付的制造费用

根据【例 3-18】的资料，N 公司编制的第一季度制造费用预算如表 3-27 所示。

表 3-27　N 公司 20×2 年第一季度制造费用预算

单位：元

| 摘要 | 1 月 | 2 月 | 3 月 | 合计 |
|---|---|---|---|---|
| 变动性制造费用： | | | | |
| 间接材料 | 12 000 | 11 800 | 10 120 | 33 920 |
| 间接人工 | 30 000 | 29 500 | 25 300 | 84 800 |
| 小计 | 42 000 | 41 300 | 35 420 | 118 720 |
| 固定性制造费用： | | | | |
| 折旧费用 | 1 000 | 1 000 | 1 000 | 3 000 |
| 财产税 | 1 000 | 1 000 | 1 000 | 3 000 |
| 维修费用 | 1 500 | 1 500 | 1 500 | 4 500 |
| 小计 | 3 500 | 3 500 | 3 500 | 10 500 |
| 制造费用总计 | 45 500 | 44 800 | 38 920 | 129 220 |
| 减：折旧费用 | 1 000 | 1 000 | 1 000 | 3 000 |
| 现金支出合计 | 44 500 | 43 800 | 37 920 | 126 220 |

**4. 产成品预算**

产成品预算主要为编制预计利润表和预计资产负债表提供销售成本和存货信息。根据直接材料预算、直接人工预算和制造费用预算就可以编制产成品预算。

根据【例 3-18】的资料，N 公司编制的第一季度产成品预算（变动性标准成本）如表 3-28 所示。

表 3-28　N 公司 20×2 年第一季度产成品预算

| 成本项目 | 标准用量 | 标准价格 | 合计 |
|---|---|---|---|
| 直接材料 | 6 千克 | 1.00 元 / 千克 | 6.00 元 |
| 直接人工 | 5 小时 | 2.00 元 / 小时 | 10.00 元 |
| 变动性制造费用 | 5 小时 | 1.40 元 / 小时 | 7.00 元 |
| 变动性标准成本合计 | | | 23.00 元 |

## 销售与管理费用预算

企业在经营过程中，除了发生归属于产品的成本，还会发生随着时间的推移而发生，随着时间的流逝而消逝的期间费用。企业发生的期间费用通常包括销售费用与管理费用，销售费用和管理费用不能计入产品成本，应该作为当期损益处理，直接冲减企业的当期营业利润。

通俗地说，销售费用就是企业在销售商品的过程中所发生的各项费用。基于市场经济环境，企业不仅应该以市场需求为导向组织商品的生产或采购，而且必须及时将生产出来的商品或采购的商品销售出去，以实现商品价值。否则，企业就无法实现其经营目标。因此，企业必然会发生各项销售费用。从全面预算的角度看，销售费用就是为了实现销售预算而发生的费用。

简单地说，管理费用就是企业在组织和管理生产经营活动过程中所发生的各项费用。技术与管理是企业乃至社会发展的"两个轮子"。没有技术，企业就没有竞争力；没有管理，技术可能难以得到有效运用。因此，任何企业都需要管理，只要需要管理就会发生管理费用。从全面预算的角度看，管理费用就是为了实现管理预算而发生的费用。

当然，销售与管理费用本身也存在预算约束问题，从这个角度看，企业同样需要编制销售与管理费用预算。

销售与管理费用包含的项目很多。在编制销售与管理费用预算时，首先要根据成本性态将销售与管理费用分为固定性销售与管理费用和变动性销售与管理费用，然后，再分门别类地编制销售与管理费用预算。

根据【例3-18】的资料，N公司编制的第一季度销售与管理费用预算如表3-29所示。

表3-29　N公司20×2年第一季度销售与管理费用预算

单位：元

| 项目 | 1月 | 2月 | 3月 | 合计 |
|---|---|---|---|---|
| 变动性费用： | | | | |
| 　销售佣金 | 1 560 | 1 560 | 1 300 | 4 420 |
| 固定性费用： | | | | |
| 　管理人员工资 | 5 000 | 5 000 | 5 000 | 15 000 |
| 　广告费用 | 1 000 | 1 000 | 1 000 | 3 000 |
| 　小计 | 6 000 | 6 000 | 6 000 | 18 000 |
| 合计 | 7 560 | 7 560 | 7 300 | 22 420 |

　　基于数智时代，企业之间的竞争异常激烈。没有顾客，企业就没有存在的必要。因此，"企业的重要目的之一就是创造顾客"。如此一来，企业应该做两件事：创造与营销。在21世纪，企业满足顾客的需求，只能赢得生存的空间，企业只有不断创造顾客的需求（创造）并引导顾客的需求（营销），才能赢得可持续发展的空间。在这里，"创造"解决新产品或新服务问题，而"营销"则解决顾客问题。如果企业的"创造"和"营销"都做得好，企业不仅可以不断推出新产品或新服务，还可以拥有源源不断的顾客。如此一来，企业也就具备可持续发展的基本前提。

　　企业的"创造"靠研发，而研发需要人力资源和财务资源。研发费用和人才培养费用就属于管理费用。如今，"酒香也怕巷子深"，即便企业有过硬的产品，没有过硬的营销，过硬的产品如何吸引顾客呢？但要是企业没有过硬的产品，企业又能营销什么呢？企业要营销，同样需要人力资源和财务资源。营销费用就属于销售费用。因此，"企业生存靠产品，持久发展靠研发；销售只能管一时，研发才能管一世；企业没有研发，就没有持久的销售。"

　　由"制造"（这是车间的基本职能）转向"创造"和"营销"（这是现代企业的基本职能）就是数智时代的企业价值创造模式转变的重要标志。

如此一来，原本编制原理并不复杂的销售与管理费用预算，却因企业的"创造"与"营销"日益重要，而显得愈发重要。

## 现金预算

常言道"万涓成水，终究汇流成河"。销售预算、生产预算、成本预算、产成品预算和销售与管理费用预算最终都会"汇流"到现金预算。由此，现金预算将业务语言与财务语言"无缝对接"或"无缝转换"，实现了业财融合。

现金预算通常包括现金收入、现金支出、现金多余或短缺以及资金的筹集或运用等四个部分。其基本表达式为：

期初现金余额（来自上期资产负债表）

加：现金收入

筹资前现金合计

减：现金支出

现金多余或短缺

加或减：资金的筹集或运用（根据现金余缺情况和期末现金余额倒推）

期末现金余额（根据现金持有量确定，通常为已知数，列入本期资产负债表）

根据【例 3-18】的资料，N 公司编制的第一季度现金预算如表 3-30 所示。

表 3-30　N 公司 20×2 年第一季度现金预算

单位：元

| 摘要 | 1 月 | 2 月 | 3 月 | 合计 |
|---|---|---|---|---|
| 期初现金余额 | 10 000 | 10 970 | 15 192 | 10 000 |
| 加：本期现金收入 | 153 000 | 156 000 | 143 000 | 452 000 |
| 减：直接材料现金支出 | 33 970 | 35 418 | 32 670 | 102 058 |
| 　　直接人工现金支出 | 60 000 | 59 000 | 50 600 | 169 600 |
| 　　制造费用现金支出 | 44 500 | 43 800 | 37 920 | 126 220 |

续表

| 摘要 | 1月 | 2月 | 3月 | 合计 |
|---|---|---|---|---|
| 销售与管理费用现金支出 | 7 560 | 7 560 | 7 300 | 22 420 |
| 所得税现金支出 | 3 000 | 3 000 | 3 000 | 9 000 |
| 购置设备现金支出 | | | 20 000 | 20 000 |
| 现金股利支出 | 3 000 | 3 000 | 3 000 | 9 000 |
| 现金支出合计 | 152 030 | 151 778 | 154 490 | 458 298 |
| 现金余缺 | 10 970 | 15 192 | 3 702 | 3 702 |
| 加：银行借款 | | | 6 298 | 6 298 |
| 期末现金余额 | 10 970 | 15 192 | 10 000 | 10 000 |

现金预算是企业现金管理的重要工具。现金预算有助于企业事先安排其日常的现金需要。如果没有现金预算，企业就无法事先合理地平衡、调度现金，就有可能陷入财务困境。

如果再考虑企业长期投资、筹资活动的现金流量，这里的现金预算就是预计现金流量表。

## 预计利润表

在上述各项预算的基础上，根据会计准则便可编制预计利润表。实际上，预计利润表就是企业的利润预算。

根据【例 3-18】的资料，N 公司编制的 20×2 年 3 月的预计利润表如表 3-31 所示。

表 3-31　N 公司 20×2 年 3 月预计利润表

单位：元

| 摘要 | 金额 |
|---|---|
| 销售收入 | 442 000 |
| 变动成本： | |

续表

| 摘要 | 金额 |
|---|---|
| 变动性产品销售成本 | 391 000 |
| 变动性销售与管理费用 | 4 420 |
| 变动成本合计 | 395 420 |
| 边际贡献 | 46 580 |
| 固定成本： | |
| 固定性制造费用 | 10 500 |
| 固定性销售与管理费用 | 18 000 |
| 固定成本合计 | 28 500 |
| 税前利润 | 18 080 |
| 减：所得税 | 9 000 |
| 税后利润 | 9 080 |

值得注意的是，在预算编制过程中，所得税这个项目的数值通常采用一个预估的预算数值，并没有与利润挂钩。因为所得税影响现金支出，从而影响现金预算的现金余额，而现金余缺又影响资金的筹集或运用，现金的筹集或运用通过利息费用或利息收益反过来影响所得税……如此无限循环。当然，计算机或各种预测软件可以轻易地解决现金预算面临的这个无限循环问题，但全面预算本来就不是精算，不需要那么准确。

## 预计资产负债表

在上述各项预算的基础上，以企业上期资产负债表为基础，根据会计准则便可编制预计资产负债表。实际上，预计资产负债表反映的就是企业的财务状况预测情况。

编制完现金预算（预计现金流量表）、预计利润表和预计资产负债表之后，企业的业务语言就转换为财务语言。

根据【例 3-18】的资料，N 公司编制的 20×2 年 3 月 31 日预计资产负债表如表 3-32 所示。

### 表 3-32  N 公司 20×2 年 3 月 31 日预计资产负债表

单位：元

| 资产 | 金额 | 负债与所有者权益 | 金额 |
|---|---|---|---|
| 现金 | 10 000 | 应付账款 / 购料款 | 15 222 |
| 应收账款 | 65 000 | 银行借款 | 16 298 |
| 材料存货 | 3 120 | 实收资本 | 80 000 |
| 产成品存货 | 12 880 | 未分配利润 | 56 480* |
| 固定资产 | 100 000 | | |
| 累计折旧 | 23 000 | | |
| 资产总额 | 168 000 | 负债与所有者权益总额 | 168 000 |

注：*56 400（期初数，来自表 3-18）+9 080（本期税后利润，来自表 3-27）−9 000（支付的现金股利，来自表 3-26）=56 480（元）。

值得指出的是，上述实例只是根据企业的基本经营活动（销售、生产和供应各个环节）对现金流量的影响以及全面预算各个部分之间的联系，较为系统地说明讨论企业如何编制全面预算。在实践中，为了应对企业面临的各种情景，全面预算的实现形式主要包括本书第 4 章讨论的弹性预算（flexible budget）、滚动预算（rolling budget）和零基预算（zero-based budget）。

就全面预算而言，编制全面预算只是"万里长征第一步"。如何防止全面预算流于形式，使全面预算成为一种名副其实的全面的管理工具是企业实施全面预算面临的现实问题。这些现实问题也是本书后续各章将要进一步讨论的主题。

# 4

全面预算的编制方法

▶ **从一个案例说起：**

第 3 章提及的丙公司在总经理王先生的积极推动下，实施了全面预算管理理念。经过一年的实践，总经理王先生召集丙公司各部门经理开会，复盘过去一年实施全面预算管理的经验和教训。

总经理王先生做了开场白后，请各部门经理畅所欲言，讲讲一年来的感悟。

几分钟的沉默之后，财务部经理宋女士发言："总体而言，过去一年的实践使全面预算管理的理念深入人心，销售款的回笼取得可喜成效，成本也得到有效的控制。但是，在实践过程中，也出现一些需要讨论、解决的问题。例如，到了年底，眼看业务费预算没有花完，某些部门年终突击花钱，而营销部的某些业务员 11 月就完成全面销售预算，有意将某些订单递延到下一个年度。"

听了财务部经理宋女士的发言，营销部经理陈先生有些不高兴地说："也不能全怪我们。计划赶不上变化，全面预算的数值一旦确定，就管一年，未必合理，也未必合适。产品和供应商市场变化非常快。因此，原来的预算过不了几个月可能就过时了。"

生产部经理孙先生、人力资源管理部刘先生随之附和营销部经理陈先生的意见，都觉得需要完善全面预算的编制工作。研发与设计部经理赵先生则再度关心研发与设计费用预算的编制问题。

总经理王先生回应道："面对今天动态的、难以预测、要求更高的内外部环境，各部门经理需要更多自由，并承担更大责任。企业的流程必须更有持续性，灵活多变，快速反应。各部门经理应该更清楚如何完成目标，而不只是满足全面预算的要求。"

财务部经理宋女士接着说："据说，现在有一股反对全面预算的潮流，提倡超越预算（beyond budget）。公司是否需要重新评估是否继续推进全面预算管理理念？"

总经理王先生微笑着对财务部经理宋女士说："我也听说过超越预算。超越预算的倡导者为何反对全面预算？"财务部经理宋女士说："超越预算的倡导者认为全面预算管理存在四个缺陷：（1）全面预算的编制耗时、耗财；（2）全面预算管理可能促使经理人低估收入和利润；（3）全面预算管理扼杀了创新；（4）全面预算管理跟不上迅速变化的全球化竞争环境。美国通用电气公司前总裁杰克·韦尔奇（Jack Welch）更是直截了当地认为预算是美国公司的祸根。它根本不应该存在。制定预算就等于只能达到最低绩效。公司永远只能得到员工最低水平的贡献，因为每个人都在讨价还价，争取制定最低指标。其实，杰克·韦尔奇说出了全面预算管理的预算松弛问题。"

总经理王先生坚定地说："我也清楚公司推进全面预算管理理念遇到了各种问题，不过，公司继续推进全面预算管理理念的决心不变，绝不能半途而废。希望在座的各位部门经理想办法完善全面预算管理。请财务部经理宋女士多花点心思。"

话说到这里，财务部经理宋女士只好表态说："我们根据具体情况采用多种全面预算编制方法可能可以解决某些问题，但预算松弛问题是一个棘手问题。"

财务部经理宋女士表态之后，总经理王先生宣布散会。

难道丙公司的全面预算管理到了没有出路的境地了吗？

# 弹性预算

第 3 章以 N 公司为例所讨论的全面预算的编制原理以预算期间某个特定业务量水平确定相应的数值，并据以编制全面预算。这种预算称为固定预算（fixed budget）或静态预算（static budget）。然而，企业所面临的经济环境具有不确定性。为了应对经济环境的不确定性，企业经理人可以编制弹性预算。

## 弹性预算有哪些特点

所谓弹性预算，是指企业在分析业务量与预算项目之间数量依存关系的基础上，分别确定不同业务量及其相应预算项目所消耗资源的预算编制方法。

这里的业务量，是指企业销售量、生产量和作业量等与预算项目相关的弹性变量。

与固定预算或静态预算相比，弹性预算的主要特点在于：以一定的业务量水平范围（即相关范围）而不是以某个特定业务量水平编制预算。弹性预算的数值能够适应业务量水平的变化而自行调整，涵盖整个销售量的相关范围。表 4-1 列示了利润弹性预算的范例。

表 4-1　利润弹性预算

金额单位：万元

| 项目 | 数据 | | | |
|---|---|---|---|---|
| 预计销售量（台） | 2 700 | 3 000 | 3 300 | 3 600 |
| 预计销售收入 /40 万元·台 $^{-1}$ | 108 000 | 120 000 | 132 000 | 144 000 |

| 项目 | 数据 | | | |
|---|---|---|---|---|
| 减：变动性成本费用 | 60 480 | 67 200 | 73 920 | 80 640 |
| 直接材料 /16 万元·台⁻¹ | 43 200 | 48 000 | 52 800 | 57 600 |
| 直接人工 /5 万元·台⁻¹ | 13 500 | 15 000 | 16 500 | 18 000 |
| 变动性制造费用 /1 万元·台⁻¹ | 2 700 | 3 000 | 3 300 | 3 600 |
| 变动性销售与管理费用 /0.4 万元·台⁻¹ | 1 080 | 1 200 | 1 320 | 1 440 |
| 边际贡献 | 47 520 | 52 800 | 58 080 | 63 360 |
| 减：固定成本 | 42 000 | 42 000 | 42 000 | 42 000 |
| 固定性制造费用 | 30 000 | 30 000 | 30 000 | 30 000 |
| 固定性销售与管理费用 | 12 000 | 12 000 | 12 000 | 12 000 |
| 营业利润 | 5 520 | 10 800 | 16 080 | 21 360 |

　　由表 4-1 可见，弹性预算是若干个固定预算或静态预算的组合。借助计算机或 Excel，企业经理人可以编制销售量从 2 700 台到 3 600 台任何销售量（如 2 700 台、2 701 台、2 702 台……3 599 台、3 600 台）的固定预算或静态预算，组合在一起就是涵盖整个销售量相关范围的利润弹性预算，销售量的任何变动都能在其中体现。弹性预算描绘成图就是第 3 章提及的量本利图或量利图。

　　举一反三，触类旁通。同理，企业经理人可以编制其他预算项目的弹性预算。

## 弹性预算的适用范围

　　从理论上说，弹性预算适用于企业各项预算的编制，特别是市场、产能等存在较大不确定性，且其预算项目与业务量之间存在明显的数量依存关系的预算项目。但在实践中，弹性预算更适用于编制成本预算和预计利润表。

## 如何编制弹性预算

通常，弹性预算的编制程序如下。

（1）确定弹性预算适用项目。企业经理人可以分析、确定与预算项目变动直接相关的业务量指标，确定其计量标准和方法，以此作为编制预算的起点。

（2）识别相关的业务量并预测业务量在预算期内可能存在的不同水平和弹性幅度。

（3）逐项分析、认定预算项目与业务量之间的数量依存关系、依存关系的合理范围以及变化趋势，确定弹性定额。

（4）构建弹性预算模型（可以用公式法或列表法），形成多套预算方案并审定预算方案。所谓公式法就是以计算公式呈现的弹性预算，列表法就是以表格呈现的弹性预算，其中，列表法是公式法的表格化。如 $Y=a+bX$ 就是成本弹性预算的公式法，各种表格就是成本预算的列表法。

当然，任何预算编制方法都是利弊互见的。弹性预算的主要优点是考虑了预算期可能的不同业务量水平，更贴近企业经营管理的实际情况，有助于应对企业所面临的经济环境不确定性。而弹性预算的主要缺点是业务量相关范围及其成本性态的确定可能会对弹性预算的合理性造成较大影响。

只要理解和掌握了固定预算的编制方法，就可以理解和掌握弹性预算的编制方法。

## 他山之石：P 公司如何编制弹性预算

假设 P 公司是一家小规模生产企业。20×1 年 8 月的正常生产能力在 1 600 工作小时和 2 400 工作小时之间。有关制造费用资料如表 4-2 所示。

表 4-2　P 公司 20×1 年 8 月制造费用相关资料

单位：元

| 项目 | 数据 | |
|---|---|---|
| 生产能力 | 1 600 工作小时 | 2 400 工作小时 |
| 间接人工成本 | 18 000 | 22 000 |
| 工厂物料费用 | 1 600 | 2 400 |
| 机器维修费用 | 1 300 | 1 700 |
| 热能与照明费用 | 1 000 | 1 000 |
| 机器折旧费用 | 6 500 | 6 500 |
| 小工具费用 | 1 600 | 2 400 |
| 动力费用 | 8 000 | 12 000 |
| 房屋租用费 | 2 000 | 2 000 |
| 合计 | 40 000 | 50 000 |

根据表 4-2 的资料，P 公司总经理黎先生希望财务部凌先生编制 20×1 年 10 月生产能力分别为 1 800 工作小时和 2 000 工作小时的制造费用弹性预算。

根据总经理黎先生的要求，财务部凌先生首先分析各成本项目的成本性态，并采用高低点法分解混合成本，分别列出各个成本项目的成本表达式。

间接人工成本：$Y=10\,000+5X$

工厂物料费用：$Y=X$

机器维修费用：$Y=500+0.5X$

热能与照明费用：$Y=1\,000$

机器折旧费用：$Y=6\,500$

小工具费用：$Y=X$

动力费用：$Y=5X$

房屋租用费：$Y=2\,000$

根据各个成本项目的成本表达式编制 P 公司 20×1 年 10 月生产能力分

别为 1 800 工作小时和 2 000 工作小时的制造费用弹性预算，如表 4-3 所示。

表 4-3　P 公司 20×1 年 10 月制造费用弹性预算

单位：元

| 项目 | 数据 | |
| --- | --- | --- |
| 生产能力 | 1 800 工作小时 | 2 000 工作小时 |
| 间接人工成本 /$Y=10\,000+5X$ | 19 000 | 20 000 |
| 工厂物料费用 /$Y=X$ | 1 800 | 2 000 |
| 机器维修费用 /$Y=500+0.5X$ | 1 400 | 1 500 |
| 热能与照明费用 /$Y=1\,000$ | 1 000 | 1 000 |
| 机器折旧费用 /$Y=6\,500$ | 6 500 | 6 500 |
| 小工具费用 /$Y=X$ | 1 800 | 2 000 |
| 动力费用 /$Y=5X$ | 9 000 | 10 000 |
| 房屋租用费 /$Y=2\,000$ | 2 000 | 2 000 |
| 合计 | 42 500 | 45 000 |

根据表 4-3，如果 P 公司 20×1 年 10 月的生产能力为 1 800 小时，制造费用为 42 500 元，如果 P 公司 20×1 年 10 月的生产能力为 2 000 小时，制造费用为 45 000 元。

如果 P 公司采用公式法表述弹性预算，那么，其制造费用弹性预算的基本公式为：

制造费用预算总额 =20 000+12.5$X$

如果 P 公司 20×1 年 10 月的生产能力为 1 800 小时，制造费用为：

20 000+12.5×1 800=42 500（元）

如果 P 公司 20×1 年 10 月的生产能力为 2 000 小时，制造费用为：

20 000+12.5×2 000=45 000（元）

P 公司以编制弹性预算应对经营环境的不确定性，将不确定性转化为可预见性，彰显全面预算管理的功效。

# 滚动预算

　　第 3 章以 N 公司为例所讨论的全面预算的编制原理以一个确定的期间（如季度或年度）作为预算的编制期间，而且在预算期间内保持不变。这种预算称为定期预算（periodic budget）。由于定期预算通常与预算的会计年度相配合，因此，便于实际数与预算数之间的比较，有利于对预算执行结果的考核、分析和评价。然而，计划赶不上变化。如果以一年为预算期，时间过长，全面预算编制的结果难以完全适应企业未来经营活动情况的变化。在全面预算执行后期，企业经理人往往只考虑剩余的较短预算期间的经营活动而忽视长远打算，甚至突击花钱或达到当期预算目标之后就"消极怠工"或"磨洋工"，不利于企业长期稳定有序的发展。有鉴于此，基于当今变化的经营环境，为了克服定期预算的缺陷，动态地把握企业的未来发展趋势，以长远的眼光去统筹企业的各项经营活动，企业经理人可以引入滚动预算这种预算编制方式，破解预算数值的过时陈旧困局。

## 滚动预算有哪些特点

　　所谓滚动预算，是指企业根据上一期预算执行情况和新的预测结果，按既定的预算编制周期和滚动频率，调整和补充原有预算方案，逐期滚动，持续推进的预算编制方法。

　　这里的预算编制周期，是指每次预算编制所涵盖的时间跨度。预算编制周期通常为 1 年。这里的滚动频率，是指调整和补充预算的时间间隔，一般以月度、季度、年度等为滚动频率。

滚动预算的预算期连续不断，始终保持一定期间。以一年的预算期间为例，全面预算每执行 1 个月，就要根据已经执行这个月的经营环境，结合执行过程发生的变化等相关信息，对剩余 11 个月的全面预算加以修订和调整，并在原来的预算期末随即补充 1 个月的全面预算，使得预算期间始终保持 12 个月。滚动频率为 1 个月的滚动预算的"滚动"过程如图 4-1 所示。

| 年度 | 20×1年 | | | | | | | | | | | | 20×2年 | | | | | | |
|---|---|---|---|---|---|---|---|---|---|---|---|---|---|---|---|---|---|---|---|
| 月份 | 1 | 2 | 3 | 4 | 5 | 6 | 7 | 8 | 9 | 10 | 11 | 12 | 1 | 2 | 3 | 4 | 5 | …… | 12 |
| 第一次滚动 | | | | | | | | | | | | | | | | | | | |
| 第二次滚动 | | | | | | | | | | | | | | | | | | | |
| 第三次滚动 | | | | | | | | | | | | | | | | | | | |
| 第四次滚动 | | | | | | | | | | | | | | | | | | | |
| 第五次滚动 | | | | | | | | | | | | | | | | | | | |
| 第六次滚动 | | | | | | | | | | | | | | | | | | | |

图 4-1　滚动预算的"滚动"过程

编制滚动预算时，前几个月的全面预算要尽量详细完整，后几个月的全面预算可以粗略一些。随着时间的推移，将原先粗略的全面预算调整或修正为详细的全面预算，并随之补充新的全面预算。由此可见，编制滚动预算是在"滚动"时不断重复运用全面预算的编制原理。

与定期预算相比，滚动预算的主要优点包括：（1）可以保持全面预算的完整性、连续性，动态地把握企业的未来发展趋势；（2）有利于经理人以长远的眼光去统筹企业的各项经济活动，将近期预算与远期预算较好地联系和衔接起来，保证企业的经营管理工作稳定而有序地进行；（3）根据滚动预算的基本原理，企业要经常根据实际管理情境的变化，修订编制全面预算，使全面预算切合实际，充分发挥全面预算的指导和控制作用，有利于全面预算的顺利实施。

## 滚动预算的适用范围

从理论上说，滚动预算适用于企业各项预算的编制。不过，滚动预算更适合经营环境变化大的企业或变化大的预算项目，如经营预算和财务预算。

## 如何编制滚动预算

通常，滚动预算的编制程序如下。

（1）确定预算编制周期与预算滚动频率。企业经理人可以研究外部环境变化，分析战略目标、行业特点和业务性质，结合企业的管理基础和信息化水平，确定预算编制的周期和预算滚动的频率。就不同企业而言，滚动频率究竟确定在多少合适，一方面取决于行业，不同行业的发展速度不同，就其管理需求而言，其前瞻性不同；另一方面取决于企业自身，企业的管理基础越好、管理能力越强，滚动频率可能就越低。

（2）确定滚动预算的编制内容。企业经理人可以结合业务性质和管理要求，确定滚动预算的编制内容。企业通常可以采用滚动预算编制经营预算和财务预算。对于管理基础好、信息化程度高的企业，还可以采用滚动预算编制资本预算。

（3）确定滚动预算的编制基础。企业经理人以战略目标和业务计划为依据，并根据上一期预算执行情况和新的预测信息，经过综合平衡和结构优化，确定下一期滚动预算的编制基础。

（4）测算预算方案。企业经理人以战略目标和业务计划为基础，研究滚动预算所涉及的外部环境变化和内部重要事项，测算并提出预算方案。

（5）生成预算方案。企业经理人深入分析影响预算目标的各种动因之间的关系，建立预算模型，生成预算编制方案。

（6）滚动编制预算方案。企业经理人认真对比、分析上一个期间的全面预算信息和全面预算执行情况，结合新的内外部环境预测信息，调整和修正下一个期间的全面预算，持续不断地编制滚动预算。

滚动预算也是利弊互见的。滚动预算的主要优点在于通过持续滚动预算编制、逐期滚动管理，实现动态反映市场、建立跨期综合平衡，增强全面预算的时效性，从而有效指导企业经营活动，强化全面预算的功效。当然，如果预算滚动的频率越高，全面预算编制的工作量就越大，而且过高的滚动频率可能增加各个部门及其员工的不稳定感，导致各个部门及其员工无所适从。

只要理解和掌握了全面预算的编制原理，就可以理解和掌握滚动预算的编制方法。

## 他山之石：L 公司如何编制滚动预算

2019 年，L 公司成立于上海，初始注册资金为 500 万元。L 公司在现有技术水平的支持下，研发设计了一款色彩可控且精确度高的桌面级频分多路复用（Frequency Division Multiplexing，FDM）全彩 3D 打印机，面向文化创意行业，满足教育行业不同顾客需求，可提供文创产品样品快速低成本全彩打印、教学模具低成本全彩打印等技术服务以及配套的定制、调试、安装、维护等服务。

目前 L 公司有 33 名员工，包括管理人员 3 人、研发人员 3 人、生产人员 15 人、销售人员 7 人、财务人员 3 人、人力资源及行政人员 2 人。L 公司的组织形式采用相对简单的直线职能型。L 公司的决策层主要为股东会议共同决策，下设行政人事部、市场推广部、财务部、技术开发部等 4 个部门。L 公司 2019 年和 2020 年的销售收入分别为 1 000 万元和 1 100 万元。L 公司稳步发展，逐步实现预定的发展战略。

L 公司现阶段主要以发展型战略为主，利用密集型生长战略强化全彩 3D 打印机的市场，推广产品。L 公司以模型设计为发展基石，在发展初期打入市场，在文化创意模型设计领域以及教育领域打好根基，在发展后期实现新市场的开发，发展 3D 打印机线下体验馆，逐步扩大全彩 3D 打印机的消费市场，并实现 3D 打印机的普及，加速品牌发展，同时，L 公司致力于设备的完善与优化，推出不同机型，适用更多材料，扩大产品市场。

### 1.L 公司编制全面预算的假设

2021 年度，L 公司按季度编制滚动预算，依据预计销售量，对 3D 打印机第一季度之后的费用按季度滚动编制预算。

在编制全面预算时，L 公司做出以下假设。

（1）单位产品的材料消耗为一套，预计每套材料的价格为 2 000 元。

（2）购料款现金支付条件为购买当季支付现金 50%，下期支付剩余 50% 的款项。

（3）每季末按下一季度需要量的 10% 准备库存备料。

（4）单位产品标准工时为 20 小时，单位工时的标准工资率为 50 元。

（5）变动性制造费用按生产所需工时确定，单位工时的制造费用为 30 元，固定性制造费用每季度为 29 万元（其中包含折旧费用 22 万元）。

### 2. L 公司编制的相关费用预算

2021 年度，L 公司预计 3D 打印机销售量为 1 740 台（2021 年的第一季度至第四季度的生产量分别为 490 台、436 台、388 台和 426 台），每台销售价格为 9 000 元。相关费用预算分别如表 4-4 至表 4-7 所示。

**表 4-4　L 公司 2021 年度直接材料预算**

| 项目 | 2021 年度 | | | | 合计 |
|---|---|---|---|---|---|
| | 第一季度 | 第二季度 | 第三季度 | 第四季度 | |
| 生产量 / 台 | 490 | 436 | 388 | 426 | 1 740 |
| 单位产品所需材料 / 套 | 1 | 1 | 1 | 1 | 1 |
| 生产所需材料 / 套 | 490 | 436 | 388 | 426 | 1 740 |
| 加：预留材料数量 / 套 | 43.6 | 38.8 | 42.6 | 45 | 45 |
| 减：季度初材料存量 / 套 | 0 | 43.6 | 38.8 | 42.6 | 0 |
| 需购买材料量 / 套 | 533.6 | 431.2 | 391.8 | 428.4 | 1 785 |
| 每套材料单价 / 元 | 2 000 | 2 000 | 2 000 | 2 000 | 2 000 |
| 材料采购总额 / 元 | 1 067 200 | 862 400 | 783 600 | 856 800 | 3 570 000 |

表 4-5　L 公司 2021 年度购买材料现金支出预算

| 项目 | 2021 年度 | | | | 合计 |
|---|---|---|---|---|---|
| | 第一季度 | 第二季度 | 第三季度 | 第四季度 | |
| 期初应付账款 / 元 | 850 000 | | | | 850 000 |
| 第一季度购买材料 / 元 | 533 600 | 533 600 | | | 1 067 200 |
| 第二季度购买材料 / 元 | | 431 200 | 431 200 | | 862 400 |
| 第三季度购买材料 / 元 | | | 391 800 | 391 800 | 783 600 |
| 第四季度购买材料 / 元 | | | | 428 400 | 428 400 |
| 合计 / 元 | 1 383 600 | 964 800 | 823 000 | 820 200 | 3 991 600 |

表 4-6　L 公司 2021 年度直接人工预算

| 项目 | 2021 年度 | | | | 合计 |
|---|---|---|---|---|---|
| | 第一季度 | 第二季度 | 第三季度 | 第四季度 | |
| 生产量 / 台 | 490 | 436 | 388 | 426 | 1 740 |
| 单位产品标准工时 / 小时 | 20 | 20 | 20 | 20 | — |
| 工时总额 / 小时 | 9 800 | 8 720 | 7 760 | 8 520 | 34 800 |
| 单位工时标准工资率 / 元 | 50 | 50 | 50 | 50 | — |
| 直接人工总额 / 元 | 490 000 | 436 000 | 388 000 | 426 000 | 1 740 000 |

表 4-7　L 公司 2021 年度制造费用预算

| 项目 | 2021 年度 | | | | 合计 |
|---|---|---|---|---|---|
| | 第一季度 | 第二季度 | 第三季度 | 第四季度 | |
| 预算工时总额 / 小时 | 9 800 | 8 720 | 7 760 | 8 520 | 34 800 |
| 变动性制造费用分配率 / 元·小时$^{-1}$ | 30 | 30 | 30 | 30 | 30 |
| 变动性制造费用 / 元 | 294 000 | 261 600 | 232 800 | 255 600 | 1 044 000 |
| 固定性制造费用 / 元 | 290 000 | 290 000 | 290 000 | 290 000 | 1 160 000 |
| 其中：租金 / 元 | 60 000 | 60 000 | 60 000 | 60 000 | 2 400 000 |

续表

| 项目 | 2021 年度 | | | | 合计 |
| --- | --- | --- | --- | --- | --- |
| | 第一季度 | 第二季度 | 第三季度 | 第四季度 | |
| 制造费用总额 / 元 | 584 000 | 551 600 | 522 800 | 545 600 | 2 204 000 |
| 减：折旧费用 / 元 | 220 000 | 220 000 | 220 000 | 220 000 | 880 000 |
| 制造费用现金支出 / 元 | 364 000 | 331 600 | 302 800 | 325 600 | 1 324 000 |
| 单位工时制造费用 / 元 | | | | | 63.33 |

**3. L 公司编制滚动预算**

L 公司在编制 2021 年度第二季度的全面预算时，发现未来将出现以下情况：（1）之前的设备租赁合同已于第一季度末到期，L 公司新签合同所达成的年租金比以前租金降低 20%；（2）预计未来每季度销售量大致增加 50 台。L 公司生产所用水电、维修的预算工时标准分配率等其他条件不变。

根据预计销售量，L 公司重新估算其生产量：2021 年度第二季度、第三季度、第四季度和 2022 年度第一季度的生产量分别为 550 台、486 台、438 台和 476 台。

根据 2021 年度第一季度的实际情况，L 公司编制 2021 年度第二季度、第三季度、第四季度和 2022 年度第一季度的相关费用滚动预算分别如表 4-8 至表 4-11 所示。

**表 4-8　L 公司 2021 年度第二季度直接材料滚动预算**

| 项目 | 2021 年度 | | | 2022 年度 | 合计 |
| --- | --- | --- | --- | --- | --- |
| | 第二季度 | 第三季度 | 第四季度 | 第一季度 | |
| 生产量 / 台 | 550 | 486 | 438 | 476 | 1 950 |
| 单位产品所需材料 / 套 | 1 | 1 | 1 | 1 | 1 |
| 生产所需材料 / 套 | 550 | 486 | 438 | 476 | 1 950 |
| 加：预留材料数量 / 套 | 48.6 | 43.8 | 47.6 | 50 | 50 |
| 需求总量 / 套 | 598.6 | 529.8 | 485.6 | 526 | 2 000 |

续表

| 项目 | 2021 年度 | | | 2022 年度 | 合计 |
|---|---|---|---|---|---|
| | 第二季度 | 第三季度 | 第四季度 | 第一季度 | |
| 减：季度初材料存量 / 套 | 0 | 48.6 | 43.8 | 47.6 | 0 |
| 需购买材料量 / 套 | 598.6 | 481.2 | 441.8 | 478.4 | 2 000 |
| 每套材料单价 / 元 | 2 000 | 2 000 | 2 000 | 2 000 | 2 000 |
| 材料采购总额 / 元 | 1 197 200 | 962 400 | 883 600 | 956 800 | 4 000 000 |

表 4-9　L 公司 2021 年度第二季度材料采购现金支出滚动预算

| 项目 | 2021 年度 | | | 2022 年度 | 合计 |
|---|---|---|---|---|---|
| | 第二季度 | 第三季度 | 第四季度 | 第一季度 | |
| 期初应付账款 / 元 | 800 000 | | | | 800 000 |
| 第一季度购买材料 / 元 | 598 600 | 598 600 | | | 1 197 200 |
| 第二季度购买材料 / 元 | | 481 200 | 481 200 | | 962 400 |
| 第三季度购买材料 / 元 | | | 441 800 | 441 800 | 883 600 |
| 第四季度购买材料 / 元 | | | | 478 400 | 478 400 |
| 合计 / 元 | 1 398 600 | 1 079 800 | 923 000 | 920 200 | 4 321 600 |

表 4-10　L 公司 2021 年度第二季度直接人工滚动预算

| 项目 | 2021 年度 | | | 2022 年度 | 合计 |
|---|---|---|---|---|---|
| | 第二季度 | 第三季度 | 第四季度 | 第一季度 | |
| 生产量 / 台 | 550 | 486 | 438 | 476 | 1 950 |
| 单位产品标准工时 / 小时·台 $^{-1}$ | 20 | 20 | 20 | 20 | 20 |
| 工时总额 / 小时 | 11 000 | 9 720 | 8 760 | 9 520 | 39 000 |
| 单位工时标准工资率 / 元·小时 $^{-1}$ | 50 | 50 | 50 | 50 | 50 |
| 直接人工总额 / 元 | 550 000 | 486 000 | 438 000 | 476 000 | 1 950 000 |

表 4-11　L 公司 2021 年度第二季度制造费用滚动预算

| 项目 | 2021 年度 | | | 2022 年度 | 合计 |
|---|---|---|---|---|---|
| | 第二季度 | 第三季度 | 第四季度 | 第一季度 | |
| 预算工时总额 / 小时 | 11 000 | 9 720 | 8 760 | 9 520 | 39 000 |
| 变动性制造费用分配率 / 元·小时 $^{-1}$ | 30 | 30 | 30 | 30 | 30 |
| 变动性制造费用 / 元 | 330 000 | 291 600 | 262 800 | 285 600 | 1 170 000 |
| 固定性制造费用 / 元 | 278 000 | 278 000 | 278 000 | 278 000 | 1 112 000 |
| 其中：租金 / 元 | 48 000 | 48 000 | 48 000 | 48 000 | 192 000 |
| 制造费用总额 / 元 | 608 000 | 569 600 | 540 800 | 563 600 | 2 282 000 |
| 减：折旧费用 / 元 | 220 000 | 220 000 | 220 000 | 220 000 | 880 000 |
| 制造费用现金支出 / 元 | 388 000 | 349 600 | 320 800 | 343 600 | 1 402 000 |
| 单位工时制造费用 / 元 | | | | | 58.51 |

　　L 公司以滚动预算破解全面预算数值过时陈旧的困局，显著增强了全面预算数值的时效性。

# 零基预算

　　传统的全面预算编制方法是从上年度的预算数值开始，根据预算期间预期的业务量变动情况加上或减去一定数额。这种全面预算编制方法称为增（减）量预算法（incremental or decremental budget）。在确定预算数值时，只对新的经营活动进行成本效益分析，而对以往已经发生的经营活动则不再加以分析。增（减）量预算法以承认现状的合理性为出发点，过分受到基期预算数值的束缚。为了弥补增（减）量预算法的缺陷，以新环境、新起点编制全面预算，企业经理人可以引入零基预算这种预算编制方法，破解墨守成规的窘境。

## 零基预算有哪些特点

　　所谓零基预算，是指企业不以历史期经济活动及其预算为基础，以零为起点（即一切从头来），从实际需要出发分析预算期经营活动的合理性，经过综合平衡，形成全面预算的预算编制方法。

　　与其他全面预算编制方法相比，零基预算具有以下基本特点。

　　（1）编制基础不同。其他全面预算编制方法的编制基础大多基于前期结果，根据以往期间的实际数值调整确定本期的预算数值。而零基预算的起点是零，即不依赖过去的预算数值和实际数值，根据企业本期各项经营活动的重要性、企业经济状况和本期可供分配资金数额确定本期的预算数值。

　　（2）关注对象不同。其他全面预算编制方法通常采用成本效益分析法

（cost-benefit analysis）重点分析新增业务（而不再单独考虑性质相同的业务），评估新增业务单位投入所带来的效益。而零基预算则采用成本效益分析法全面分析预算期内所有业务（而不仅仅针对新增业务），评估所有业务的单位投入所带来的效益。

（3）立足点不同。其他全面预算编制方法主要关注预算数额的高低，而零基预算更关注各项业务的必要性和重要程度，并把可供分配资金数额按重要性程度分配给各项业务，而不仅仅考虑预算数额的高低问题。

简单地说，零基预算要求企业经理人在编制全面预算时，将整个企业视为初创企业（刚刚创立），从企业的发展战略和整体利益出发，评估企业一切业务的重要性程度并实施成本效益分析，然后，按业务的重要性程度排序，进而分配企业的预算资源。

## 零基预算的适用范围

从理论上说，零基预算适用于企业各项预算的编制。不过，零基预算尤其适合预算编制基础变化较大的预算项目或难以辨认产出的服务性部门的费用预算，如销售与管理费用预算中的市场营销费用预算和研发费用预算。

正如第 3 章所述，基于数智时代，企业应该做两件事：创造与营销。因此，销售与管理费用预算极为重要。管理费用预算的重点是研发费用预算，而销售费用预算的重点是营销费用预算。显然，研发费用预算和营销费用预算正是十分适合使用零基预算的领域。

基于数智时代，研发费用预算和营销费用预算非常重要，也比较特殊，不能只看重结果。因此，研发费用预算和营销费用预算可以沿着"做多少事，配置多少资源；做什么事，配置什么资源"的基本思路，采用零基预算确定其全面预算的数值。

当然，现有业务的全面预算和创新项目的全面预算不仅应该彼此分开，而且应该区别对待。关于现有业务，问题往往是"这项努力是必要的吗"或者"企业能抛弃现有业务吗"。如果答案是"企业需要现有业务"，接着需要问"企业需要的下限是多少"，以"企业需要的下限"编制现有业务的全面预算。关于创新项目，企业需要思考的第一个也是最严肃的问题是"这是合适的机会吗"。如果答案是肯定的，那么接着问"企业现阶段能够有效投入该项工作的优秀人才和关键资源的上限是多少"，以"企业现阶段能够有效投入该项工作的优秀人才和关键资源的上限"编制创新项目的全面预算。

## 如何编制零基预算

如前所述，零基预算的显著特色以"零"为起点，全面评估每一个费用项目的成本效益，并按照费用项目的重要性程度排序，以便有效地分配企业有限资源。有鉴于此，零基预算的编制程序如下。

（1）企业各部门根据全面预算目标及其承担的具体预算目标，确定费用开支项目，并详细说明每项费用开支项目的性质、用途、必要性和预期开支数额。

（2）评估每个费用开支项目的成本效益。具体地说，就是比较每个费用开支项目的所费（成本）与所得（效益），衡量和评价费用开支项目的经济效益，并据此确定各个费用开支项目的重要性程度和开支的先后顺序。

（3）将企业预算期实际可运用的资金按照各个费用开支项目的先后顺序，在各个费用开支项目之间择优分配。在分配资金时，要做到保证重点，兼顾一般。

如前所述，零基预算以新环境、新起点编制全面预算，既可以摆脱过去经营活动不合理因素的影响，破解墨守成规的窘境，又可以杜绝浪费，消除不必要的费用开支，确保有限资金的合理配置。不过，如果企业的数智化程度不高或采用手工方式编制全面预算，那么，采用零基预算编制全面预算的工作量较大。

其实，零基预算只是在如何确定全面预算数值方面与众不同。一旦确定了全面预算数值，零基预算也就回归到第3章所讨论的全面预算的编制原理，并按照全面预算的编制原理编制全面预算。因此，只要理解和掌握了全面预算的编制原理，就可以理解和掌握零基预算的编制方法。

## 他山之石：R 公司如何编制零基预算

R 公司是一家处于成长阶段的小规模平台型企业。R 公司 2019 年 6 月（预算期）可用于销售与行政管理方面的资金总额为 500 000 元。R 公司采用零基预算编制销售与管理费用预算。R 公司 2019 年 6 月的销售与管理费用预算按以下步骤编制。

首先，R 公司的销售部门和行政管理部门根据各自部门的全面预算目标和具体任务，经过集思广益和反复讨论、协商之后，提出各自部门的费用预算方案，确定必须开支的费用项目及其数据，如表 4-12 所示。

**表 4-12 R 公司 2019 年 6 月的销售与管理费用预计开支**

单位：元

| 项目 | 数额 |
| --- | --- |
| 销售佣金 | 56 000 |
| 运输费 | 157 000 |
| 广告费 | 85 000 |
| 管理人员工资 | 20 000 |
| 差旅费 | 34 000 |
| 办公费 | 23 000 |
| 职工教育经费 | 25 000 |
| 保险费 | 40 000 |
| 税金 | 63 000 |
| 业务招待费 | 80 000 |
| 合计 | 583 000 |

其次，经过研究发现，销售佣金、运输费、管理人员工资、差旅费、办公费、保险费、税金七项开支属于约束性费用，在预算期内必须全额保证其资金需求；而广告费、职工教育经费和业务招待费三项开支属于酌量性费用，可在满足约束性费用的资金需求前提下，将剩余的资金按照各个费用项目的重要性程度择优分配。根据成本效益分析法确定酌量性费用的重要性程度，如表 4-13 所示。

表 4-13　根据成本效益分析法确定酌量性费用的重要性程度

| 项目 | 各期平均发生额（元） | 各期平均效益额（元） | 成本效益比 | 重要性程度 |
|---|---|---|---|---|
| 广告费 | 70 000 | 567 000 | 8.1 | 0.519/8.1/15.6 |
| 职工教育经费 | 20 000 | 100 000 | 5.0 | 0.321/5.0/15.6 |
| 业务招待费 | 100 000 | 250 000 | 2.5 | 0.160/2.5/15.6 |
| 合计 | 190 000 | 917 000 | 15.6 | 1.000 |

最后，将预算期实际可运用资金数额在各个费用项目之间分配。

（1）全额满足约束性费用的资金需求。约束性费用所需资金总额 = 56 000+157 000+20 000+34 000+23 000+40 000+63 000=393 000（元）

（2）将剩余资金数额 107 000（500 000-393 000）元在酌量性费用项目之间分配。

广告费分配资金数额 =107 000×0.519=55 533（元）

职工教育经费分配资金数额 =107 000×0.321=34 347（元）

业务招待费分配资金数额 =107 000×0.160=17 120（元）

根据分配结果，编制 R 公司 2019 年 6 月的销售与管理费用零基预算，如表 4-14 所示。

表4-14　R公司2019年6月的销售与管理费用零基预算

单位：元

| 项目 | 数额 |
|---|---|
| 销售佣金 | 56 000 |
| 运输费 | 157 000 |
| 广告费 | 55 533 |
| 管理人员工资 | 20 000 |
| 差旅费 | 34 000 |
| 办公费 | 23 000 |
| 职工教育经费 | 34 347 |
| 保险费 | 40 000 |
| 税金 | 63 000 |
| 业务招待费 | 17 120 |
| 合计 | 500 000 |

尽管R公司通过零基预算建立了"做必要的事，花必要的钱"和"做事与花钱"的联动关系，避免了广告费、职工教育经费和业务招待费的不必要开支，但是，基于根深蒂固的"本位主义"观念，与相关费用项目相关的人总是认为"存在就是合理"，想方设法维持自己原来的费用预算标准，零基预算的落地还有不小的阻力。面对阻力，R公司高层表示公司推行零基预算的决心不会动摇。

# 数智时代的全面预算编制方法发生的变化

坦率地说，如果企业的数智化程度不高或采用手工方式编制全面预算，那么，采用弹性预算、滚动预算和零基预算编制全面预算的工作量较大，甚至有悖于成本效益原则。但是，基于数智时代，海量的数据和先进的信息技术将为弹性预算、滚动预算和零基预算的普遍应用提供支持。企业将低成本或便捷地应用弹性预算、滚动预算和零基预算。因此，基于数智时代，弹性预算、滚动预算和零基预算原本是全面预算编制方法的"配角"，可能转化为全面预算编制方法的"主角"。

当然，"万变不离其宗"，弹性预算、滚动预算和零基预算都没有超越全面预算编制原理，其只是全面预算编制原理在不同管理情境的运用体现。[1]

超越预算倡导者主要以这四个缺陷质疑全面预算管理。显然，基于数智时代，借助浩瀚的大数据和先进的信息技术，弹性预算、滚动预算和零基预算可以消除超越预算倡导者对全面预算管理的质疑。其实，超越预算并没有"超越"预算，只是希望以不同的全面预算编制方法弥补全面预算编制原理的缺陷[2]。

---

[1] 传统意义上的全面预算都以业务量（产品）为基础。随着以作业为核心的作业成本法与作业管理理念的兴起，有些企业开始编制以作业为核心的作业预算（Activity-Based Budget，ABB）。作业预算以作业为基础编制全面预算。企业的发展战略驱动企业的作业发生。因此，作业预算更能体现企业的发展战略。基于数智时代，原先不容易应用的作业预算将得到便捷应用。如此一来，作业预算将是全面预算发展的方向。
[2] 如今，这股超越预算的浪潮已经逐渐"退潮"。

与超越预算倡导者不同，杰克·韦尔奇基于预算松弛干脆直接地否定了全面预算管理。产生预算松弛的原因主要是信息不对称与利益不对称。如前所述，基于数智时代，信息不对称可能得到缓解，但利益不对称却不容易得到缓解。可以说，只要企业存在利益不对称，就存在不同程度的预算松弛。任何全面预算编制方法都难以根除预算松弛。

难道预算松弛就是全面预算管理的死结吗？那倒未必！

常言道："开卷有益。"不妨看看 A 燃气集团公司如何缓解预算松弛。

# 他山之石：A 燃气集团公司如何缓解预算松弛

正如第 1 章所提及，预算松弛就是企业经理人基于自身利益考虑而少报收入和利润等项目的预算数值，多报成本费用等项目的预算数值。如此一来，经理人可以"轻松"地实现全面预算目标。任何全面预算编制方法都难以根除预算松弛，但却可以缓解预算松弛。A 燃气集团公司的实践经验就是一个例证[①]。

A 燃气控股有限公司[②]是一家在香港联交所上市的燃气运营服务商，其主营业务是在内地从事投资、建设、管理、经营城市天然气管理基础设施，向居民、商业、公建和工业用户输送天然气，建设及经营天然气加气站；兼营业务是在内地分销石油液化气。A 集团目前拥有全资子公司、控股子公司共计 278 家，其中天然气板块管输公司 9 家，城市管网公司 143 家，其他类公司 76 家，石油液化气分销公司 50 家[③]。

---

[①] 本案例的基本素材改编自刘运国、蓝希华：《预算松弛的成因与改进案例研究：以 A 燃气集团公司为例》（刊载于《财会通讯》2013 年第 5 期和第 6 期）。征得刘运国同意，加以引用。

[②] 本案例将 A 燃气控股有限公司及其控股的子公司形成的企业集团称为"A 燃气集团公司"，将 A 燃气控股有限公司简称为"A 集团"，控股的子公司简称为"实体公司"。

[③] 摘自 A 燃气集团公司 2011 年度总裁述职报告。

## A 燃气集团预算松弛现状分析

全面预算管理的流程分为预算编制、预算执行、预算评价与考核等环节。这些环节都可能存在预算松弛，A 燃气集团公司也不例外。

### 1. 预算编制环节的预算松弛

A 燃气集团公司采用参与性方式编制预算，使得参与主体有机会制造预算松弛。预算参与者利用信息不对称制造预算松弛主要有以下几种方法。

（1）通过提供不准确的市场信息来制造预算松弛。

A 集团下属实体公司从事城市天然气运营，其用户一般为市政管网覆盖区域内的工商业、居民和单位食堂等。实体公司为了争取相对容易实现的年度预算指标，会利用区域内的用户信息大做文章。在预算的编制过程中，实体公司为得到较容易实现的安装收入指标，往往提供对自己有利的用户信息，如少报居民户数、推后新建楼盘的交楼时间、隐瞒有潜在需求的用户数量。在市政管网铺设方面，实体公司往往会通过各种借口，如需与政府相关部门协调、办理各种开挖手续烦琐等，人为地为自己争取更多市场开发时间。在庭院管网铺设方面，实体公司也会以各种借口人为地拖延竣工时间，以此制造预算松弛。对于用户的通气时间，实体公司也会以各种理由推后，以获得较容易实现的用气量方面的指标。

例如，A 集团某地级市 B 实体公司，在编制 2009 年度的全面预算时，给集团上报某小区 C 的情况是：该 C 小区规模 1 500 户，其中 600 户已建成，另 900 户在建，估计在建的该年度内不会交楼，则该小区的安装收入为 $600 \times 40\% \times 2\ 500 = 600\ 000$（元）（注：40% 是集团规定的首年开发比例，2 500 元为每户的安装费）。但实际情况是：该 C 小区规模 1 800 户，其中 800 户已建成，另 1 000 户在建，在建的有 200 户在年度内完工，该小区的安装收入为 $800 \times 10\% \times 2\ 500 + 200 \times 2\ 500 = 700\ 000$（元）。政府规定新建房从 2009 年度开始，天然气装置作为开发商的配套设施，其入户费用计入房价。

从上面的实例可以看出，B 实体公司尽管对已交楼的用户开发率只有

10%，离集团要求的 40% 相差较远，但通过对集团提供不真实的信息，制造预算松弛达到完成预算指标的目的。

（2）通过强调工作难度制造预算松弛。

首先，A 集团下属实体公司属于资本密集型企业，为了减少投资大而带来的风险，必须尽可能地提高资产的运营水平，加速资金回笼，投入较多的人、财、物。其次，A 集团下属实体公司属于公用事业型企业，除做好内部管理外，还必须做好对外协调工作，涉及相当多的利益相关者，包括政府有关监督与职能部门、小区业主委员会、小区物业管理公司、各种用户，这使得公关协调方面的花费较高。最后，由于 A 集团下属实体公司的公用事业型特点，其收费政策必须符合国家规定，在政策允许收取安装费的条件下，实体公司必须快速开发市场，收回投资成本，否则政府一旦取消收取初装费的政策，则实体公司会处于相当不利的局面。另外，由于安装费价格不低，加上存在可供选择的其他能源（如电、煤、柴、空气能等），用户对天然气的选择比较慎重，市场开发遇到的阻力较大。

从上面的分析可以看出，A 集团下属实体公司的工作有一定难度且不确定性因素较多，在编制年度预算时，有些实体公司往往会利用工作难度大为由，争取更多日常运营费用，即通过虚增费用的方式制造预算松弛。

通过强调工作难度制造预算松弛，A 集团下属实体公司的主要做法是有形或无形地增加预算费用。例如，有些实体公司在编制年度预算时，会以工程建设协调难度大来增加业务招待费和协调费，而 A 集团考虑到各地实体公司面临的外部环境不同，对于业务招待费也没有一定的标准；有些实体公司会以市场开发难度大需招聘市场开发人员或其他员工为由，在编制年度预算时，多报人员费用；有些实体公司会强调燃气行业人才缺乏，为招聘优秀人才加盟，必须提供优厚待遇来吸引和留住人才，在编制预算时要求较高的薪酬待遇标准。

（3）通过上下级之间的"博弈"制造预算松弛。

A 集团的实体公司利用掌握的信息优势制造预算松弛，多适用于确定性较大的经营活动，而对于不确定性较大的经营活动，实体公司往往通过与 A 燃气集团公司之间的"博弈"制造预算松弛。在编制年度预算时，采取将收益最小化、成本费用最大化的方法，与集团预算管理委员会进行"博弈"，以达到制造预算松弛的目的。

例如，A 集团所属 E 公司当地政府规定，市政重点工程免交城市基础设施配套费，所交税收属于地方所得部分可以通过财政部分返还实体公司。A 集团经过调查认为，E 公司当年铺设市政管网 20 千米，市政管网投资 1 000 万元，安装收入 3 000 万元。经过多次与 E 公司沟通交流，E 公司认为要把市政管网纳入市政重点工程难度很大，因此不能免除基础设施配套费 4（1 000×0.4%）万元，纳入地方财政所得的税收 54（3 000×3%×60%）万元无法享受财政返还。A 集团认为，E 公司要获得市政重点工程资格，虽然有较大难度，但经过努力还是有可能的，因此为了给 E 公司一定的压力，下达税收返还任务为 18 万元。

在这个"博弈"实例中，E 公司由于对能否拿到市政重点工程资格把握不准，因此，在编制年度预算时，提交了对自己较为有利的预算指标来与 A 集团"博弈"。

### 2.预算执行环节的预算松弛

在预算执行环节，A 集团所属实体公司同样会通过制造预算松弛尽可能地完成预算指标。在实体公司的生产经营活动中，参与主体利用工作岗位和角色的便利，会通过人为地控制生产经营活动的节奏来实现对自己较为有利的预算指标，即在预算执行过程制造预算松弛。比如，有的实体公司市场开发取得了较好的成绩，取得了较好的经营业绩，本年度完成预算指标没有问题时，就会人为地将本年度可以开发的市场放在下年度开发。而经营业绩不太好的实体公司，为了完成目标利润会人为地将费用推至下个年度发生。

### 3.预算评价与考核环节的预算松弛

A 燃气集团公司在预算的评价与考核环节，主要采用以下几种做法：一是根据年度预算目标的完成情况进行奖励；二是根据年度预算指标完成情况进行晋级加薪及岗位调整；三是利用各种形式，如年度述职报告、半年度述职报告、月度经营电话会议等多种形式，根据预算指标完成情况的好坏，对相关实体公司及其总经理进行表扬或批评。

由于采用预算指标的完成情况评价预算执行者的业绩和能力，因此这种预算指标让业绩和能力的观念在 A 燃气集团公司深入人心。这种做法和观念在客观上刺激了实体公司制造预算松弛的内在动力。

从以上分析可以看出，A 燃气集团公司下属实体公司预算松弛存在于预算的各个环节中，可以说信息不对称和预算考核方式是产生预算松弛的重要原因。

## A 燃气集团公司预算松弛原因分析

通过分析，A 燃气集团公司预算松弛的原因如下。

### 1. 预算参与主体对利益的追求是预算松弛的内因

A 燃气集团公司在企业管理的实际工作中，通过实施全面预算管理实现其战略目标，而参与式预算模式，给予各级经理人和员工制造预算松弛的机会，通过制造预算松弛，各级经理人和员工获得了自身利益。

首先，通过预算松弛获得直接的利益。根据 A 集团实体公司的员工激励分红政策，实体公司管理层及员工享受分红政策有两个关键要素：一是必须完成目标利润的 90% 以上，二是分红的多少直接与实际目标利润的多少挂钩。在这种情况下，实体公司为了较容易实现目标利润和获取更多分红，其出发点是如何使目标利润定得较低，从而获得切身的实际利益。

其次，通过预算松弛规避不确定性因素带来的风险。A 燃气集团公司生产经营与市场开发面临各种复杂的内外因素，具有较大的不确定性，在编制预算时，通常根据历史资料并以新年度各种内外环境的预测为基础编制预算，但在预算执行过程中，实际情况往往与预测时的情况有较大的出入，这对完成目标利润造成不利的影响，而根据 A 燃气集团公司严格的考核政策，A 燃气集团公司并不会因为实际情况的变化而调整预算指标。在这种情况下，A 燃气集团公司实体公司各级经理人和员工在参与制定预算指标时，就会通过制造预算松弛来规避不确定性因素带来的风险。

最后，通过预算松弛获得未来的利益筹码。A 集团自成立以来，就一直使用分红政策激励下属实体公司努力完成预算指标。在编制预算时，以往预算指标的执行情况成为确定预算指标的重要依据之一，对于完成得好的实体公司，下一年度的预算指标会在此基础上较大幅度加码，而对于完成得不好的实体公司，下一年度的预算指标在此基础上的加码幅度则相应会少些。对于这种快马加鞭的现象，实体公司各级经理人和员工为了避免以后面临较高预算指标带来的压力，往往会制造预算松弛，以获取未来的利益筹码。

### 2. 信息不对称是预算松弛产生的外因

A 集团从事城市燃气运营，实体公司是进行生产经营、综合管理、市场开发、客户服务、工程建设、会计核算与财务管理的基础，编制实体公司的预算，离不开实体公司在实际工作中各个环节的信息，这些信息是 A 集团编制投资预算、经营预算、财务预算的重要依据。A 集团预算管理委员会主要通过编制预算，将预算这种契约作为激励与监督实体公司的重要手段，迫使实体公司加强企业管理，提高管理效益。在编制预算时，信息的提供者主要是实体公司的各级经理人和员工，其提供的信息是否准确，是预算编制是否合理的重要依据。如果实体公司提供的信息是没有经过加工的完整信息，那么以这些信息为基础编制的预算将是实体公司工作成果的最佳反映，即实体公司的资源配置是最合理的。反之，如果实体公司提供的信息不能准确反映实体公司的经营状况及市场情况，那么，以这些信息为基础编制的预算，就不是实体公司工作成果的最佳反映，实体公司的资源配置就不是最优的。

因此，实体公司经营活动信息是编制全面预算的基础，如果信息不对称，那么，就会产生预算松弛。

### 3. 预算参与是预算松弛形成的制度基础

俗话说"不以规矩，不能成方圆"。做任何事情，必须有一定的前提条件。企业的经营活动必须以制度为基础，制度是企业完成或产生某项事项的基础，预算松弛作为企业管理的一项具体行为，其产生也有一定的制度基础。就 A 燃气集团公司而言，预算松弛的产生依赖于参与性预算和业绩评价制度。

首先，参与性预算是预算松弛产生的前提。预算编制的模式由企业的管理模式决定。A 燃气集团公司作为分权型管理模式的企业，为了充分调动实体公司各级经理人和员工积极性，在企业中创造了一种民主氛围，采用的是参与性预算编制方法，以使实体公司各级经理人和员工正确地认识预算、了解预算的重要性，并在实际工作中加以严格地执行。这是参与性预算积极性的一面，但是，参与性预算也有消极性的一面，这是参与主体的本质决定的。

在 A 燃气集团公司，实体公司的预算参与者包括从管理层到员工各层级人员，他们将对自身利益的追求放在第一位，对企业利益的追求放在第二位，他们通过完成预算实现自身利益，因此无论是在预算编制环节还是在预算执行环节，他们往往会采用各种措施制造预算松弛。在 A 燃气集团公司，由于实行分权型管理模式和参与性预算，使得参与主体有机会制造预算松弛。这是预算松弛形成的制度基础。

其次，业绩评价和激励引发了预算松弛的产生。一项制度能否施行基于两个因素：第一，制度与人的激励相容，人们能自觉地遵守或依赖这个制度；第二，这项制度确实产生了效果。A 燃气集团公司为确保预算目标的实现，其业绩评价和考核制度确实做到了上述两点。预算管理具有多种功能，其中一项重要的功能就是业绩评价和激励。A 燃气集团公司为保证实体公司预算目标的实现，以是否实现预算指标或预算指标完成的好坏评价实体公司的工作成果，并依此作为各级经理人和员工晋级加薪的重要依据。在激励方面，其多年实行的分红政策，刺激实体公司努力完成预算指标从而实现自身利益。这种以业绩评价和激励制度激励经理人完成预算的方式，产生的结果就是经理人依赖于这种业绩评价和激励制度，并想方设法满足该制度所要求的某些条件。

# A 燃气集团公司预算松弛的改进对策

结合 A 燃气集团公司的实际情况，缓解预算松弛对 A 燃气集团公司的影响，可以从制度上、内因及外因采取相应措施。

### 1. 实行能够改善预算松弛程度的预算参与制度

预算参与是预算松弛产生的制度基础，为缓解预算松弛要从预算参与制度做文章。首先，预算参与的人员结构应多元化。A 燃气集团公司以往的预算管理过程中，预算参与人员主要包括两个层面，即预算管理委员会与实体公司，但这两个层面没有互相渗透，分别代表着委托人与代理人，其利益对立。为了解决这个问题，必须将这两个层面的人员结构多元化，在每年预算编制期间，预算管理委员会成员不仅来自 A 集团，也来自实体公司及其政府主管部门。这样做有两个好处：一是可以削弱预算参与主体通过制造预算松弛获得切身利益的机会，二是可以削弱信息不对称对预算松弛带来的不利影响。其次，引导预算参与人员提供真实有效的预算信息。信息不对称是产生预算松弛的重要因素，实体公司各级经理人与员工为了自身利益，提供不真实或多次加工的信息，为了消除或减少这种现象，A 燃气集团公司应制定严格的信息奖惩制度，严厉处罚在预算管理过程提供虚假信息的经理人，嘉奖检举、揭发虚假信息有功者并优先给予晋级加薪。从制度层面引导预算参与人员提供真实有效的预算信息，以减小预算松弛带来的不利影响。

### 2. 科学地制定预算目标

A 燃气集团公司将全面预算管理作为企业管理的重要手段，以此实现企业战略目标和资源配置，代表 A 燃气集团公司利益的预算管理委员会与代表员工的预算参与主体，通过预算目标的完成实现各自的利益。可以说预算目标的设置是否合理，关系到企业战略目标能否顺利实现与资源是否合理配置。预算目标定得过高，经理人经过努力仍无法完成，势必严重挫伤其工作积极性；而预算指标定得过低，经理人无须经过努力就能完成任务则会严重浪费资源。在这种情况下，科学地制定预算目标成为 A 燃气集团公司急需解决的问题。根据胡祖光提出的 HU 理论即联合基数法[①]，A 燃气集团公司在确定预算目标时，可采取以下具体措施。首先，各年度的预算指标由 A 集团总部与实体公司各自上报基数，集团要求基数 D，与实体公司上报基数 S，确定实际预算目标数 O，其中 O 为两者权数相等的加权平均数。其次，确定超额完成预算指标奖励系数与少报预算指标的惩罚系数。如对于年终超额完成预算指标的，其超额部分的 70% 作为奖励基数 P；对于少报预算指标的，其少报部分的 50% 作为惩罚基数 Q；对于多报预算指标的，其多报部分不奖也不罚。最后，根据年终实际完成预算指标计算其奖励基数 BAP。为便于说明问题，将实际工作中可能出现的各种情况形象地表现出来，如表 4-15 所示。

### 表4-15　A燃气集团公司预算目标完成奖励计算

| 项目 | 情境1 | 情境2 | 情境3 | 情境4 | 情境5 |
|---|---|---|---|---|---|
| 实体公司上报基数 $S$ | 60 | 80 | 100 | 120 | 140 |
| A 集团要求基数 $D$ | 100 | 100 | 100 | 100 | 100 |
| 实际预算目标数 $O$ | 80 | 90 | 100 | 110 | 120 |
| 实际完成数 $A$ | 100 | 100 | 100 | 100 | 100 |
| 超额完成奖励基数 $P$ | 14 | 7 | 0 | 0 | 0 |
| 少报任务惩罚基数 $Q$ | −20 | −10 | 0 | 0 | 0 |
| 实际奖励基数 BAP | 94 | 97 | 100 | 100 | 100 |

　　在实际工作中应用联合基数法时，要注意超额完成奖励基数 $P$、少报任务惩罚基数 $Q$ 和实体公司上报基数 $S$ 与超额完成奖励基数乘积 $P$ 的乘积 $SP$ 的关系，必须满足 $P > Q > SP$。

---

[①]　胡祖光为原浙江工商大学杭州商学院院长，其于 2000 年提出的联合基数法被认为是解决预算松弛的最有效量化方法之一。根据其理论，终审预算目标由上下级所定预算目标的权数确定，下级所报数小于终审预算目标将受罚，下级所报数大于终审预算目标将不予奖励。下级实际完成预算目标大于终审预算目标则加以奖励。"各报基数，权数对半，超额奖七，少报罚五，多报不奖"就是联合基数法的基本思想。

从表 4-15 可以发现，对于实体公司少报预算指标的情形，如情境 1 和情境 2，都由于少报预算指标受到惩罚，其最终的实际奖励基数 BAP 都小于实际完成数 $A$，且少报越多，实际奖励基数就越小。而对于实体公司多报预算指标的情形，如情境 4 和情境 5，都由于多报预算指标使得实际预算目标数 $O$ 较大，尽管其实际奖励基数 BAP 与实际完成数 $A$ 相等，但最终还是没有完成预算目标任务，且多报越多，完成任务的比例就越小。而对于如实上报预算指标的情境 3，其实际奖励基数 BAP 与实际完成数 $A$ 不仅相等，而且完成了任务，是最为理想的状态。

根据联合基数法，A 燃气集团公司的实体公司只有实事求是地上报经过努力能完成的预算指标，才能实现自身利益与达到完成目标任务的目的。就 A 燃气集团公司总部而言，实行联合基数法引导实体公司如实上报预算指标，对于整个集团资源配置的有效性和战略决策的科学性也能起到较大的作用。

**3. 建立较为完善的业绩评价机制及激励机制**

A 燃气集团公司目前实施的全面预算管理，其激励机制过于注重财务指标，导致实体公司为了切身利益制造预算松弛。在业绩评价方面，以预算指标完成情况评价实体公司的工作业绩及对员工晋升加级，可能导致实体公司及员工的短期行为，不利于整个集团公司的长远发展及战略规划和核心竞争力的提升。A 燃气集团公司对实体公司的各级经理人和员工的考核和评价，要在集团总部的战略框架下，结合实际情况，按照平衡计分卡（Balanced Score Card，BSC）的原理，从财务、顾客、内部业务流程、学习与成长等维度考核经理人和员工，有效地缓解因业绩评价机制和激励机制不完善而产生的预算松弛问题。

**4. 完整完善信息资料收集渠道**

信息是企业决策和管理的基础，也是企业产生预算松弛的外因。A 燃气集团公司应充分认识到信息的作用，完善信息资料收集渠道和相关制度，从制度上保证决策和管理信息的真实性。首先，建立信息收集与管理机构。A 燃气集团公司为保证决策与管理拥有足够真实的信息，应该建立信息收集与管理机构，负责信息的收集和管理。在信息收集方面，主要收集以下信息：一是政策信息，如房地产政策与市场信息，财政、税收、能源、物价政策，国家燃气管网与终端信息，气源气价信息等；二是行业信息，如行业竞争对手信息、行业产品及其相关信息；三是地区经济发展水平及状况方面的信息，如房地产发展状况、潜在客户、消费习惯等；四是实体公司的信息，如员工信息、市场信息等。其次，加强内部审计与监督，保证信息的完整性和真实性。A 燃气集团公司为获取决策与管理所需的信息，除通过各种渠道收集各种信息外，还要保证这些信息的真实性和完整性。要充分发挥审计的监督作用，对实体公司生产经营加强内部审计，审查其提供的信息与数据。若发现不真实情况，处罚相关机构和人员，奖励举报虚假信息的有关人员。从制度上保证获取的信息真实可靠，信息的真实性使制造预算松弛的机会变得越来越小。

**5. 针对实体公司的特点采取相应的措施**

基于 A 集团实体公司众多，不同的实体公司由于各种原因，其所处的产品生命周期、市场状况、地域等也有所区别，要根据实际情况采取不同的预算松弛改进措施。如对处于投入期和成长期的实体公司，出于加快工程建设步伐、迅速开发市场和信息不对称程度较高等因素考虑，可实施程度较高的预算参与方式，以充分激励实体公司的积极性。对处于成熟期的实体公司，应最大限度地利用各种资源，为集团公司创造价值，利用信息不对称程度较低这个特点，实行较低程度的预算参与。

# 5

# 资本预算

▶ **从一个案例说起：**

    甲公司是一家日用化工企业。甲公司高度重视投资项目的投资决策。20×2年3月18日上午，甲公司董事会专门召开一个投资委员会专题会议，讨论甲公司是否投产Y新型液体洗涤剂问题。与甲公司原有产品相比，Y新型液体洗涤剂具有明显的优点。为了研发Y新型液体洗涤剂，甲公司已经投入了巨额的研发费用。甲公司董事长兼投资委员会主任委员王先生主持会议，投资委员会全体委员（包括负责新产品开发的副董事长汪女士、独立董事黎先生、独立董事易先生和负责市场营销的董事魏先生）参加会议，负责编制投资项目可行性研究报告的第三方咨询师孙先生和董事会秘书周女士列席会议。

    投资委员会主任委员王先生简短地说明了会议议题之后，第三方咨询师孙先生接着介绍Y新型液体洗涤剂投资项目的可行性研究报告要点。孙先生展示了Y新型液体洗涤剂投资项目的现金流量（见表5-1和表5-2），随后解释了这些数据的计算依据。

**表5-1 Y新型液体洗涤剂投资项目的现金流量（不考虑对甲公司现有产品销售的影响）**

| 年份 | 现金流量 / 元 | 年份 | 现金流量 / 元 |
|---|---|---|---|
| 1 | 280 000 | 9 | 350 000 |
| 2 | 280 000 | 10 | 350 000 |
| 3 | 280 000 | 11 | 250 000 |
| 4 | 280 000 | 12 | 250 000 |
| 5 | 280 000 | 13 | 250 000 |
| 6 | 350 000 | 14 | 250 000 |
| 7 | 350 000 | 15 | 250 000 |
| 8 | 350 000 | | |

**表5-2　Y新型液体洗涤剂投资项目的现金流量(考虑对甲公司现有产品销售的影响)**

| 年份 | 现金流量/元 | 年份 | 现金流量/元 |
|---|---|---|---|
| 1 | 250 000 | 9 | 315 000 |
| 2 | 250 000 | 10 | 315 000 |
| 3 | 250 000 | 11 | 225 000 |
| 4 | 250 000 | 12 | 225 000 |
| 5 | 250 000 | 13 | 225 000 |
| 6 | 315 000 | 14 | 225 000 |
| 7 | 315 000 | 15 | 225 000 |
| 8 | 315 000 | | |

　　Y新型液体洗涤剂的初始成本包括50 000元的市场测试费。这项活动在20×1年底就已经完成。初始成本还包括200万元的专用设备和包装设备购置费。这些设备的预计使用年限为15年，使用期满后没有残值。

　　第三方咨询师孙先生提醒不能直接采用表5-1的数据，因为这些现金流量的一部分是挤占了甲公司现有产品的销售而获得的。接着，汪女士指出："甲公司资金的机会成本为10%。"黎先生则提问："为什么在资本预算中没有考虑厂房、设备成本? 这是生产新产品必不可少的。"

　　孙先生回答说："因为甲公司目前生产能力只利用了55%，而现有设备也适合生产新产品。所以，除了前面提到的专用设备和包装设备外，生产新产品没有必要添置其他设备和厂房。估计生产新产品的生产能力只占现有生产能力的10%。"

　　黎先生接下来问："新投资项目的运作是否考虑了运营资金的增加?"孙先生回答说："这个投资项目需要追加200 000元的资金。但是，这些资金一直会在甲公司内部流动。因此，没有包括在计算之中。"

　　易先生认为："这个投资项目利用了甲公司现有未充分利用的厂房和设备，相应地应该付出一些代价。因为把这部分闲置的厂房和设备租给外面的公司，甲公司将获得200万元的收益。另外，由于新产品与甲公司现有产品构成竞争关系，应该将该投资项目视为外部项目。"不过，魏先生明确指出："甲公司严禁将生产设备出租。"

　　……………

　　投资委员会各位委员各抒己见，讨论非常热烈。王先生看了一下会议室墙上的时钟说："今天上午的投资委员会专题会议开得很好，大家畅所欲言，也提了许多问题。我最后再总结、归纳一下各委员提出的问题。（1）Y新型液体洗涤剂投资项目的相关现金流量是否应该包括市场测试费。（2）Y新型液体洗涤剂投资项目的相关现金流量是否包括营运资金。（3）Y新型液体洗涤剂投资项目使用甲公司现有闲置设备和厂房是否需要付费。（4）就Y新型液体洗涤剂挤占公司现有产品销售和市场这个事实而言，Y新型液体洗涤剂投资项目现金流量是用表5-1的数据还是表5-2的数据；如果即使甲公司不推出Y新型液体洗涤剂，竞争对手也会推出类似的产品，Y新型液体洗涤剂投资项目现金流量是用表5-1的数据还是表5-2的数据。（5）假设甲公司将来采用举债方式为Y新型液体洗涤剂投资项目筹资，在估算该投资项目相关现金流量时是否要考虑筹资额以及由此而引起的利息支出。因为时间关系，麻烦孙先生简单地向各位委员会解释一下这五个问题。"

　　孙先生接过话，简单地解释了这五个问题。随后，王先生宣布散会。

　　难道甲公司的资本预算就这么简单吗？

# 什么是投资项目

与经营预算源于销售预算不同，资本预算源于投资项目。企业的发展战略驱动投资项目，可行或可接受的投资项目驱动资本预算。

广义地说，投资（investment）指企业（投资者）以最终能够收回更多现金为目的而发生的现金支出。换言之，投资就是企业付出现金，预期可能收回投资额并得到满意投资收益的行为。因此，投资相当于企业花钱购买一系列预期的未来现金流入量。[1]

企业的投资项目（investment project）是企业长远发展战略的财务呈现，也是构建企业核心能力和竞争优势的基础。

## 投资项目有哪些分类

投资项目的类别影响后续资本预算方法的运用。企业的投资项目可以按不同标准分类。

### 1. 投资项目按其从属关系分类

投资项目按其相互间的从属关系可以分为独立项目（independent project）与互斥项目（mutually exclusive project）。独立项目指不同的投资项目各自独立存在，互不影响，也即某个投资项目的实施并不排斥其他投

---

[1] 严格地说，企业的投资还包括证券投资（security investment）或金融性资产投资（financial asset investment）。基于资本预算的性质，本章只讨论证券投资或金融性投资之外的投资，并将这些投资统称为"投资项目"。

资项目的实施的投资项目形式。其决策准则是判断投资项目本身的可行性，即"达标而不是择优"。互斥项目指多个投资项目不能同时实施，实施某个投资项目必须以排除其他投资项目的实施为条件的投资项目形式。其决策准则是不仅要判断投资项目本身的可行性，还要在所有可行的投资项目中选取最好的方案，即"在所有达标的投资项目中择优"。

**2. 投资项目按其现金流量模式分类**

投资项目按其现金流量模式可以分为常规项目与非常规项目两类。常规项目指一系列现金流出量伴随着一系列现金流入量的投资项目。如果用负号表示现金流出量（投入），用正号表示现金流入量（产出），那么，常规项目改变符号的次数只有一次。常规项目以外的投资项目都属于非常规项目。

**3. 投资项目按其性质分类**

投资项目按其性质可以分为：（1）与维持企业现有生产经营有关的重置型投资项目（replacement investment project），例如更换已报废或损坏的生产设备；（2）与降低成本有关的重置型投资项目，例如用高效的新设备更换可用但已陈旧的生产设备；（3）与现有产品和市场有关的扩充型投资项目（expansion investment project），如为了增加产量或扩大销售渠道而实施的投资项目；（4）与新产品和新市场有关的扩充型投资项目，如为了生产新产品和开辟新市场而实施的投资项目；（5）与工业安全和环境保护有关的强制性投资项目（required investment project）或非营利性投资项目（non-profit investment project），如为了达到排污法规要求更换水处理设备。

上述投资项目的评估分析，都需要企业做出各种不同的可供选择的投资方案，然后运用合理的方法从中选择出合适的行动方案。

# 投资项目有哪些特征

投资项目的基本特征如下。（1）投资额大。尽管投资项目的投资额可能一次投入，也可能分次投入，但无论采用哪种投入方式，其投资额通常都较大，甚至巨大。（2）时间跨度大。投资项目涉及的时间跨度较大，其投资回收期较长。（3）风险高。投资项目面向未来，且投资额大、时间跨度大，因此，投资项目的风险较高。

　　基于投资项目的基本特征，投资项目的决策分析必须关注现金流量，并考虑货币时间价值（time value of money）[①]。

① 基于考虑问题的不同时间点，货币时间价值包括现值（Present Value，PV）和未来值或终值（Future or Final Value，FV）两种表现形式。投资决策通常采用现值。基于不同的现金流量模式，现值又可以分为复利现值和年金现值。年金（annuity）是指定期等额的系列收支。不同时点的现金流量可以借助复利现值系数和年金现值系数分别转化为复利现值和年金现值。这个转化过程称为折现（discounting），折现所用的利率称为折现率（discount rate）或必要收益率（required rate of return）或取舍率（hurdle rate）。

# 资本预算的方法

　　资本预算（投资决策）的方法主要包括投资回收期法（payback period method）、会计收益率法（accounting rate of return method）、净现值法（net present value method）、现值指数法（present value index method）、内部收益率法（internal rate of return method）。[①] 其中，投资回收期法和会计收益率法没有考虑货币时间价值，属于静态决策方法；而净现值法、现值指数法和内部收益率法则考虑了货币时间价值，属于动态决策方法。

　　【例5-1】假设N公司目前存在三个投资项目。经过研究，N公司要求投资项目必须达到的最低收益率为10%。相关资料如表5-3所示。

表5-3　投资项目及其现金流量状况

单位：元

| 期间 | A投资项目 | | B投资项目 | | C投资项目 | |
|---|---|---|---|---|---|---|
| | 税后利润 | 现金流量 | 税后利润 | 现金流量 | 税后利润 | 现金流量 |
| 0 | | 20 000 | | 9 000 | | 12 000 |
| 1 | 1 800 | 11 800 | 1 800 | 1 200 | 600 | 4 600 |
| 2 | 3 240 | 13 240 | 3 000 | 6 000 | 600 | 4 600 |
| 3 | | | 3 000 | 6 000 | 600 | 4 600 |
| 合计 | 5 040 | 5 040 | 4 200 | 4 200 | 1 800 | 1 800 |

---

① 如前所述，资本预算源于投资项目。可行或可接受的投资项目驱动资本预算。因此，投资项目的决策分析是资本预算的基础。有鉴于此，投资决策方法就相当于资本预算方法。

根据表 5-3，N 公司应该接受哪个投资项目呢？

## 投资回收期法

投资回收期法以投资回收期（Pay Back Period，PBP）作为评价指标。投资回收期是指投资项目引起的现金流入量累积到与投资额相等时所需要的时间。投资回收期代表收回投资项目的投资额所需要的年限。

**1. 投资回收期计算原理**

投资回收期的具体计算与投资项目现金流量特点有关。

如果投资项目的投资额是一次性投入，且各期现金流入量相等即属于年金型，那么，投资回收期的计算公式为：

投资回收期（PBP）＝投资额 / 每期现金流入量

根据【例 5-1】的资料，C 投资项目的现金流量属于年金型，其投资回收期为 2.61（12 000 ÷ 600）年。

如果投资项目的各期现金流入量不相等或投资额不是一次性投入即属于混合型，那么，投资回收期的计算公式为：

投资回收期（PBP）＝累计净现金流量开始出现正值的年份 － 1 ＋（上期累计现金流量净额绝对值 / 当期现金流量）

根据【例 5-1】的资料，A 投资项目和 B 投资项目的现金流量都属于混合型，其累计现金流量状况分别如表 5-4 和表 5-5 所示。

### 表 5-4　A 投资项目累计现金流量状况

单位：元

| 期间 | 各期现金流量 | 累计现金流量净额 |
|---|---|---|
| 0 | 20 000 | 20 000 |
| 1 | 11 800 | 8 200 |
| 2 | 13 240 | 5 040 |

表 5-5　B 投资项目累计现金流量状况

单位：元

| 期间 | 各期现金流量 | 累计现金流量净额 |
|---|---|---|
| 0 | 9 000 | 9 000 |
| 1 | 1 200 | 7 800 |
| 2 | 6 000 | 1 800 |
| 3 | 6 000 | 4 200 |

根据表 5-4 和表 5-5，A 投资项目和 B 投资项目的投资回收期分别计算如下。

A 投资项目的投资回收期 =2-1+（8 200÷13 240）=1.62（年）

B 投资项目的投资回收期 =3-1+（1 800÷6 000）=2.3（年）

**2. 投资回收期法的决策准则**

投资回收期是一个无量纲的指标，单独的投资回收期指标无法评估投资项目的优劣。因此，投资回收期法需要一个参照系。这个参照系就是基准投资回收期。

对于独立项目，如果投资项目的投资回收期小于基准投资回收期，投资项目可以接受；反之，如果投资项目的投资回收期大于基准投资回收期，投资项目不可以接受。假设【例 5-1】的三个投资项目属于独立项目，N 公司所处行业的基准投资回收期为 2 年，那么，只有 A 投资项目可以接受。对于互斥项目，则从可以接受的投资项目中选择投资回收期最短的投资项目。如果【例 5-1】的三个投资项目属于互斥项目，只有 A 投资项目可以接受。

**3. 投资回收期法的评价**

投资回收期法，通俗易懂，提到投资回收期，不需要过多解释，无论何种学历或职业背景的经理人，几乎所有人都明白其中的道理。因此，投资回收期法便于企业经理人之间沟通。

如前所述，投资项目是构建企业核心能力和竞争优势的基础。投资项目的背后通常隐含某种先进技术或专利技术。基于数智时代，各种技术飞速发展，无论是先进技术还是专利技术，都存在一个有效存续期。这样，投资回收期法的投资回收期与先进技术或专利技术的有效存续期相比较，就能够更好地判断投资项目的可行性。例如，如果某个投资项目的投资回收期是四年，而其隐含的先进技术或专利技术的有效存续期只有三年。这就意味着该投资项目还没有完全收回投资额，其隐含的先进技术或专利技术就已经失效。该投资项目已经失去了先进技术或专利技术的支撑，缺乏竞争力，原先的预测基础可能随之失效。

当然，投资回收期法并没有考虑货币时间价值[1]，而且只考虑投资回收期内投资项目的现金流量，也没有考虑收回投资额之后投资项目的现金流量和整体效益。例如，甲投资项目的投资回收期是三年，但其寿命期只有四年而且第四年的现金流量不多，而乙投资项目的投资回收期是五年，但其投资项目的寿命期为十年，而且从第五年开始可以创造巨额现金流量。如果采用投资回收期法，企业可能选择甲投资项目。

事实上，具有战略意义的投资项目通常早期现金流量较少，后期现金流量较多。因此，投资回收期法可能优先考虑急功近利的投资项目，从而可能导致放弃具有战略意义的时间跨度更长的投资项目[2]。

## 会计收益率法

会计收益率法以会计收益率（Accounting Rate of Return，ARR）作为评价指标。会计收益率是投资项目各期平均利润额与原始投资额的比值。

---

[1] 为了弥补这个缺陷，产生了考虑货币时间价值的动态投资回收期法。考虑了先进技术或专利技术的有效存续期，未必需要引入动态投资回收期法。

[2] 常言道："看不到问题是最大的问题。"如果经理人已经意识到投资回收期法可能存在的问题，还加以采用，经理人想必已有修补措施。有鉴于此，经理人运用各种资本预算方法必须要"知其然"，更要"知其所以然"，不能停留在计算机或机器人计算出来的结果，而应该理解各种资本预算方法的内在机理。

### 1. 会计收益率计算原理

会计收益率的计算公式为：

会计收益率（ARR）＝（投资项目各期平均利润额 / 原始投资额）× 100%

根据【例5-1】的资料，各个投资项目的会计收益率分别计算如下。

$$A 投资项目会计收益率 = \frac{（1\,800 + 3\,240）÷ 2}{20\,000} × 100\% = 12.60\%$$

$$B 投资项目会计收益率 = \frac{（-1\,800 + 3\,000 + 3\,000）÷ 3}{9\,000} × 100\%$$

$$= 15.56\%$$

$$C 投资项目会计收益率 = \frac{（600 + 600 + 600）/3}{12\,000} × 100\% = 5.00\%$$

当然，会计收益率计算公式中的分母也可以采用各期平均投资额。尽管计算结果不同，但并不改变投资项目的优先次序。

### 2. 会计收益率法的决策准则

会计收益率是一个无量纲指标，本身也无法判断投资项目的优劣，同样需要一个参照系。这个参照系就是企业要求投资项目必须达到的最低收益率。

对于独立项目，如果投资项目的会计收益率大于最低收益率，投资项目可以接受；反之，如果投资项目的会计收益率小于最低收益率，投资项目不可以接受。假设【例5-1】的三个投资项目属于独立项目，N公司要求投资项目必须达到的最低收益率为10%，那么，A投资项目和B投资项目都可以接受，C投资项目不可接受。对于互斥项目，则从可以接受的投资项目中选择会计收益率最高的投资项目。如果【例5-1】的三个投资项目属于互斥项目，那么，N公司应该选择B投资项目。

### 3. 会计收益率法的评价

会计收益率法计算简便，易于理解和掌握，数据资料也易于收集。但是，会计收益率法没有考虑货币时间价值，而且以利润为基础不能有效地反映投资项目的真实效益。

## 净现值法

净现值法以净现值（Net Present Value，NPV）作为评价指标。净现值是指投资项目未来现金流入量现值与未来现金流出量现值之间的差额。根据净现值法，投资项目的所有未来现金流入量与现金流出量都要按预定的折现率折算为现值，然后再计算其差额。净现值的计算公式为：

$$NPV = \sum \frac{CI_k}{(1+i)^k} - \sum \frac{CO_k}{(1+i)^k}$$

式中：$CI_k$ 为第 $k$ 期的现金流入量；$CO_k$ 为第 $k$ 期的现金流出量；$i$ 为预定的折现率。

### 1. 净现值计算原理

净现值的具体计算与现金流量模式有关。[①]

如果投资项目的现金流量模式属于年金型，在计算净现值时，可以直接采用年金现值系数，以简化计算。根据【例 5-1】的资料，C 投资项目的现金流量属于年金型，其净现值计算如下。

$NPV_C = 4\ 600 \times 2.487 - 12\ 000 = -560$（元）

如果投资项目的现金流量模式属于混合型，在计算净现值时，应该逐项采用复利现值系数。根据【例 5-1】的资料，A 投资项目和 B 投资项目的现金流量都属于混合型，其净现值分别计算如下。

$NPV_A = (11\ 800 \times 0.909\ 1 + 13\ 240 \times 0.826\ 4) - 20\ 000 = 1\ 669$（元）

$NPV_B = (1\ 200 \times 0.909\ 1 + 6\ 000 \times 0.826\ 4 + 6\ 000 \times 0.751\ 3) - 9\ 000 = 1\ 557$（元）

### 2. 净现值法的决策准则

对于独立项目，如果投资项目的净现值大于零，说明投资项目的收益率大于预定的折现率（要求的最低收益率），投资项目可以接受；反之，

---

[①] Excel 可以便捷地计算出投资项目的净现值。其实，某些比较高级的商用计算器为计算净现值而设定了"NPV"键。只要输入相关数据，按"NPV"键，就可以得到净现值（NPV）。

如果投资项目的净现值小于零，说明投资项目的收益率小于预定的折现率
（要求的最低收益率），投资项目不可以接受。

假设【例5-1】的三个投资项目属于独立项目，那么，A投资项目和B
投资项目的净现值都大于零，都可以接受；C投资项目的净现值小于零，
不可以接受。对于互斥项目，选择净现值大于零（所有可以接受的投资项
目）且最大的投资项目。如果【例5-1】的三个投资项目属于互斥项目，
那么，N公司应该选择A投资项目。

### 3.净现值法的评价

净现值法考虑了货币时间价值，具有广泛的适用性，在理论上也比其
他方法更为完善。净现值法隐含的假设与企业价值最大化目标一致。但是，
根据净现值法，折现率的确定是一个复杂的问题。显然，折现率影响投资
项目的可行性。净现值法只能说明投资项目的收益率高于或低于预定的折
现率（要求的最低收益率），而不能确定投资项目本身的收益率，而且净
现值本身是一个绝对数，不利于不同规模投资项目之间的比较。由此，产
生了现值指数法。

## 现值指数法

现值指数法以现值指数（Present Value Index，PVI）作为评价指标。现
值指数是投资项目未来现金流入量现值与现金流出量现值的比率。现值指
数说明单位现金流出量（投资额）现值未来可以获得的现金流入量现值。

### 1.现值指数计算原理

现值指数的计算公式为：

$$PVI = \frac{\sum \dfrac{CI_k}{(1+i)^k}}{\sum \dfrac{CO_k}{(1+i)^k}}$$

式中，有关的符号含义与净现值法相同。

根据【例5-1】的资料，A投资项目、B投资项目和C投资项目的现值

指数分别计算如下。[①]

$$PVI_A=（ 11\ 800 × 0.909\ 1+13\ 240 × 0.826\ 4 ） ÷ 20\ 000=1.08$$

$$PVI_B=（ 1\ 200 × 0.909\ 1+6\ 000 × 0.826\ 4 ＋ 6\ 000 × 0.751\ 3 ） ÷ 9\ 000=1.17$$

$$PVI_C=4\ 600 × 2.487 ÷ 12\ 000=0.95$$

**2. 现值指数法的决策准则**

对于独立项目，如果投资项目的现值指数大于 1，说明投资项目的收益率大于预定的折现率（要求的最低收益率），投资项目可以接受；反之，如果投资项目的现值指数小于 1，说明投资项目的收益率小于预定的折现率（要求的最低收益率），投资项目不可以接受。

假设【例 5-1】的三个投资项目属于独立项目，那么，A 投资项目和 B 投资项目的现值指数都大于 1，都可以接受；C 投资项目的现值指数小于 1，不可以接受。对于互斥项目，选择现值指数大于 1（所有可以接受的投资项目）且最大的投资项目。如果【例 5-1】的三个投资项目属于互斥项目，那么，N 公司应该选择 B 投资项目。

**3. 现值指数法的评价**

从某种意义上说，现值指数法弥补了净现值法的缺陷，有助于不同规模投资项目之间的比较。但现值指数法依然不能确定投资项目本身的收益率。由此，产生了内部收益率法。

## 内部收益率法

内部收益率法以投资项目本身内部收益率（Internal Rate of Return，IRR）作为评价指标。内部收益率是使投资项目未来现金流入量现值等于其现金流出量现值的折现率，或使投资项目的净现值等于零的折现率。内部收益率（IRR）的计算公式为：

---

① Excel 可以便捷地计算出投资项目的现值指数。其实，某些比较高级的商用计算器为计算现值指数而设定了 "PVI" 键。只要输入相关数据，按 "PVI" 键，就可以得到现值指数（PVI）。

$$NPV=\sum \frac{CI_k}{(1+IRR)^k}-\sum \frac{CO_k}{(1+IRR)^k}=0$$

式中，有关符号的含义与净现值法相同。

### 1. 内部收益率计算原理

其实，内部收益率的计算过程就是一个求解一元 $n$ 次方程的过程。内部收益率的计算过程与投资项目的现金流量模式有关。[①]

如果投资项目的现金流量模式是年金型，可以先计算年金现值系数（$P/A$，$i$，$n$），然后，依据正负相邻的两个折现率（$i$）求内部收益率。

根据【例 5-1】的资料，C 投资项目的现金流量属于年金型，其内部收益率计算过程如下。

年金现值系数 = 原始投资额 / 年现金流入量 =12 000 ÷ 4 600=2.609

查阅年金现值系数表，在 $n$=3 这一栏中寻找到最接近（$P/A$，$i$，3）= 2.609 的 $i$ 是：

$i$=6%，（$P/A$，6%，3）=2.673

$i$=8%，（$P/A$，8%，3）=2.577

这就说明 C 投资项目的内部收益率处于 6%~8%，具体计算如下。

$$IRR=6\%+ \frac{2.673-2.609}{2.673-2.577}\times（8\%-6\%）\times 100\% = 7.33\%$$

如果投资项目的现金流量模式是混合型，则要通过逐次测试法计算内部收益率（IRR）。首先估计使净现值由正值到负值相邻的两个折现率（$i$）。如果 NPV > 0，则 $i$ < IRR；反之，如果 NPV < 0，则 $i$ > IRR。然后依据使净现值正负相邻的折现率，用内插法计算内部收益率（IRR）。其计算公式为：

$$IRR=i_1+（i_2-i_1）\times \frac{|NPV_1|}{|NPV_1|+|NPV_2|}$$

---

[①] Excel 可以便捷地计算出投资项目的内部收益率。其实，某些比较高级的商用计算器为计算内部收益率而设定了"IRR"键。只要输入相关数据，按"IRR"键，就可以得到内部收益率（IRR）。

　　根据【例5-1】的资料，A投资项目和B投资项目的现金流量都属于混合型。表5-6和表5-7分别列示了A投资项目和B投资项目求解内部收益率的逐次测试过程。

表5-6　A投资项目求解内部收益率的逐次测试过程

单位：元

| 期间 | 折现率为16% | | 折现率为18% | |
| --- | --- | --- | --- | --- |
| | 复利现值系数 | 现值 | 复利现值系数 | 现值 |
| 0 | 1.000 | 20 000 | 1.000 | 20 000 |
| 1 | 0.862 | 10 172 | 0.847 | 9 995 |
| 2 | 0.743 | 9 837 | 0.718 | 9 506 |
| 净现值 | | 9 | | 499 |

表5-7　B投资项目求解内部收益率的逐次测试过程

单位：元

| 期间 | 折现率为16% | | 折现率为18% | |
| --- | --- | --- | --- | --- |
| | 复利现值系数 | 现值 | 复利现值系数 | 现值 |
| 0 | 1.000 | 9 000 | 1.000 | 9 000 |
| 1 | 0.862 | 1 034 | 0.847 | 1 016 |
| 2 | 0.743 | 4 458 | 0.718 | 4 308 |
| 3 | 0.641 | 3 846 | 0.609 | 3 654 |
| 净现值 | | 388 | | 22 |

　　根据表5-6和表5-7，A投资项目和B投资项目的内部收益率分别计算如下。

$$IRR_A=16\%+(18\%-16\%)\times[9\div(9+499)]=16.04\%$$

$$IRR_B=16\%+(18\%-16\%)\times[338\div(338+22)]=17.88\%$$

### 2. 内部收益率的决策准则

内部收益率是一个无量纲指标，本身也无法判断投资项目的优劣，同样需要一个参照系。这个参照系就是企业要求投资项目必须达到的最低收益率。

对于独立项目，如果投资项目的内部收益率大于最低收益率，投资项目可以接受；反之，如果投资项目的内部收益率小于最低收益率，投资项目不可以接受。假设【例 5-1】的三个投资项目属于独立项目，N 公司要求投资项目必须达到的最低收益率为 10%，那么，A 投资项目和 B 投资项目都可以接受，C 投资项目不可以接受。对于互斥项目，则从可以接受的投资项目中选择内部收益率最高的投资项目。如果【例 5-1】的三个投资项目属于互斥项目，那么，N 公司应该选择 B 投资项目。

### 3. 内部收益率法的评价

净现值法和现值指数法虽然都考虑了货币时间价值，可以说明投资项目的收益率大于、等于或小于预定的折现率（要求的最低收益率），但净现值法和现值指数法都没有揭示投资项目本身可以达到的具体收益率。根据投资项目的现金流量计算出来的内部收益率可以显示投资项目本身的收益率。

内部收益率法与现值指数法一样，虽然都是用相对数作为投资项目的评价指标，但内部收益率法不必事先选择折现率，根据内部收益率就能确定投资项目的优先次序，只是最后需要一个最低收益率来判断投资项目是否可以接受。现值指数法则需要确定一个适当的折现率，这个折现率的大小会影响投资项目的优先次序。

不过，内部收益率法也存在一定的缺陷。（1）中间现金流量再投资收益率的假设不现实。内部收益率法假设中间现金流量按投资项目的内部收益率（而不是市场利率）再投资。显然，这种假设不符合现实。（2）内部收益率的计算过程实际上是一个一元 $n$ 次方程的求解过程。对于非常规项目，由于内部收益率的数学特性，可能出现多个（$n$ 个）内部收益率，使经理人无法判别投资项目真实的内部收益率。（3）如果采用手工方式计算内部收益率，其计算过程较烦琐。

内部收益率与净现值之间的关系如图 5-1 所示。

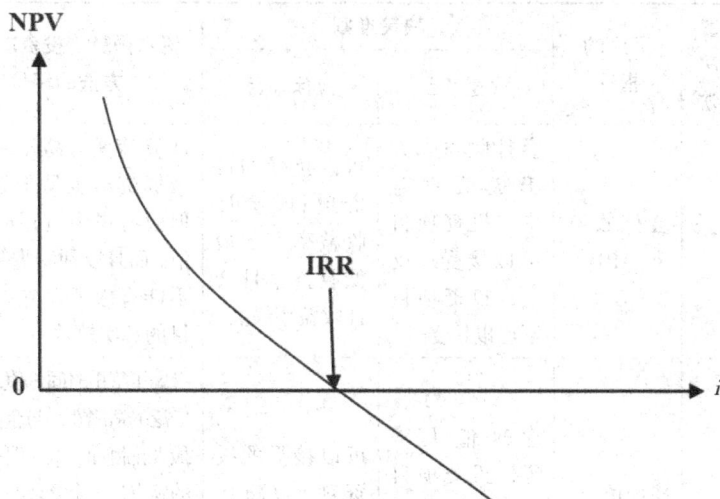

**图 5-1 内部收益率与净现值之间的关系**

根据图 5-1，如果折现率（$i$）大于内部收益率（IRR），净现值（NPV）小于零；如果折现率等于内部收益率，净现值等于零；如果折现率小于内部收益率，净现值大于零。这就是逐次测试法计算内部收益率的依据。

上述资本预算（投资决策）方法的基本原理如表 5-8 所示。

**表 5-8 资本预算（投资决策）方法的基本原理**

| 资本预算（投资决策）方法 | 运用的指标 | 决策准则 | | 资本预算（投资决策）方法的评价 |
|---|---|---|---|---|
| | | 独立项目 | 互斥项目 | |
| 投资回收期法 | 投资回收期/PBP | 投资回收期小于基准投资回收期，投资项目可以接受；反之，投资项目不可以接受 | 可以接受的投资项目/投资回收期小于基准投资回收期且投资回收期最短 | 计算简便，容易为经理人所理解。但没有考虑货币时间价值，而且只考虑投资回收期内的现金流量，没有考虑收回投资额之后的现金流量和投资项目的整体效益，可能导致优先考虑急功近利的投资项目 |

续表

| 资本预算（投资决策）方法 | 运用的指标 | 决策准则 | | 资本预算（投资决策）方法的评价 |
|---|---|---|---|---|
| | | 独立项目 | 互斥项目 | |
| 会计收益率法 | 会计收益率/ARR | 会计收益率大于最低收益率，投资项目可以接受；反之，投资项目不可以接受 | 可以接受的投资项目/会计收益率大于最低收益率且会计收益率最大 | 计算简便，易于理解，数据资料也易于收集。但没有考虑货币时间价值，而且以利润为基础，不能有效地反映投资项目的真实效益 |
| 净现值法 | 净现值/NPV | 净现值大于零，投资项目可以接受；反之，投资项目不可以接受 | 可以接受的投资项目/净现值大于零且净现值最大 | 考虑了货币时间价值，具有广泛的适用性，与企业价值最大化目标一致。但折现率的确定是一个复杂的问题。不能显示投资项目本身的收益率。净现值本身是一个绝对数，不利于不同规模投资项目之间的比较 |
| 现值指数法 | 现值指数/PVI | 现值指数大于1，投资项目可以接受；反之，投资项目不可以接受 | 可以接受的投资项目/现值指数大于1且现值指数最大 | 考虑了货币时间价值，弥补了净现值法的缺陷，有助于不同规模投资项目之间的比较。但依然不能显示投资项目本身的收益率 |
| 内部收益率法 | 内部收益率/IRR | 内部收益率大于最低收益率，投资项目可以接受；反之，投资项目不可以接受 | 可以接受的投资项目/内部收益率大于最低收益率且内部收益率最大 | 考虑了货币时间价值，弥补了净现值法和现值指数法的缺陷，可以显示投资项目本身的收益率。但是，中间现金流量再投资收益率的假设不现实，非常规项目可能出现多个内部收益率，手工计算比较烦琐 |

由此可见，各种资本预算（投资决策）方法各有利弊和适应性，经理人应该根据其偏好和具体管理情境选用合适的资本预算（投资决策）方法。

# 估算投资项目的现金流量

　　如前所述，资本预算（投资决策）方法涉及预期现金流量或利润[①]、投资项目寿命期[②]和折现率[③]或最低收益率等三个变量。不过，估算投资项目的预期现金流量是资本预算（投资决策）的首要环节。

## 什么是投资项目现金流量

　　在资本预算（投资决策）中，现金流量特指一个投资项目引起企业的现金支出和现金收入增加的数额。与一般意义上的现金不同，这里的"现金"不仅包括各种货币资金（库存现金、银行存款和其他货币资金），而且包括投资项目需要投入企业所拥有的非货币资源的变现价值或重置价值。例如，某个投资项目需要使用企业原有的厂房、设备和材料等实物资产，则相关的现金流量是指这些实物资产的变现价值，而不是其账面成本。

　　投资项目的现金流量包括现金流出量、现金流入量和现金流量净额三

---

[①]　尽管会计收益率法采用的是利润，但就资本预算（投资决策）而言，现金流量状况远比盈亏状况更为重要。某个投资项目能否维持下去，并不取决于一定期间内企业是否获利，而取决于企业是否拥有充足的现金流量。因此，从总体上看，资本预算（投资决策）必须关注现金流量。

[②]　投资项目寿命期由工程技术部门和市场营销部门根据投资项目的性质、技术发展趋势和市场竞争态势等因素综合确定。

[③]　折现率由财务部门根据投资项目预期现金流量的风险水平和资本成本率（cost of capital）综合确定。在实践中，资本成本率与资本成本经常混用，没有严格区分。严格地说，资本成本率是相对数，而资本成本是绝对数。

个具体概念。

**1. 现金流出量**

某个投资项目的现金流出量是指该投资项目引起企业的现金支出的增加额。以购置生产线为例，其现金流出量主要包括以下内容。

（1）购置生产线的价款。购置生产线的价款可能是一次性支出，也可能分几次支出。

（2）生产线的维修费用。在该生产线的整个寿命期内，会发生保持生产能力的各种费用。生产线的维修费用都是购置该生产线引起的，应该作为购置生产线的现金流出量。

（3）垫支流动资金。由于该生产线扩大了企业的生产能力，引起对流动资产需求的增加。企业需要追加的流动资金也是购置该生产线引起的，应该作为购置生产线的现金流出量。只有在该生产线寿命期终了、出售或报废时才能收回这些资金，用于其他目的。

**2. 现金流入量**

某个投资项目的现金流入量是指该投资项目引起企业的现金收入的增加额。以购置生产线为例，其现金流入量主要包括以下内容。

（1）经营现金流入量。

购置生产线扩大了企业的生产能力，使企业的销售收入增加，销售收入扣除相关付现成本（out-of-pocket cost）增加额之后的余额，就是该生产线引起的一项现金流入量。经营现金流入量的计算公式为：

经营现金流入量 = 销售收入 − 付现成本

这里的销售收入不是会计学权责发生制意义上的销售收入，而是从现金流量角度来定义的销售收入（也就是现销收入），包括以前各期实现销售在本期产生现金流入量以及本期实现销售本期产生现金流入量的销售收入。付现成本是指需要支付现金的销售成本。转账摊销费用不属于付现成本。资本预算（投资决策）需要考虑的非付现成本项目主要是折旧费用。因此，付现成本可以用销售成本减折旧费用来估计，计算公式为：

付现成本 = 销售成本 − 折旧费用

如果从每期现金流动的结果来看，增加的现金流入量无非来自两部分：一是利润形成的货币增值，二是以货币形式收回的折旧费用。因此，经营现金流入量的计算公式为：

经营现金流入量 = 销售收入 - 付现成本

= 销售收入 -（销售成本 - 折旧费用）

= 利润 + 折旧费用

不过，需要指出的是，折旧费用作为现金流入量必须基于以下假设前提。第一，企业生产的产品必须全部完工并销售，否则，企业计提的固定资产折旧费用作为一个成本项目表现在存货项目上。这时，固定资产折旧费用的计提只是增加存货项目账面价值，减少固定资产的账面价值。第二，本期全部生产完工并销售的产品必须产生与销售收入大体上相匹配的现金流入量，否则，企业计提的固定资产折旧费用作为一项债权表现在应收账款项目上，并没有导致现金流入量。当然，如果考虑了所得税因素之后，折旧费用的存在可以减少应税所得额，从而减少所得税费用支出。从增量的角度看，折旧费用为企业的投资项目带来一笔现金流入量。

（2）该生产线寿命期终了、出售或报废时的残值收入。

资产出售或报废时的残值收入是当初购置该生产线引起的，应当作为投资项目的一项现金流入量。

（3）收回的流动资金。

该生产线寿命期终了、出售或报废时，企业就可以相应地减少流动资金垫支，收回的资金可以用于其他目的。因此，应将收回的流动资金作为该投资项目的一项现金流入量。

### 3. 现金流量净额

现金流量净额是指一定期间内现金流入量与现金流出量之间的差额。这里的一定期间，根据资本预算（投资决策）的需要而定，有时是一年，有时可以是投资项目的寿命期。如果一定期间的现金流入量大于现金流出量，现金流量净额为正值；反之，现金流量净额为负值。为了简化，有时现金流量指的就是现金流量净额。

## 估算投资项目的现金流量概述

由于所得税是企业的一项现金流出，其现金流出量大小取决于利润的大小和所得税税率的高低，而利润的大小又受企业的固定资产折旧方法的影响。因此，所得税问题与折旧问题联系在一起。折旧对现金流量进而对资本预算（投资决策）的影响是由所得税引起的。企业的资本预算（投资决策）必须以税后现金流量为基础。

**1. 税后成本与税后收入**

凡是可以抵减税负的项目，企业实际支付的数额并不是其真实负担的成本。因此，企业的资本预算（投资决策），应该将由此而减少的所得税因素考虑在内。这种扣除了所得税因素影响的费用净额，称为税后成本。税后成本的一般计算公式为：

税后成本 = 实际支付额 × （1- 所得税税率）

这里的成本是指根据税法规定允许扣除的成本费用项目。

【例 5-2】H 公司 20×1 年 12 月为了某个投资项目发生广告费支出 20 000 元。假设所得税税率为 25%，那么，其税后成本为：

20 000 × （1-25%）=15 000（元）

与税后成本相对应的概念是税后收入。由于所得税的作用，企业的销售收入并不都归其所有，有一部分销售收入要作为所得税支出流出企业。企业实际得到的只是扣除所得税因素后的税后收入。税后收入的一般计算公式为：

税后收入 = 收入金额 × （1- 所得税税率）

同理，这里所说的收入是指根据税法规定需要纳税的应税收入，不包括投资项目结束时收回的流动资金等现金流入量。

根据【例 5-2】的资料，假设 H 公司 20×1 年 12 月某个投资项目产生应税收入 100 000 元，那么，其税后收入为：

100 000 × （1-25%）=75 000（元）

### 2. 折旧费用的抵税作用

企业的成本费用增加，应税利润就减少，应交所得税也随之减少。如果企业不计提固定资产的折旧费用，企业应交所得税就会增加。由此，折旧费用可以起到减少税负的作用。这种作用称为"折旧抵税"或"税收挡板"（tax shields by depreciation）。

【例 5-3】假设 M 公司和 N 公司 20×1 年度销售收入和付现成本都相同，所得税税率为 25%。两家公司唯一的区别是 M 公司拥有一项应计提折旧的固定资产，每年计提的折旧费用都是 3 000 元，而 N 公司没有应计提折旧的固定资产。两家公司的现金流量如表 5-9 所示。

#### 表 5-9　M 公司与 N 公司的现金流量

单位：元

| 项目 | M 公司 | N 公司 |
|---|---|---|
| 销售收入 | 20 000 | 20 000 |
| 付现成本 | 10 000 | 10 000 |
| 折旧费用 | 3 000 | — |
| 税前利润 | 7 000 | 10 000 |
| 所得税费用 | 1 750 | 2 500 |
| 税后利润 | 5 250 | 7 500 |
| 折旧费用 | 3 000 | — |
| 经营现金流入量 | 8 250 | 7 500 |

根据表 5-9，M 公司税后利润虽然比 N 公司少 2 250 元，但经营现金流入量却比 N 公司多了 750 元。这是因为 M 公司应计提折旧的固定资产每年计提 3 000 元的折旧费用，使应税所得额减少 3 000 元，从而少缴所得税 750（3 000×25%）元。这笔现金流量将保留在 M 公司而不必用于上缴所得税。从增量分析的观点看，由于增加一笔 3 000 元的折旧费用，使得 M 公司获得 750 元的现金流入量。

折旧对税负的影响可按下列公式计算。

税负减少额 = 折旧费用 × 所得税税率 =3 000 × 25%=750（元）

**3. 估算税后现金流量**

考虑所得税因素，现金流量的估算过程可能会复杂一些。税后现金流量有三种估算方法。

（1）根据现金流量的定义估算。

根据现金流量的定义，所得税费用是一项现金流出量，应当作为经营现金流入量的一个减项。即：

经营现金流入量 = 销售收入 − 付现成本 × 所得税费用

根据【例 5-3】的资料，M 公司税后现金流量估算如下。

经营现金流入量 =20 000−10 000−1 750=8 250（元）

（2）根据期末经营结果估算。

企业每期现金流量的增加额主要来自两个方面：一是当期增加的税后利润；二是当期计提的固定资产折旧费用，以现金形式从当期销售收入收回，留存于企业。经营现金流入量的估算公式为：

经营现金流入量 = 税后利润 + 折旧费用

根据【例 5-3】的资料，M 公司税后现金流量估算如下。

经营现金流入量 =5 250+3 000=8 250（元）

（3）根据所得税对收入、成本和折旧费用的影响估算。

根据前述的税后成本、税后收入和折旧抵税因素，由于所得税因素的影响，现金流量并不等于投资项目实际的收支金额。其计算公式为：

经营现金流入量 = 税后收入 − 税后成本 + 税负减少额

= 收入金额 ×（1− 所得税税率）− 付现成本 ×（1− 所得税税率）+ 折旧费用 × 所得税税率

根据【例 5-3】的资料，M 公司税后现金流量估算如下。

经营现金流入量 =20 000×（1−25%）−10 000×（1−25%）+ 3 000×25%= 8 250（元）

值得指出的是，只有企业处于获利且应税期，才存在折旧的"税收挡板"作用。如果企业出现亏损或虽然获利但处于免税期,则不存在折旧的"税收挡板"作用。

当然,上述各种估算投资项目现金流量方法的基本原理相通。不过,不同的估算方法所涉及的变量不同,所需要的数据资料也不同。在实践中,经理人可以根据企业的具体情况和所掌握的数据资料,选择合适的估算方法。

### 4. 估算投资项目现金流量的一般原则

投资项目所需的资本支出以及该投资项目各期产生的现金流量净额涉及许多变量。因此,需要企业的相关部门,如工程技术部门、产品研发部门、生产部门、市场营销部门和财务部门的共同参与。

俗话说:"万变不离其宗"。在估算投资项目的相关现金流量(relevant cash flows)时,应遵循的基本原则是:只有增量现金流量(incremental cash flows)才是与投资项目相关的现金流量。所谓增量现金流量,是指接受或拒绝某个投资项目之后,企业的现金流量总额因此而发生变动的数额。只有采纳某个投资项目引起的现金流出量增加额才是该投资项目的现金流出量;只有采纳某个投资项目引起的现金流入量增加额才是该投资项目的现金流入量。

为了合理估算投资项目的增量现金流量,需要判断哪些支出会引起企业的现金流量总额的变动,哪些支出不会引起现金流量总额的变动。为此,经理人要注意以下几点。

(1)区分相关成本与沉没成本。

所谓沉没成本(sunk cost),是指已经指定用途或已经发生的支出。沉没成本不会影响投资项目的取舍,资本预算(投资决策)不应包括沉没成本。例如,Z 公司 20×1 年曾经计划新建一个车间,花费 50 万元请 Q 会计师事务所做了可行性研究。后来,由于 Z 公司有更好的投资机会,该项目被搁置。20×2 年旧事重提,在估算某个投资项目的现金流量时,这 50 万元是否是相关成本(relevant cost)呢?显然不是。这 50 万元属于沉没成本。不管 Z 公司是否新建这个车间,这 50 万元都无法收回,与 Z 公司未来的现金流量总额无关。如果将沉没成本纳入投资项目的成本总额，则一个有利的投资项目可能因此而变得不利，一个较好的投资项目可能变得较差，从而造成资本预算（投资决策）的失误。

（2）要考虑机会成本。

在资本预算（投资决策）中，如果选择了一个投资项目，则必须放弃投资其他项目的机会，其他投资项目可能取得的收益，就是实施被选中投资项目的一种代价，成为这项投资项目的机会成本。例如，Z 公司新建车间的投资项目，需要使用 Z 公司拥有的一块土地。该项资本预算（投资决策）必须考虑这块土地的其他用途所能带来的收益，即利用土地建车间的机会成本。假设 Z 公司出售这块土地可得 3 000 万元，那么，新建车间的机会成本就是 3 000 万元。值得注意的是，不管这块土地当时是以 3 150 万元还是 2 500 万元购买的，都应以现行市场价格作为该土地的机会成本。资本预算（投资决策）考虑机会成本的意义就在于促使经理人全面考虑可能采纳的各种投资项目，以便为有限的资源寻求最为有利的使用途径。

（3）要考虑投资项目对企业其他部门的影响。

企业是一个人造的有机体，包括许多相互独立又相互联系的职能部门。例如，如果新建车间生产的产品上市之后，企业原有其他部门生产的产品的销售量可能减少。这时，资本预算（投资决策）不应该直接将新车间的现金流量作为增量现金流量，而应扣除其他部门因此而减少的现金流量。当然，也可能发生相反的情况，新产品上市后将促进企业其他部门生产的产品的销售量增长。这主要看新投资项目与原有项目之间的关系是竞争关系还是互补关系。诸如此类的交互影响，事实上很难准确度量，但资本预算（投资决策）仍要将其考虑在内。

（4）要考虑投资项目对企业营运资金净额的影响。

所谓营运资金（working capital），是指企业的流动资产总额与其流动负债总额之间的差额。通常，如果企业开办一项新业务并扩大销售额，对于存货和应收账款等流动资产的需求也会随之增加，企业必须筹措额外资金以满足这种资金需求。企业的扩充，应付账款与某些应付费用等流动负债也会同时增加，从而降低企业的流动资金实际需要量。营运资金净额的需求指增加的流动资产总额与增加的流动负债总额之间的差额。如果投资项目的寿命期快要结束时，企业将与该投资项目相关的存货出售、应收账款转变为现金，应付账款和应付费用也随之偿付，那么，营运资金净额又恢复到原有水平。资本预算（投资决策）通常假设企业开始投资时筹措的营运资金净额在该投资项目结束时全部收回。

# 投资决策与筹资决策的关系

如前所述，资本预算源于投资项目，而可行或可接受的投资项目驱动资本预算。因此，投资项目的决策分析是资本预算的基础。有鉴于此，投资决策方法就相当于资本预算方法。理解投资决策与筹资决策的关系有助于更好地理解投资决策方法就相当于资本预算方法。

根据前述各种资本预算（投资决策）方法确定的可以接受的投资项目所需要的投资额就是企业的长期资金需要量（这是资本预算的起点）。如何筹措这些长期资金需要量就是企业的筹资决策问题。企业的资本预算与筹资活动由此而展开。由此可见，投资决策与筹资决策紧密相连，浑然一体。而投资决策与筹资决策的连接点就是边际资本成本率（marginal cost of capital）[①]。

## 边际资本成本率与投资决策

如前所述，基于净现值法或现值指数法，如果以企业的边际资本成本率为折现率（企业要求投资项目必须达到的最低收益率），投资项目的净

---

[①] 一个正常运行的企业原本就已经通过各种渠道和方式筹集其经营活动所需要的资金。因此，任何企业都有一个现存的资本成本率。所谓边际资本成本率，是指投资项目引起的增量筹资的资本成本率。当然，由于企业的筹资渠道或方式的多元化，各种筹资渠道或方式也有各自的边际资本成本率。因此，边际资本成本率是一个加权平均资本成本率（Weighted Average Cost of Capital，WACC），即以各种筹资渠道或方式的增量筹资额占增量筹资总额的比例为权重，计算各种筹资渠道或方式的各自边际资本成本率的加权平均值。

现值为正值或现值指数大于 1，则说明该投资项目可以接受；反之，如果
投资项目的净现值为负值或现值指数小于 1，则该投资项目不可以接受。
基于内部收益率法，企业的边际资本成本率成为企业要求投资项目必须达
到的最低收益率。投资项目的内部收益率只有大于边际资本成本率，该投
资项目才可以接受；否则，该投资项目不可以接受。可见，无论采用什么
动态决策方法，边际资本成本率都是投资项目必须达到的最低收益率。因
此，企业的边际资本成本率是其投资决策的基准取舍率。

## 边际资本成本率与筹资决策

企业的边际资本成本率是其选择资金来源、拟定筹资方案的依据。企
业通过金融市场，可以从多种渠道，采用多种方式筹集资金。但是，不同
的资金来源，其边际资本成本率也不同。边际资本成本率直接关系到企业
筹资的经济效益。为了提高企业的价值，必须降低其边际资本成本率。这
就要求根据企业的目标资本结构，综合分析各种资金来源的边际资本成本
率高低，选择适当的资金来源，拟定相应的筹资方案。这样，企业的边际
资本成本率就成为企业筹资决策必须考虑的一个重要因素。

## 边际资本成本率是连接投资决策与筹资决策的桥梁

其实，企业的投资决策与筹资决策不是完全独立的两个过程，而是相关
联、密不可分的两个过程。投资决策是筹资决策的前提，只有存在可行的投
资项目，才有必要筹资。而筹资的最终目的就是投资。投资决策与筹资决策
联系的桥梁就是企业的边际资本成本率。企业在进行投资决策时，其边际资
本成本率是一个取舍率，但是，如果企业拟定的投资项目可以接受，企业接
下来的工作便是以可行资本结构为指南，考虑如何筹集可以接受的投资项目
所需要的资金，即进行筹资决策。这时，企业无论采用何种筹资方案，都必
须保证其边际资本成本率不超过其投资决策所使用的资本成本率。从这个意

义上说，企业的投资决策制约着筹资决策，而筹资决策又会影响投资决策的经济效益。如果企业的筹资决策失误，其投资决策也难以取得预期的效益。

从决策程序来说，先有投资决策，后才有筹资决策。但是，从资金运用来看，却必须先筹资，而后才能投资。否则，投资项目便没有资金支持。这样就给人造成一种假象：似乎企业先筹集资金，然后再寻找投资机会。揭开这种假象所造成的迷雾，对于提高企业的投资效益和筹资效益具有重要的理论与实践意义。因为任何资金，无论其来源如何，都有代价即边际资本成本率。如果企业先筹资再投资，要是寻找不到可行的投资项目或者虽然能找到但需要时间，就会白白地花费筹资成本。

综上所述，边际资本成本率是连接投资决策与筹资决策的桥梁。投资决策、筹资决策与资本预算的关系，如图 5-2 所示 [①]。

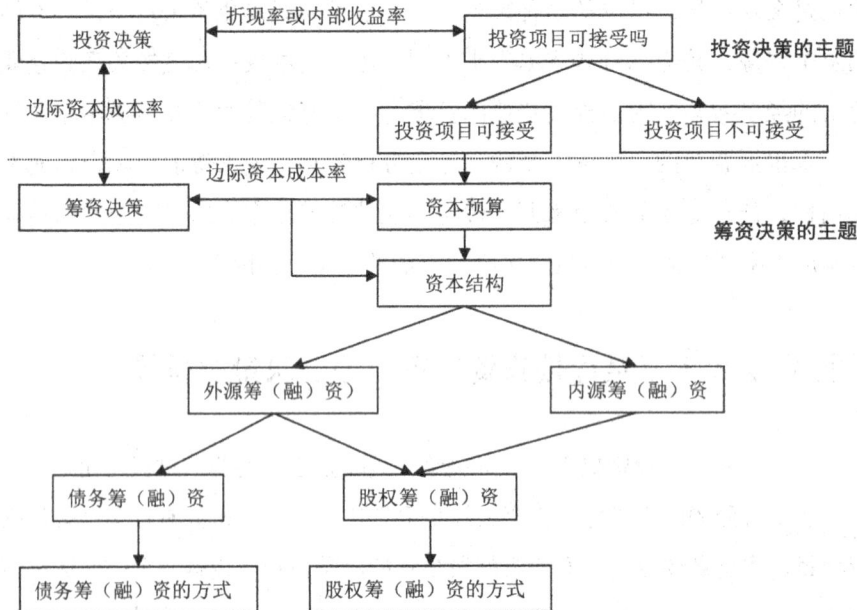

**图 5-2 投资决策、筹资决策与资本预算的关系**

① 作为决策支持系统，投资决策提供的是投资项目可行性建议；作为一个现金流量配置系统，筹资决策则提供可行投资项目的资金来源方案。在图 5-2 中，虚线以上部分为投资决策的主题，而虚线以下部分为筹资决策的主题。

# 他山之石：E 科技公司的资本预算实践

下面是 E 科技公司的资本预算实践。

## E 科技公司简介

E 科技公司于 2015 年在广东深圳成立，是一家高科技新能源材料研发制造企业，主要从事锂电池正极材料及其前驱体的研发、生产和销售。

E 科技公司的主要产品为系列三元正极材料，如 NCM523、NCM622、NCM811 及前驱体。E 科技公司目前已在国内率先掌握了生产 NCM 系列三元正极材料的技术和关键工艺，是国内首家实现高镍产品量产的企业。其中，NCM811 产品技术和生产规模均领先于全球。

由于技术领先，又属于"十三五"重点发展的战略性新兴产业，政府在财政上也给予 E 科技公司较多的资金补助（由 2016 年的 219 万元到 2019 年的 3 208 万元），E 科技公司的营业收入也呈现大幅增长的状态。E 科技公司 2019 年的销售收入较 2018 年增加了 172 261 万元，存货周转率由 2018 年的 6.05 次提升到 2019 年的 6.85 次，应付账款及应付票据增加 38 868 万元，其应收账款和存货的周转率保持相对稳定的速率，日常经营较稳定，正以相对稳定的速率稳步发展。E 科技公司于 2019 年 7 月进入科创板，成为科创板首批上市的"独角兽企业"之一。

## 确定战略目标

为了确定战略目标，E科技公司做了较为全面的分析。

**1.宏观环境分析**

新能源汽车行业是我国"十三五"重点发展的战略性新兴产业，是国家坚定支持的战略方向。在能源有限和人们环保意识增强、各国政府对尾气排放要求日益提高的背景下，汽车行业的未来发展趋势向好。我国新能源汽车产品不断丰富、配套设施不断完善，市场需求呈爆发式增长，随着产业链的日趋成熟以及核心技术突破，新能源汽车行业正在向产业化、市场化方向飞速发展，受益于此，国内锂电池行业及作为锂电池重要材料的正极材料行业近年也实现高速增长。

**2.行业环境分析**

E科技公司采用波特五力分析法分析其所处的行业环境，如表5-10所示。

表5-10　波特五力分析法分析其所处的行业环境结果

| 现有竞争者 | 现有企业众多，技术竞争激烈 |
| --- | --- |
| 潜在进入者 | （1）三元正极材料行业的技术壁垒限制了潜在进入者<br>（2）该行业处于抢占市场阶段，利润率较低，阻止潜在竞争者 |
| 潜在替代品 | 该行业技术先进，暂无替代品的风险 |
| 供应商的议价能力 | （1）供应商的集中程度比较高，垄断了少数原材料<br>（2）原材料价格易受国际市场利率变动的影响 |
| 购买方的议价能力 | （1）购买方的集中程度比较高，多为国内外大型知名的锂电池厂商<br>（2）采用市场占有率最大化的策略，主动配合购买方的产品研发 |

该行业属于高科技材料行业，前期研发投入较高，退出壁垒较高，技术竞争比较激烈，技术领先的企业容易抢占先机。行业上下游产业的集中程度比较高，对上下游的依赖程度较大，无论是采购还是销售，议价能力都处于劣势，但未来随着行业规模的扩大，议价能力应该会显著提升。

### 3. 商业模式分析

E 科技公司以技术来提升竞争力。E 科技公司采用商业模式画布解析其商业模式，如表 5-11 所示。

**表 5-11　E 科技公司商业模式画布**

| 序号 | 重要合作 | 关键业务 | 价值主张 | 客户关系 | 目标客户 |
|------|----------|----------|----------|----------|----------|
| 1 | 良好的客户合作研发关系 | 研发 | 为客户提供具有高能量密度的 NCM811 材料 | 研发合作型客户关系，客户是非竞争性的战略伙伴 | 国内外大型知名锂电池厂商 |
| | | 核心资源 | | 渠道通路 | |
| | | 技术、客户黏性 | | 直销模式 | |

| 序号 | 成本结构 | 收入来源 |
|------|----------|----------|
| 2 | 研发成本 + 原材料成本 + 人力成本 + 制造费用 | 三元正极材料产品与前驱体销售收入 + 国家政策资金扶植 |

根据表 5-11，E 科技公司目前在技术方面处于行业领先地位，但未来应当在规模生产中更加关注生产管理，为后续成本降低提供保障；在重要合作方面，E 科技公司具有良好的客户合作研发关系，而未来需要建立良好的供应链。

E 科技公司投入大量资金进行研发的同时，由于技术的更新迭代导致市场的规模化迟迟没能形成，因此降低产品成本存在极大难度，但是未来随着市场的爆发，成本下降是可期的。

### 4. 战略目标确定

在宏观环境分析、行业环境分析和商业模式分析基础上，E 科技公司采用 SWOT 分析法确定其战略目标，如图 5-3 所示。

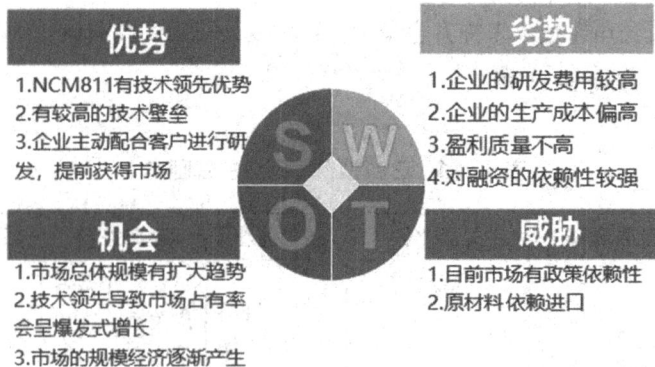

**图5-3 E科技公司采用SWOT分析法确定其战略目标**

基于新能源汽车行业是我国"十三五"重点发展的战略性新兴产业的宏观背景，以及新能源材料行业属于技术领先型行业的行业背景，可以分析得知E科技公司面临三大机遇：一是市场总体规模有爆发增长的趋势，二是技术领先带来了市场占有率的持续优势，三是下游市场的规模经济逐渐产生。E科技公司经过几年的发展和成长，形成了自己的竞争优势。首先NCM811有技术领先优势，而且这项技术有较高的技术壁垒，E科技公司已经抢占了技术高地，同时E科技公司主动配合客户进行研发，提前获得了市场。但在如此大的机遇和优势之下，E科技公司仍然面临着两大威胁：一是目前市场的政策敏感度非常高；二是E科技公司的原材料主要还是依赖进口，成本居高不下。E科技公司本身也存在一些短板，研发费用较高、生产成本偏高、盈利质量不高、对融资的依赖性较强。这些都是E科技公司在竞争中的劣势，给公司的发展造成了一些阻碍。

根据SWOT分析，E科技公司采取了技术领先型战略和市场最大化战略。一方面，E科技公司专注于产品的研发和技术的创新，形成自己的竞争优势；另一方面，E科技公司以自己研发能力的优势，通过合作研发与客户建立良好关系，快速占领市场。E科技公司已经抢占了技术高地，未来随着行业的发展，将进一步形成规模经济，扩大市场份额，创造更多价值。

## 确定决策目标

通过 SWOT 分析，E 科技公司确定了战略目标，即技术领先型战略和市场最大化战略，这是 E 科技公司的整体战略目标。为了实现整体战略，E 科技公司将其分解成为阶段性短期目标逐步实现，而且阶段性短期目标肯定会随着发展阶段的改变而不断发生变化，但所有阶段性短期目标都必须在符合当前发展情况的条件下，与整体战略保持一致，以保证 E 科技公司整体战略得以实现。

目前，虽然 E 科技公司率先掌握高镍产品的关键技术和工艺，但是并不能算完全实现技术领先型战略。E 科技公司目前三种主要产品，仅有 NCM811 产品技术与生产规模处于全球领先地位，说明 E 科技公司在技术研发方面还有一段路要走，要实现多种产品的技术领先优势。

由此可以确定 E 科技公司目前的阶段性短期目标就是引进或研发新技术，实现技术领先型战略。其面临的决策就是对新技术产品的生产设备的引进方式做出决策，在与整体战略目标保持一致的前提下，在购买、租赁、自建三种方式中做出抉择。

## 提出各种可行方案

基于以上对 E 科技公司战略目标和决策目标的确定，可知现阶段 E 科技公司需要对引入新技术研发所需的生产设备的方式进行决策，通过对当前市场的调查和对自身条件的评估，提出购买、租赁和自建生产设备三种方案。

### 1.方案一：购买生产设备

当前市场上该生产设备的买价为 1 000 万元，预计使用寿命为 5 年，对该设备按直线法计提折旧，预计报废时的净残值率为 10%，每年的维护维修费用为 100 万元。该新买的设备生产效率高，产量完全可以满足市场需求，有助于 E 科技公司保持并且扩展其市场占有率。该方式的废品率低，可以低至 1%，而且产出的产品质量高，产品定价为 1.3 万元 / 吨，但是后期价格会逐渐下降。同时高质量的产品得到了客户的一致好评，年销售量逐年递增，从第 1 年到第 5 年销量分别为 1 000 吨、1 400 吨、2 200 吨、2 800 吨和 3 500 吨。

### 2. 方案二：租赁生产设备（融资租赁）

直接购买设备会造成大量的现金流出量，可能出现现金流量紧缺、资金链断裂的风险。为了避免此风险，可以采用租赁生产设备的方式。该生产设备的租赁费用为 350 万元 / 年（已包含维护费用），租期 5 年。这样，每年的现金流出量仅为 350 万元，大大减少了现金流量紧缺的风险。其他数据与购买生产设备方案相同。

### 3. 方案三：自建生产设备

除了直接购买和租赁两种方式，E 科技公司还可以选择自建。如果采用自建生产设备这种方式，E 科技公司前期需要投入一笔 500 万元的研发费用，并且要多花费一年的时间用于研发人员对这项生产设备技术的研究和开发，后期需再投入 400 万元的建设费用，用于该生产设备的生产建造。该生产设备可以使用 5 年，按直线法计提折旧，预计报废时的净残值率为 10%。由于该生产设备是 E 科技公司自建的，研发人员对其技术和设备结构都非常熟悉，对于耗材进行改进，每年的维护维修费用为 80 万元。而且由于该设备是研发人员针对 E 科技公司的需求专门研发的，该设备的生产效率比外购的新设备还要高一些，废品率在专门的控制下可以控制在 1% 以下，而且产品的质量会提高很多，有助于 E 科技公司赢得客户的好评，稳固现有市场，开发潜在市场。产品第一年定价为 1.8 万元 / 吨，但是后期价格会逐渐下降。年销售量逐年递增，从第 1 年到第 5 年销量分别为 1 000 吨、1 400 吨、2 200 吨、2 800 吨和 3 500 吨。

E 科技公司三种方案的比较如表 5-12 所示。

表 5-12　E 科技公司三种方案比较

单位：万元

| 项目 | 方案一（购买） | 方案二（租赁） | 方案三（自建） |
|---|---|---|---|
| 单价 | 1 000 | — | — |
| 年租金 | — | 350 | — |
| 研发建造费用 | — | — | 900 |
| 年维护维修费用 | 100 | — | 80 |
| 废品率 | 1% | 1% | < 1% |
| 产品单价（万元/吨） | 1.3 | 1.3 | 1.8 |
| 产品产量（吨） | | | |
| 第 1 年 | 1 000 | 1 000 | 1 000 |
| 第 2 年 | 1 400 | 1 400 | 1 400 |
| 第 3 年 | 2 200 | 2 200 | 2 200 |
| 第 4 年 | 2 800 | 2 800 | 2 800 |
| 第 5 年 | 3 500 | 3 500 | 3 500 |
| 变动成本（万元/吨） | 0.3 | 0.3 | 0.3 |
| 使用年限（年） | 5 | 5 | 5 |
| 净残值 | 100 | — | 90 |

　　其中，变动成本的预算为每吨产品 3 000 元，但随着市场销量增长，E 科技公司的产量增加，在产业链中对材料供应商的议价能力的提升使得变动成本下降，三种方案第一年的产品单价分别为 13 000 元、13 000 元、18 000 元，具体情况如表 5-13 和表 5-14 所示。

表 5-13　方案一（购买）与方案二（租赁）的变动成本变动情况

| 年份 | 产量/吨 | 单价/万元·吨$^{-1}$ | 销售收入/万元 | 变动成本/万元/每吨 | 变动成本总额/万元 |
|---|---|---|---|---|---|
| 1 | 1 000 | 1.30 | 1 300 | 0.30 | 300 |
| 2 | 1 400 | 1.22 | 1 708 | 0.22 | 308 |

续表

| 年份 | 产量 / 吨 | 单价 / 万元·吨⁻¹ | 销售收入 / 万元 | 变动成本 / 万元·每吨⁻¹ | 变动成本总额 / 万元 |
|------|-----------|-----------------|----------------|----------------------|---------------------|
| 3 | 2 200 | 1.18 | 2 596 | 0.18 | 396 |
| 4 | 2 800 | 1.16 | 3 248 | 0.16 | 448 |
| 5 | 3 500 | 1.12 | 3 920 | 0.12 | 420 |

表 5-14　方案三（自建）的变动成本变动情况

| 年份 | 产量 / 吨 | 单价 / 万元·吨⁻¹ | 销售收入 / 万元 | 变动成本 / 万元·每吨⁻¹ | 变动成本总额 / 万元 |
|------|-----------|-----------------|----------------|----------------------|---------------------|
| 1 | 1 000 | 1.80 | 1 800 | 0.30 | 300 |
| 2 | 1 400 | 1.72 | 2 408 | 0.22 | 308 |
| 3 | 2 200 | 1.68 | 3 696 | 0.18 | 396 |
| 4 | 2 800 | 1.66 | 4 648 | 0.16 | 448 |
| 5 | 3 500 | 1.62 | 5 670 | 0.12 | 420 |

## 估计各种方案的预期现金流量

要对上述三种固定资产投入方案进行决策，需要考虑各个方案产生的现金流量。因为现金流量比会计利润更能考虑货币时间价值，所以其比会计利润更客观。

首先，利用现金流量图，在同一时间坐标图中画出各个方案的未来现金流量以及与时间的对应关系，这样能够更直观地反映各个方案的资金运动状态。

其次，计算未来每年的现金流量净额。值得注意的是，现金流量估算原则指出现金流量应是税后现金流量，故在计算的时候要按 25% 的税率扣除所得税。在这里，折旧值得特别关注，折旧本身并不是真正的现金流量，但会影响到 E 科技公司所得税支出，从而影响到现金流量净额。

最后，根据预期报酬率计算出净现值，E 科技公司将预期报酬率设定为 12%。

### 1. 方案一：购买方案

首先将购买方案的未来现金流量绘在时间坐标图中，可以直观看出基于购买方案，未来 5 年 E 科技公司每年的现金流入、流出情况，如图 5-4 所示。

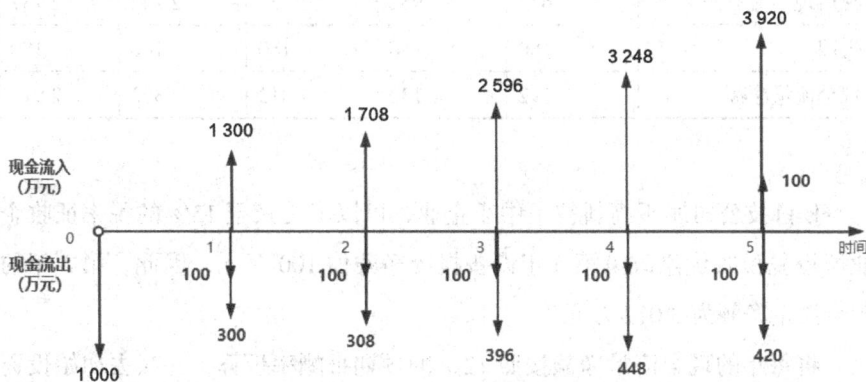

**图 5-4　方案一（购买）现金流量图**

接下来计算出未来 5 年每年的现金流量净额。每年销售收入现金流入分别为 1 300 万元、1 708 万元、2 596 万元、3 248 万元和 3 920 万元，设备维护维修费用现金流出为 100 万元，可以使用 5 年，按直线法计提折旧，在第 5 年设备报废时，净残值为 100 万元。

方案一（购买）的现金流量净额如表 5-15 所示。

**表 5-15　方案一（购买）的现金流量净额**

单位：万元

| 项目 | 时间 | | | | |
|---|---|---|---|---|---|
| | 1 | 2 | 3 | 4 | 5 |
| 收入现金流入 | 1 300 | 1 708 | 2 596 | 3 248 | 3 920 |
| 维护维修费现金流出 | 100 | 100 | 100 | 100 | 100 |
| 变动成本 | 300 | 308 | 396 | 448 | 420 |
| 折旧 | 180 | 180 | 180 | 180 | 180 |
| 利润 | 720 | 1 120 | 1 920 | 2 520 | 3 220 |

续表

| 项目 | 时间 | | | | |
|---|---|---|---|---|---|
| | 1 | 2 | 3 | 4 | 5 |
| 所得税 | 108 | 168 | 288 | 378 | 483 |
| 税后现金流量净额 | 612 | 952 | 1 632 | 2 142 | 2 737 |
| 折旧 | 180 | 180 | 180 | 180 | 180 |
| 现金流量净额 | 792 | 1 132 | 1 812 | 2 322 | 2 917 |

E 科技公司属于高新技术中小企业，可以享受减至 15% 的税率征收企业所得税税收优惠政策第 5 年设备报废净残值 100 万元，因此，第 5 年的现金流量净额为 3 017 万元。

将每年的现金流量净额按照 12% 的预期报酬率折算，并减去初始投资额 1 000 万元，得到净现值为 5 087 万元。

**2. 方案二：租赁方案**

首先将租赁方案的未来现金流量绘在时间坐标图中，可以直观看出基于租赁方案，未来 5 年 E 科技公司每年的现金流入、流出情况，如图 5-5 所示。

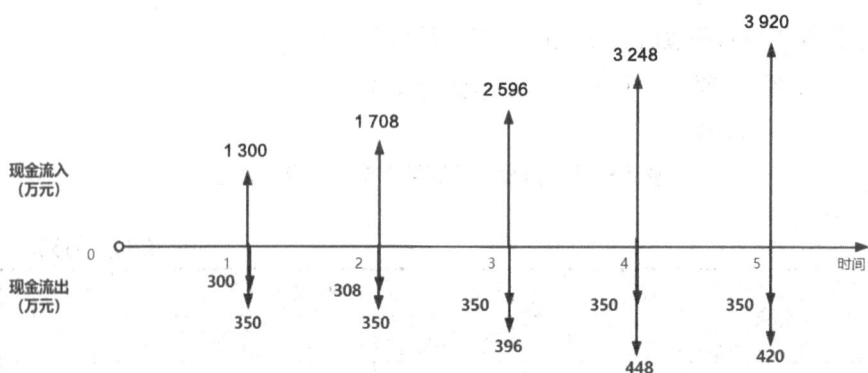

图 5-5　方案二（租赁）现金流量图

接下来计算出未来 5 年每年的现金流量净额，每年销售收入现金流入分别为 1 300 万元、1 708 万元、2 596 万元、3 248 万元和 3 920 万元，设备维护维修费用包含在租金 350 万元中。

方案二（租赁）的现金流量净额如表 5-16 所示。

### 表 5-16　方案二（租赁）的现金流量净额

单位：万元

| 项目 | 时间 | | | | |
|---|---|---|---|---|---|
| | 1 | 2 | 3 | 4 | 5 |
| 收入现金流入 | 1 300 | 1 708 | 2 596 | 3 248 | 3 920 |
| 变动成本 | 300 | 308 | 396 | 448 | 420 |
| 租金 | 350 | 350 | 350 | 350 | 350 |
| 利润 | 650.00 | 1 050.00 | 1 850.00 | 2 450.00 | 3 150.00 |
| 所得税 | 97.5 | 157.5 | 277.5 | 367.5 | 472.5 |
| 现金流量净额 | 552.5 | 892.5 | 1 572.5 | 2 082.5 | 2 677.5 |

将每年的现金流量净额按照 12% 的预期报酬率折算，并减去初始投资额，得到净现值为 5 166.83 万元。

### 3. 方案三：自建方案

首先将自建方案的未来现金流量绘在时间坐标图中，可以直观看出基于自建方案，未来 6 年 E 科技公司每年的现金流入、流出情况，如图 5-6 所示。

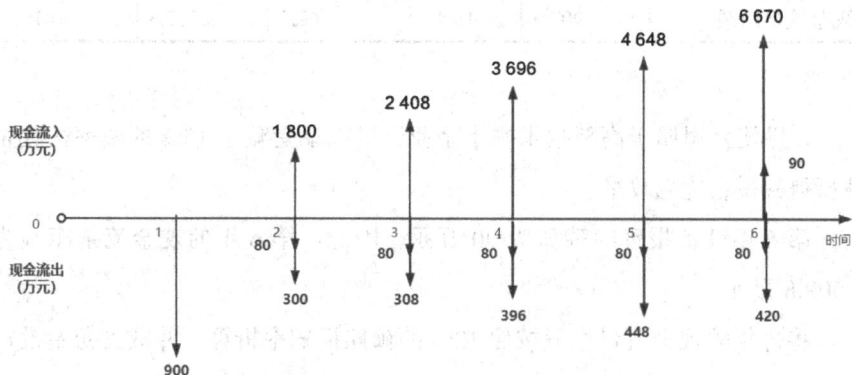

图 5-6　方案三（自建）现金流量图

接下来计算出未来6年每年的现金流量净额，每年销售收入现金流入分别为1 800万元、2 408万元、3 696万元、4 648万元和5 670万元，可以使用5年，按直线法计提折旧，在第6年设备报废时的净残值为90万元。注意自建方案需要用一年的时间研发建造该设备，需投入研发建造费用900万元。

方案三（自建）的现金流量净额如表5-17所示。

**表5-17 方案三（自建）的现金流量净额**

单位：万元

| 项目 | 时间 | | | | |
|---|---|---|---|---|---|
| | 2 | 3 | 4 | 5 | 6 |
| 收入现金流入 | 1 800 | 2 408 | 3 696 | 4 648 | 5 670 |
| 维护维修费 | 80 | 80 | 80 | 80 | 80 |
| 变动成本 | 300 | 308 | 396 | 448 | 420 |
| 折旧 | 162 | 162 | 162 | 162 | 162 |
| 利润 | 1 258 | 1 858 | 3 058 | 3 958 | 5 008 |
| 所得税 | 188.7 | 278.7 | 458.7 | 593.7 | 751.2 |
| 税后现金流量净额 | 1 069.3 | 1 579.3 | 2 599.3 | 3 364.3 | 4 256.8 |
| 折旧 | 162 | 162 | 162 | 162 | 162 |
| 现金流量净额 | 907.3 | 1 741.3 | 2 762.3 | 3 527.3 | 4 419.8 |

E科技公司属于高新技术中小企业，可以享受减至15%的税率征收企业所得税税收优惠政策。

第6年设备报废净残值为90万元，因此，第6年的现金流量净额为4 509.8万元。

将每年的现金流量净额按照12%的预期报酬率折算，并减去初始投资额，得到净现值为7 155.33万元。

## 各种方案的择优

E 科技公司采用净现值法和现值指数法比较三种方案，其结果如表 5-18 所示。

表 5-18  三种方案的比较

|  | 方案一（购买） | 方案二（租赁） | 方案三（自建） |
|---|---|---|---|
| 净现值法 | 5 087 | 5 166.83 | 7 200.93 |
| 现值指数法 | 6.087 | 6.86 | 8.96 |

由表 5-18 可见，净现值法与现值指数法得出的结果一致。在比较不同投资项目时，由于初始投资额不同，未来每年现金流量也不同，所以，可能出现净现值法与现值指数法得出结论不一致的情况。在这种情况下，应该以净现值法为准。因为净现值体现的是 E 科技公司在未来 5 年实实在在的收益，而现值指数体现的是收益率。不过，从现值指数法的角度来看，当 E 科技公司的资金较为紧张，风险较大，负债率较高的时候，租赁设备是更好的选择。因此，在决策时，应该考虑到风险与绩效的平衡，不能一味地追求高收益而忽略风险。如果 E 科技公司不存在资金紧张和高负债率的情况，应该以净现值为准做出方案的择优。

通过比较可知，自建设备方案的净现值最高，达到了 7 200.93 万元；租赁设备方案的净现值比自建方案稍低，其净现值为 5 166.83 万元；购买设备方案的净现值最低，只有 5 087 万元。虽然自建生产设备方案比另外两个方案要多花费一年的时间，看似比另外两个方案少获利一年，但正是因为这一年的研发投入，给 E 科技公司带来了更大的收益，而且这个方案与 E 科技公司的战略目标更加一致。通过一年自主研发建造的生产设备能更好地满足 E 科技公司对生产技术的需求，而且通过自主研发可以让 E 科技公司将高端技术掌握在自己手中，向实现技术领先型战略目标迈进一步。

同时使用自主研发建造的生产设备能更高效地生产出更高质量的产品，有助于 E 科技公司赢得客户的好评，稳固现有市场，开发潜在市场，有利于实现 E 科技公司的市场最大化战略目标。

综合以上分析，从净现值角度以及与 E 科技公司战略目标保持一致这两个角度来看，应该选择自建生产设备这个方案。

## 投资项目实施后的评估与控制

通过三种方案的择优比对之后，E 科技公司选择了自建生产设备的方案。在实施该方案一年后，对 E 科技公司的实际情况进行了总结，并与该方案的资金预算进行了对比，如表 5-19 所示。

表 5-19　方案三（自建）的实际与预算对比

| 项目 | 实际 | 预算 | 差异 |
| --- | --- | --- | --- |
| 研发建造阶段： | | | |
| 建造费用 / 万元 | 1 000 | 900 | 100 |
| 建造时间 / 年 | 1.2 | 1.0 | 0.2 |
| 生产经营阶段： | | | |
| 销售单价 / 万元·吨$^{-1}$ | 1.8 | 1.8 | 0 |
| 销售量 / 吨 | 1 200 | 1 000 | 200 |
| 销售收入 / 万元 | 2 160 | 1 800 | 360 |
| 设备使用情况 | 前期工人不太熟练，上手较慢，但现在效率提升了很多 | 工人使用熟练、效率高 | 前期设备使用不够熟练 |

由表 5-19 可见，在前期研发建造、后期产品销售和设备使用情况等方面，实际情况和预算存在差异。

在前期研发建造阶段产生了不利差异，实际产生的建造费用比预算费用高出 100 万元，建造时间变长 2 个多月。需要对不利差异进行分析，弄清产生不利差异的原因。建造费用超出预算 100 万元，建造时间超出预计时间 2 个多月，有可能是因为客观不可避免的原因。例如，建造材料涨价、人工费上涨、建造过程存在合理材料损耗或者建造工艺复杂导致建造速度慢，也有可能是人为原因造成的。例如，人为操作失误造成不合理损耗、工人懈怠导致效率低或者施工人数不够导致建造速度慢等。调查清楚原因后就应该对症下药，吸取教训，在下次实施类似方案时采取合理的措施加以优化，特别是针对人为原因。例如，针对人为操作失误、工人效率低等原因，E 科技公司可以制定规则、奖惩机制等来减少失误、提高员工效率。

在生产经营阶段，销售量产生了有利差异，比预算提高了 200 吨。这个有利差异可能有赖于销售人员的高效工作，也有可能是因为产品本身质量好、技术高吸引了大量客户。无论是哪种原因，E 科技公司都应该给予相关人员鼓励和奖励，争取第 2 年能在此基础上更上一层楼。

设备使用情况也与预期产生了差异，针对前期员工使用不熟练、上手慢这种情况，E 科技公司应该组织员工进行定期培训，让对设备更加熟悉的技术人员来教授生产一线的生产员工操作，缩短生产员工摸索熟悉新设备的时间，提高生产效率，提升产量。

通过对比分析，自建生产设备这个方案执行情况较好，销售量及销售收入都超出预期，但在研发建造阶段和设备使用情况方面与预算之间存在不利差异，在后面的生产经营活动中，需加以控制和改进。

全面预算是执行战略的工具，而资本预算是全面预算的重要组成部分，E 科技公司实施资本预算时要以执行战略为原则，在达到利润最大化的同时，还要与企业战略保持一致。因此，E 科技公司的资本预算选择了自建生产设备这个方案，不仅达到了利润最大化，而且有利于执行技术领先型战略和市场最大化战略。

# 数智时代的资本预算

如前所述，资本预算（投资决策）运用了各种数学模式，但是，如果经理人无法确定或获取相关数据，根本无法运用各种数学模型，而经理人一旦确定或获取了相关数据，各种数学模型就转化为简单算术公式。更为重要的是，如果经理人缺乏商业思维或商业意识，无法洞察数据背后的行为，数据处理，乃至数据分析就依然只是算术问题。因此，就资本预算（投资决策）而言，经理人应该注重确定或获取各种数据，而不是关注处理各种数据。

基于数智时代，经理人只要确定或获取各种数据，数据的处理就相当简单。就经理人而言，关键在于如何把握这些数据的来源及其可靠性，甚至清洗这些数据。如果经理人确定或获取的数据本身不可靠，数据处理的结果也没有多大用处。借用计算机界的话来说就是"垃圾进去，垃圾出来"（garbage in，garbage out）——输入错误的数据，计算机自然输出错误的结果。

即使是各种数据的确定或获取，也要强调适度，而不是达到最完美的境界。任何面向未来的资本预算（投资决策）都难以获取100%的数据，经理人也不可能等到获取100%的数据之后才做出资本预算（投资决策）。企业面临的经营环境瞬息万变，如果经理人已经获取95%的数据，还要执着于获取另外5%的数据，可能错过商机。事实上，当经理人获取了另外5%的数据时，时过境迁，原先获取的95%的数据可能已经转化为不相关的信息。基于数智时代，经理人需要具备面对不确定性环境的果断判断能力，能够基于不确定性环境尽量做出确定性决策。

如前所述，基于信息不对称和利益不对称，全面预算可能产生预算松弛。资本预算（投资决策）方法都隐含着追求或实现企业价值最大化的基本假设，但是，基于利益不对称，经理人可能追求个人价值最大化而不是企业价值最大化，运用资本预算（投资决策）方法的经理人，其目标函数与资本预算（投资决策）方法本身隐含的假设背道而驰。

经理人选用不同资本预算（投资决策）方法，可以得出不同的投资项目可行性结论，即便经理人选定了某种资本预算（投资决策）方法但所涉及变量预期值不同，照样可以得出不同的投资项目可行性结论。经理人提议的投资项目一旦得到审批立项，就意味着经理人获得巨额资金的支配权。资本预算（投资决策）涉及巨额资金，经理人的有形和无形利益会更大。于是，经理人可能操纵资本预算（投资决策）方法的选择，一旦选定了某种资本预算（投资决策）方法，经理人可能进一步操纵所运用的资本预算（投资决策）方法所涉及变量的数值，得到其希望得到的投资项目可行性结论。如此一来，全面预算的预算松弛问题可能会更为严重。

同理，基于数智时代，便捷的数据，可能显著缓解资本预算（投资决策）的信息不对称，但难以缓解利益不对称。基于利益不对称，经理人可能延缓信息的及时传递，甚至不择手段地故意藏匿信息。如此一来，利益不对称有时会反过来强化信息不对称。

综上所述，资本预算（投资决策）不仅仅是计算问题，其背后是各种利益的博弈问题。资本预算（投资决策）需要预测与投资项目相关的各种变量数值。基于数智时代，海量数据确实有助于各种变量数值的预测。但更为关键的是投资项目背后的先进技术或专利技术所处的地位或持续的商业价值。正如第 2 章所提及的，基于数智时代，技术快速迭代。技术进步可以随时创造出替代品并改变消费者的消费理念，从而改变市场的风向标，引发更为激烈的竞争，由此改写与投资项目相关的各种变量数值原先的预测前提，进而摧毁投资项目可行性结论。因此，技术进步及其深远影响才是数智时代的资本预算（投资决策）应该关注的重点。

# 6

全面预算如何落地

▶ **从一个案例说起：**

　　K 公司是一家从事消费品生产和营销的高新技术企业。K 公司引入全面预算管理理念已有两年，但精心编制的全面预算总是不能得到有效实施。为此，K 公司总经理杨先生没少在董事会上检讨。

　　K 公司总经理杨先生痛定思痛之后，下决心扭转精心编制的全面预算被束之高阁的局面。于是，K 公司总经理杨先生通过办公室发布通知，召集各个部门经理开会，复盘 K 公司实施全面预算管理理念存在的问题。

　　K 公司总经理杨先生有些沮丧地说："我知道，万事开头难。编制一份各个部门都基本接受的全面预算很难。但我真没有想到，开头之后更难，有效地执行全面预算更难，'骑虎难下'这个成语就是例证。而没有得到有效执行的全面预算，就是一份文本。公司现在有点骑虎难下，进退维谷。不过，我可以告诉各位同人，董事会已经决定公司必须坚定不移地推行全面预算管理理念。因此，今天的会议不讨论公司是否继续推进全面预算管理理念的问题，只剖析公司难以有效执行编制好的全面预算的原因或面临的困难及解决问题的对策。下面请各位同人畅所欲言。"

　　各个部门经理，你看我，我看你，没有人想先发言。K 公司总经理杨先生只好看着财务部经理齐女士，提示她发言。财务部经理齐女士只好说："其实，大家都很努力。财务部各位同事对全面预算的编制工作也很上心。但是，公司没有完全根据权责对称的原则，建立权责利'三位一体'的责任中心，从而将全面预算目标分解落实到各个责任中心。全面预算执行的结果虽然也有考核，但没有办法清晰地追踪预算执行不到位的责任者，自然没有办法真正做到奖惩分明。有些部门存在应付全面预算的现象。"

　　K 公司人力资源部经理康先生接过财务部经理齐女士的话激动地说：
"我同意小齐的观点。我也收集了一些意见。平时，也有同事私底下向我
抱怨公司奖惩不够公平，存在责任推诿问题。而且，奖励的形式过于单一，
没有针对性，缺乏激励功效。"

　　听了齐女士和康先生的发言之后，有些部门经理低头不语，有些部门
经理附和他们的观点。

　　K 公司总经理杨先生觉得差不多找到问题的症结了，也到了下班的时
间，于是总结道："既然各位同人大致都同意小齐和老康的意见，也算达成
共识了。接下来，就由财务部小齐负责完善责任中心的工作，由人力资源部
老康负责完善奖惩制度的工作。小齐和老康要经常沟通，争取全面预算能够
得到有效实施并取得预期成效。今天的会就开到这里。辛苦各位同人了。"

# 全面预算管理

　　从本质上说，全面预算是企业内部控制的一种工具，全面预算本身并不是最终目标，而只是实现目标的手段。企业如何将全面预算落到实处，化全面预算为行动，从而确保企业实现其战略目标呢？

　　这就需要借助全面预算管理。借助全面预算管理，通俗地说，就是借助全面预算的管理模式。全面预算管理是为数不多的几个能够把企业的所有关键问题融合于一个体系之中的管理控制方法之一。

## 全面预算管理的组织体系

　　如前所述，企业编制了全面预算只是企业实施全面预算管理的起点和基础。如何防止全面预算流于形式，使全面预算管理成为一种名副其实的全面的管理模式，是企业实施全面预算管理可能面临的一个现实问题。为此，企业必须建立和健全全面预算管理的组织体系，明确全面预算管理体制和各个预算执行单位的职责权限。全面预算管理的组织体系通常如图 6-1 所示。

```
                        ┌──────────────┐
                        │ 董事会或股东会 │◄──────┐
                        └──────────────┘       │
                              │          ┌────────────────┐
                              │          │ 全面预算管理决策机构 │
    ┌──────┐            ┌──────────────┐ └────────────────┘
    │ 总经理 │─────────►│ 预算管理委员会 │◄──────┘
    └──────┘            └──────────────┘
       │                      │
       │                ┌──────────────┐ ┌────────────────┐
       │                │ 预算管理工作机构 │◄│ 全面预算管理工作机构 │
       │                └──────────────┘ └────────────────┘
       │                      │
       │                ┌──────────────┐ ┌────────────────┐
       └───────────────►│ 预算责任中心  │◄│ 全面预算管理执行单位 │
                        └──────────────┘ └────────────────┘
                              │
        ┌─────────────────────┼─────────────────────┐
   ┌────────┐           ┌────────┐            ┌────────┐
   │ 投资中心 │           │ 利润中心 │            │ 成本中心 │
   └────────┘           └────────┘            └────────┘
```

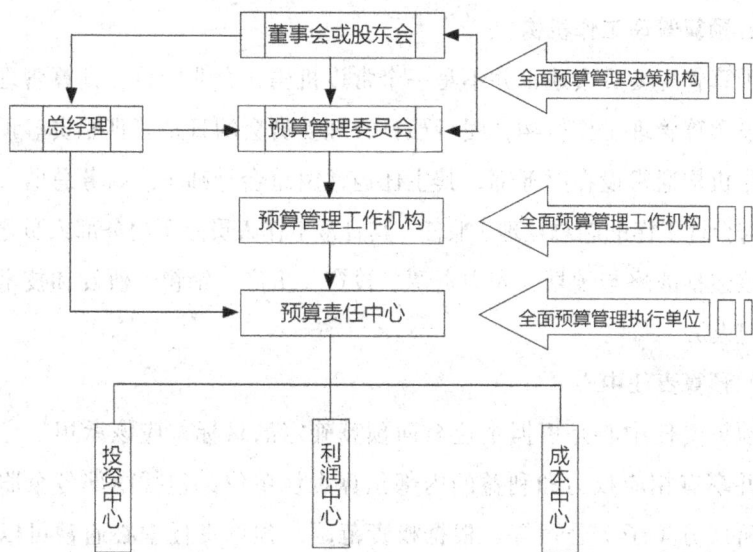

**图 6-1　全面预算管理的组织体系**

根据图 6-1，全面预算管理的组织体系通常包括全面预算管理决策机构、全面预算管理工作机构和全面预算管理执行单位三个层次。

**1. 预算管理委员会**

预算管理委员会是企业全面预算管理的决策机构，同时，也为企业实施全面预算管理提供组织保障。全面预算综合反映了企业的不同层级、不同单位在预算期间应该实现的目标和完成的任务，而企业的不同层级、不同单位的工作必须协调一致。从这个角度看，全面预算是连接企业内部不同层级和单位之间沟通与协调的桥梁。全面预算各项指标的确定就是企业内部不同层级和单位之间相互沟通与协调的结果。如前所述，全面预算的编制涉及企业的各个部门，单靠某个部门难以完成。因此，企业应该设立超越具体职能部门的预算管理委员会，以便从组织上保障全面预算的顺利实施。预算管理委员会具体负责全面预算的协调、编制和执行。如第 1 章所述，预算管理委员会通常由企业的总经理，分管战略、研发、技术、销售、生产、财务和人力资源等部门的副总经理和董事会成员组成。

### 2.预算管理工作机构

预算管理委员会通常并不是一个常设机构，企业应该在预算管理委员会下设预算管理工作机构，履行预算管理委员会的日常管理职责。预算管理工作机构通常设在财务部，其主任通常由总会计师（或财务总监、分管财务与会计工作的副总经理）兼任，其日常工作人员除了财务部人员之外，还应该包括战略与规划、人力资源、投资、生产、销售、研发和技术等业务部门人员。

### 3.预算责任中心

预算责任中心是根据企业全面预算确定的目标，应该承担一定经济责任并享有相应权力和利益的内部预算责任单位，包括内部各个职能部门、所属分（子）公司等。根据权责范围，预算责任中心通常可以分为投资中心、利润中心和成本中心。预算责任中心在预算管理委员会和预算管理工作机构的指导下，具体组织开展各自的预算编制工作并严格执行批准下达的预算。各个预算责任中心负责人应当对本责任中心的预算执行结果负责。

## 全面预算管理的基本流程

通常，全面预算管理的基本流程如图 6-2 所示。

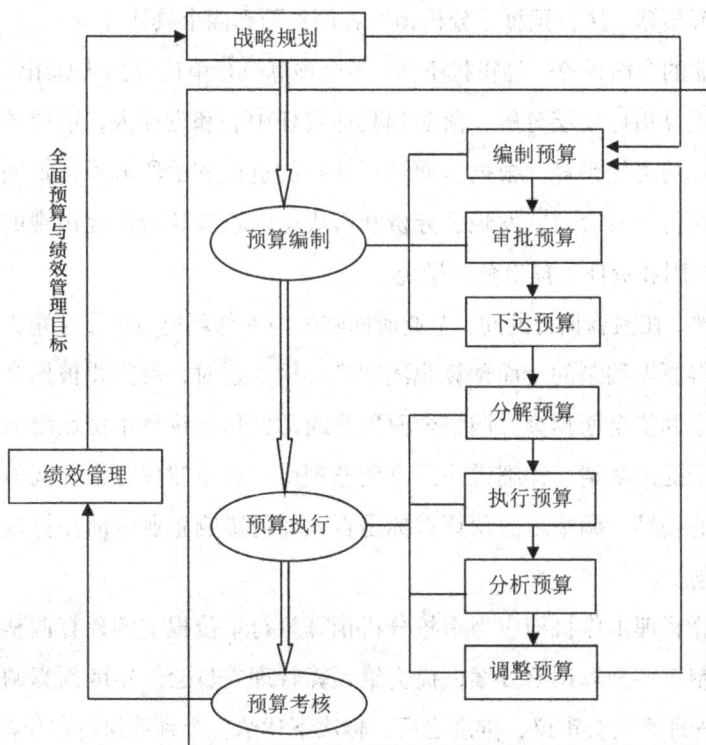

**图 6-2　全面预算管理的基本流程**

根据图 6-2，全面预算管理的基本流程通常包括预算编制、预算执行和预算考核三个阶段。

**1. 预算编制**

如前所述，预算编制是全面预算管理的起点。常言道："良好的开端是成功的一半"。编制全面预算是全面预算管理的重要阶段。不过，企业编制的全面预算必须经过预算管理委员会的审批，才能以文件形式正式下达并实施。因此，预算编制阶段包括编制预算、审批预算和下达预算三个具体环节。

**2. 预算执行**

如果企业编制的全面预算不能得到有效执行，那么，全面预算编制得再好，也没有用。因此，预算执行是全面预算管理的关键。预算执行阶段包括分解预算、执行预算、分析预算和调整预算四个具体环节。

企业的全面预算一经审批下达，各个预算执行单位应当认真组织实施，将全面预算指标层层分解，落实到具体责任中心和责任人，形成各个预算执行单位的责任预算。根据全面预算执行的进度和阶段成果，定期召开全面预算执行分析会议，发现、分析和解决全面预算执行过程出现的问题，探究其原因和责任，提出解决措施。

当然，在预算执行期间，企业所面临的内外部环境可能发生重大变化，从而使得原先编制的全面预算脱离现实环境。这时，就需要根据全面预算调整程序调整全面预算。调整全面预算通常由预算执行单位逐级向预算管理委员会提出申请，详细说明预算调整理由、调整建议方案、调整前后预算指标的差异、调整后的预算指标是否或如何影响企业全面预算目标的实现等问题。

预算管理工作机构应当审核分析预算执行单位提交的预算调整报告，集中编制年度预算调整方案，提交给预算管理委员会。年度预算调整方案经预算管理委员会审议、批准之后，再次下达给各个预算执行单位。

### 3. 预算考核

如果企业没有编制全面预算，预算考核将失去应有的基础；而没有预算考核，全面预算形同虚设。如此一来，如果企业以全面预算为基础的预算考核不严格、不合理、不到位，那么，企业的全面预算目标难以实现，全面预算管理往往流于形式。因此，企业还需要根据全面预算与绩效管理目标，建立严格的预算执行考核制度，定期考核各个预算执行单位和个人，将预算执行情况纳入考核和奖惩范围，切实做到有奖有惩、奖惩分明。

最后值得注意的是，上述全面预算管理各个环节中，预算编制与预算审批、预算审批与预算执行、预算执行与预算考核属于职责或岗位不相容的环节。这是企业设置全面预算管理基本流程必须注意的重要问题。

## 全面预算管理的特点

综上所述，全面预算管理具有以下基本特点。

### 1. 全方位

全面预算管理的"全方位"体现在企业的所有经济活动（经营活动、投资活动和筹资活动）、所有方面（人、财、物，乃至信息流）和所有环节（供、产、销，乃至投融资）都必须纳入全面预算管理的范畴。

### 2. 全过程

全面预算管理的"全过程"体现在企业各项经济活动的事前（预算编制）、事中（预算执行）和事后（预算考核）都必须纳入全面预算管理的范畴。

### 3. 全员参与

全面预算管理的"全员参与"体现在企业的内部各个部门、各个单位、各个岗位，上至最高负责人，下至各个部门负责人、各个岗位员工都必须参与全面预算的编制、执行与考核。

总之，全面预算管理是一种全方位、全过程和全员参与的企业管理模式。

# 全面预算如何转化为责任预算

全面预算目标是总括性目标。例如，某企业 20×2 年度的销售收入预算为 10 亿元。这个销售收入目标是整个企业的销售目标，需要多个部门及其员工通力合作才能达成。如果企业不把全面预算目标分解到相关部门及其员工，全面预算目标就没有意义，也不可能自然实现。因此，全面预算目标必须分解到各个部门，甚至分解到每个人，做到"纵向到底，横向到边""千斤重担众人挑，人人肩上有指标"。有鉴于此，企业必须将全面预算分解并转化为责任预算（responsibility budget）。

## 如何划分责任中心

所谓责任中心，是指企业在划分责、权的基础上，接受上级授权和规定责任，并行使其职能的有专人负责的内部单位。建立责任中心的关键就是分清责任和权力。各责任中心的责任和权力必须明确，不能含糊其辞，不能互相交叉。

当然，责任中心的责任和权力必须相互适应。承担多大责任，就赋予多大权力。权力是责任的保证。如果责任大，而权力小，则不能承担起应负的责任。如果责任小，而权力大，则可能滥用权力。赋予责任中心的权力必须与其承担的责任相适应。

企业可以根据各自的具体管理情境，按照所能够控制的范围和承担的不同责任以及管理需求，建立责任中心。责任中心通常包括成本（费用）中心（cost or expense center）、利润中心（profit center）和投资中心（investment center）三种类型。成本中心、利润中心与投资中心的关系如图 6-3 所示。

成本中心

利润中心

投资中心

**图 6-3  成本中心、利润中心与投资中心的关系**

由图 6-3 可见，投资中心包括利润中心，而利润中心包括成本中心。根据企业的具体管理情境，各类责任中心还可以进一步细分，建立各个子责任中心，如 A 成本中心、B 成本中心等。

## 责任中心的考核

全面预算分解到责任中心，便转化为责任中心的责任预算，并成为考核责任中心的依据。但各类责任中心的权力不同，预算考核的口径自然不同。

### 1. 成本中心及其考核

成本中心指有权、有责控制成本的责任中心。因此，成本中心只对成本负责，而不必对收入、利润和投资负责。例如，企业的分厂、事业部、车间、工段和班组，甚至个人都可以成为成本中心。成本中心最高负责人是负责生产的主管，如车间主任或生产部门经理。

广义的成本中心，还包括费用中心，主要指发生费用的非生产部门，如办公室、总务、财务和人事等后勤部门。成本中心与费用中心的主要区别在于：成本中心可以为企业提供一定的物质成果，但不便或不必对这些物质成果进行货币计量，而费用中心主要为企业提供一定的专业服务，通常难以产生可以用货币计量的物质成果。有些企业将费用中心单列，并将费用中心进一步细分为管理费用中心、销售费用中心和财务费用中心。

（1）成本中心的考核。

成本中心的任务就是完成责任成本指标，合理控制责任成本。成本中心考核的重点自然就是责任成本。成本中心的考核指标是责任成本差异，即责任成本的实际数与责任成本的预算数之间的差异。责任成本的有利差异或不利差异是评价成本中心工作好坏的重要标志。

成本中心只负责可控成本（controllable cost），不可控成本（uncontrollable cost）不在其职责范围之内。因此，在确定责任成本时，只计算可控成本，不予考虑不可控成本。责任成本可以用公式表述为"责任成本 = ∑各项可控成本"。区分成本的可控性是确定责任成本的前提，也是编制成本中心绩效报告的基础。

成本中心绩效报告只包括责任成本，列示预算数、实际数和差异数三项内容。成本中心绩效报告的预算数来自责任预算，实际数来自产品成本的计算资料或成本中心设立的账户。各层级责任中心（最基层除外）的绩效报告都应包括下级责任中心转来的责任成本和本身的可控成本，并形成责任链（responsibility chain）。表 6-1 是成本中心绩效报告范例。

## 表 6-1　成本中心绩效报告范例

单位：元

| 制造部第一分厂 A 车间绩效报告 | | | |
|---|---|---|---|
| 成本项目 | 预算数 | 实际数 | 差异数 |
| 工人工资 | 58 100 | 58 000 | 100/F |
| 原材料 | 32 500 | 34 225 | 1 725/U |
| 车间管理人员工资 | 6 400 | 6 400 | |
| 水电费 | 5 750 | 5 690 | 60/F |
| 折旧费 | 4 000 | 4 000 | |
| 设备维修 | 2 000 | 1 990 | 10/F |

| 制造部第一分厂 A 车间绩效报告 | | | |
|---|---|---|---|
| 成本项目 | 预算数 | 实际数 | 差异数 |
| 保险费 | 975 | 975 | |
| 合计 | 109 725 | 111 280 | 1 555/U |
| 制造部第一分厂绩效报告 | | | |
| 成本项目 | 预算数 | 实际数 | 差异数 |
| A 车间 | 109 725 | 111 280 | 1 555/U |
| B 车间 | 190 500 | 192 600 | 2 100/U |
| C 车间 | 149 750 | 149 100 | 650/F |
| 合计 | 449 975 | 452 980 | 3 005/U |
| 制造部绩效报告 | | | |
| 成本项目 | 预算数 | 实际数 | 差异数 |
| 第一分厂 | 449 975 | 452 980 | 3 005/U |
| 第二分厂 | 395 225 | 394 300 | 925/F |
| 合计 | 845 200 | 847 280 | 2 080/U |

注：U表示实际数高于预算数而产生的不利差异（unfavorable variance），F表示实际数低于预算数而产生的有利差异（favorable variance）。

费用中心通常采用目标管理，控制其费用支出。

值得注意的是，凡是某个责任中心可以控制的成本，无论发生在何处，都应记入该责任中心设立的账户。虽然发生在某个责任中心但并非该责任中心所能控制的支出，则不能记入该责任中心设立的账户，而应转给相关责任中心。

（2）成本中心的成本差异分析。

其实，计算出责任成本的预算数与实际数之间的差异即成本差异（cost variance），只是一个简单的算术问题，而揭示出成本差异背后的原因及其责任归属才是一个管理问题。

正如第3章所述，编制成本预算就相当于确定标准成本。有鉴于此，标准成本法的成本差异分析（cost variance analysis）就可以派上用场。成本差异的出现，可能是标准成本本身的问题，如标准成本定得过高或过低。在这种情况下，经理人应该考虑调整或重新确定标准成本。如果标准成本本身没有问题，经理人就应该实施成本差异分析，针对其性质找出成本差异发生的原因（尤其是不利差异），明确成本差异是否可以控制、由谁负责控制、如何控制，尽可能消除或减少不利差异，同时合理扩大有利差异，以便有效地控制成本。

如前所述，标准成本包括直接材料标准成本、直接人工标准成本、变动性制造费用标准成本和固定性制造费用标准成本四部分。成本差异同样由直接材料成本差异、直接人工成本差异、变动性制造费用差异、固定性制造费用差异四部分组成。各个标准成本项目都可以分解为标准用量和标准价格，成本差异也相应地分为用量差异和价格差异。成本差异的通用计算公式为：

成本差异 = 实际成本 – 标准成本 = 实际用量 × 实际价格 – 标准用量 × 标准价格

上述公式表明，影响成本差异的因素是价格和用量。为了区分价格和用量对成本差异的具体影响，在上述公式的右边同时加减"实际用量 × 标准价格"，再合并分析得到：

成本差异 = 实际用量 × 实际价格 – 实际用量 × 标准价格 + 实际用量 × 标准价格 – 标准用量 × 标准价格

= 实际用量 ×（实际价格 – 标准价格）+（实际用量 – 标准用量）× 标准价格

= 价格差异 + 用量差异

值得注意的是，上述成本差异通用计算公式中，价格差异的共同因子为实际用量，而用量差异的共同因子为标准价格。成本差异通用计算公式的基本原理如图 6-4 所示。

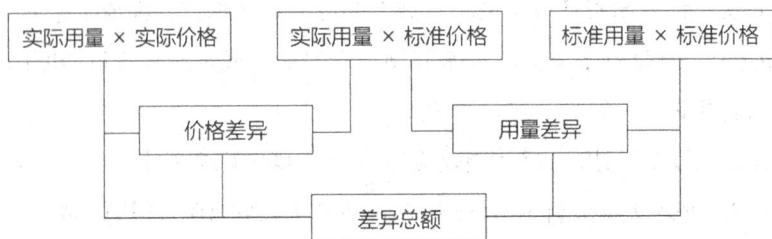

**图6-4 成本差异通用计算公式的基本原理**

将成本差异分解成价格差异和用量差异，其目的在于从价格和用量两方面寻找成本差异形成的原因。价格差异和用量差异通常发生在不同的时点或部门，由不同部门或人负责。例如，直接材料的价格差异通常发生在采购过程，一般由采购部门负责；用量差异则发生在生产过程，通常由生产部门负责。

（1）直接材料成本差异分析。

直接材料成本差异是指直接材料实际成本偏离其标准成本所形成的差异，可以分解为直接材料价格差异和直接材料用量差异。

直接材料价格差异（direct material price variance）是指企业在材料采购过程所形成的标准价格与实际价格之间的差异。其计算公式为：

直接材料价格差异 = 实际用量 × 实际价格 − 实际用量 × 标准价格

= 实际用量 × （实际价格 − 标准价格）

导致直接材料价格差异的因素比较多，如采购批量、送货方式、供应商根据购货量提供的商业折扣、购入材料等级、采购时间等。其中任何一个因素与预期存在偏差，都可能导致直接材料价格差异。直接材料价格差异通常由材料采购部门负责，但其他相关部门的决策或行为也可能导致直接材料价格差异。例如，生产部门临时更改或制定新的生产计划，要求材料采购部门以最快速度提供所需的原材料，材料采购部门则难以选择价格较低廉的运输方式，也难以按最优惠条件采购原材料。此时，直接材料价格差异就应该由生产部门负责。

直接材料用量差异（direct material usage variance）是指企业在生产过程所形成的标准用量与实际用量之间的差异。其计算公式为：

直接材料用量差异 = 实际用量 × 标准价格 − 标准用量 × 标准价格

= 标准价格 × （实际用量 − 标准用量）

导致直接材料用量差异的因素也比较多，如设备故障、原材料质量不佳、员工技术不熟练、经理人监管不力、产品质量标准提高等。由于直接材料用量差异通常在企业生产或加工产品、耗费原材料过程形成，因此，通常应由生产部门负责。不过，直接材料用量差异有时可能由生产部门不可控因素引起。例如，采购部门为了获得较优惠的采购价格，购入了质量等级或规格不符合要求的原材料，从而导致加工过程过度消耗材料。此时，直接材料用量差异就应由采购部门负责。

【例 6-1】E 公司只生产和销售 A 产品。其 20×1 年 3 月直接材料成本差异分析如表 6-2 所示。

表 6-2　E 公司直接材料成本差异分析

| 项目 | 用量 / 千克 | 单价 / 元·千克 $^{-1}$ | 金额 / 元 |
|---|---|---|---|
| 标准成本 | 15 000 | 4.00 | 60 000 |
| 实际成本 | 14 740 | 4.05 | 59 697 |
| 直接材料成本差异 | | 60 000−59 697=303（F） | |
| 直接材料价格差异 | | （14 740×4.05）−（14 740×4.00）=737（U） | |
| 直接材料用量差异 | | （14 740×4.00）−（15 000×4.00）=−1 040（F） | |
| 直接材料成本差异 | | −1 040（F）+737（U）=−303（F） | |

根据表 6-2，E 公司 A 产品的直接材料实际价格（4.05 元 / 千克）高于其标准价格（4.00 元 / 千克），直接材料价格差异为不利差异 737 元；而 A 产品的直接材料实际用量（14 740 千克）低于其标准用量（15 000 千克），直接材料用量差异为有利差异 1 040 元。综合直接材料的价格差异与用量差异，直接材料成本差异总额为有利差异 303 元即（1 040−737）元。

上述分析过程可用图 6-5 表示。

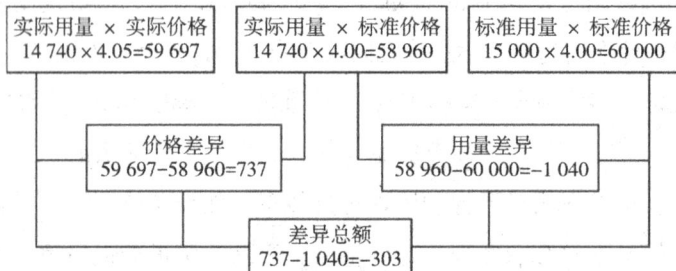

图 6-5　直接材料成本差异分析

（2）直接人工成本差异分析。

直接人工成本差异的确定方式与直接材料成本差异的确定方式相似，其区别在于价格差异为直接人工工资率差异，用量差异则为直接人工效率差异。

如果企业实际支付的工资率偏离了预定的标准工资率，就会产生直接人工工资率差异（direct labor rate variance）。其计算公式为：

直接人工工资率差异 = 实际工时 × 实际工资率 – 实际工时 × 标准工资率
= 实际工时 ×（实际工资率 – 标准工资率）

通常，直接人工工资率是聘用合同载明的条款之一，实际支付额与预算额不会出现差异。但是，依然存在许多因素可能导致直接人工工资率差异。例如，企业的人力资源配置不当，在生产经营过程降级或升级使用员工，从而引起平均工资率的变动、员工人数的增减或薪酬的增减、总体工资水平变动等。

直接人工效率差异（direct labor efficiency variance）是指企业在生产过程所耗用的实际工时数偏离标准工时数形成的差异。其计算公式为：

直接人工效率差异 = 实际工时 × 标准工资率 – 标准工时 × 标准工资率
= 标准工资率 ×（实际工时 – 标准工时）

企业员工生产经验不足、原材料质量不符合要求、设备运转不正常、一线经理人监管不力、工作环境条件不佳、引进新设备或生产方法等诸多因素都可能导致直接人工效率差异。直接人工效率差异通常由生产部门负责，但生产部门不可控因素（如材料质量问题）导致的效率低下，则应该由相关部门负责。

【例6-2】E公司只生产和销售A产品。其20×1年3月直接人工成本差异分析如表6-3所示。

表6-3 E公司直接人工成本差异分析

| 项目 | 工时数/小时 | 工资率/元·小时$^{-1}$ | 金额/元 |
|---|---|---|---|
| 标准成本 | 5 200 | 11.80 | 61 360 |
| 实际成本 | 5 000 | 12.60 | 63 000 |

续表

| 项目 | 工时数 / 小时 | 工资率 / 元·小时$^{-1}$ | 金额 / 元 |
|---|---|---|---|
| 直接人工成本差异 | | | 63 000–61 360=1 640（U） |
| 直接人工工资率差异 | | （5 000×12.60）–（5 000×11.80）=4 000（U） | |
| 直接人工效率差异 | | （5 000×11.80）–（5 200×11.80）=–2 360（F） | |
| 直接人工成本差异 | | 4 000（U）–2 360（F）=1 640（U） | |

根据表 6-3，E 公司的 A 产品的直接人工实际工资率（12.60 元 / 小时）高于其标准工资率（11.80 元 / 小时），直接人工工资率差异为不利差异 4 000 元；而 A 产品的直接人工实际工时（5 000 小时）少于其标准工时（5 200 小时），直接人工效率差异为有利差异 2 360 元。综合直接人工的工资率差异与效率差异，直接人工成本差异总额为不利差异 1 640（4 000–2 360）元。

上述分析过程可用图 6-6 表示。

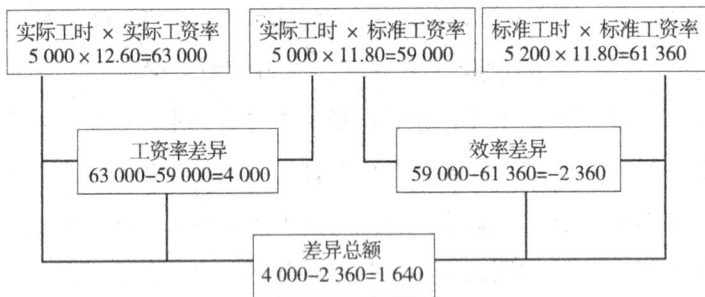

**图 6-6 直接人工成本差异分析**

如前所述，许多自动化程度很高的企业已经出现了无人车间或无灯车间，计算机或机器人代替了人，即"机器换人"。如此一来，直接人工变得越来越不重要，直接人工成本差异分析的重要性自然也随之下降。

（3）变动性制造费用差异分析。

从成本性态的角度看，变动性制造费用与直接材料成本、直接人工成本相同，主要由用量（工时）与价格（分配率）决定。因此，变动性制造费用差异也可以分解为价格差异与用量差异两部分。

变动性制造费用的价格差异是指变动性制造费用分配率偏离了标准分配率而形成的差异，也称为变动性制造费用耗费差异（variable overhead spending variance）。其计算公式为：

变动性制造费用耗费差异 = 实际工时 × 变动性制造费用实际分配率 − 实际工时 × 变动性制造费用标准分配率

= 实际工时 ×（变动性制造费用实际分配率 − 变动性制造费用标准分配率）

变动性制造费用耗费差异可能因实际价格水平高于变动性制造费用预算，造成各项变动性制造费用的实际成本高于标准成本，形成不利差异；也可能由制造费用项目的过度使用或浪费引起。

变动性制造费用的用量差异是指实际工时偏离标准工时而形成的差异，也称为变动性制造费用效率差异（variable overhead efficiency variance）。其计算公式为：

变动性制造费用效率差异 = 实际工时 × 变动性制造费用标准分配率 − 标准工时 × 变动性制造费用标准分配率

= 变动性制造费用标准分配率 ×（实际工时 − 标准工时）

变动性制造费用效率差异产生的原因与直接人工效率差异产生的原因基本相同。

【例6-3】E公司只生产和销售A产品。其20×1年3月变动性制造费用差异分析如表6-4所示。

表6-4　E公司变动性制造费用差异分析

| 项目 | 工时数 / 小时 | 分配率 / 元·小时$^{-1}$ | 金额 / 元 |
|---|---|---|---|
| 标准成本 | 1 200 | 6.00 | 7 200 |
| 实际成本 | 1 300 | 5.80 | 7 540 |
| 变动性制造费用差异 | | | 7 540−7 200=340（U） |

| 项目 | 工时数 / 小时 | 分配率 / 元·小时 $^{-1}$ | 金额 / 元 |
|---|---|---|---|
| 变动性制造费用耗费差异 | | （1 300×5.80）−（1 300×6.00）=−260（F） | |
| 变动性制造费用效率差异 | | （1 300×6.00）−（1 200×6.00）=600（U） | |
| 变动性制造费用差异 | | −260（F）+600（U）=340（U） | |

根据表 6-4，E 公司 A 产品的变动性制造费用实际分配率（5.80 元 / 小时）低于其标准分配率（6.00 元 / 小时），变动性制造费用耗费差异为有利差异 260 元；而 A 产品的变动性制造费用实际工时（1 300 小时）多于其标准工时（1 200 小时），变动性制造费用效率差异为不利差异 600 元。综合变动性制造费用耗费差异与效率差异，变动性制造费用差异总额为不利差异 340（−260+600）元。

上述分析过程可用图 6-7 表示。

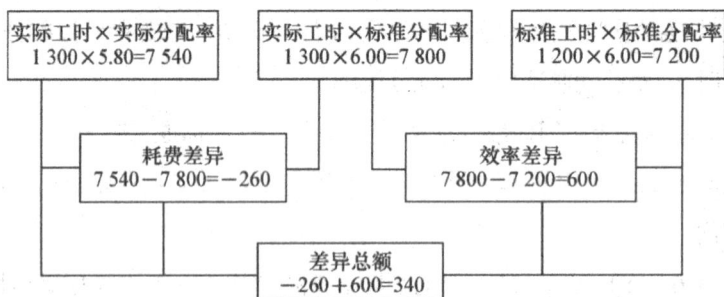

**图 6-7　变动性制造费用差异分析**

（4）固定性制造费用差异分析。

与前述直接材料成本、直接人工成本和变动性制造费用不同，在相关范围内，固定性制造费用不随销售（业务）量的变动而变动。固定性制造费用主要采用总额预算控制，即主要考查实际发生的固定性制造费用与事先预计的固定性制造费用之间是否存在差异，从而评价企业的固定性制造费用是否超过预算水平，企业的设备规模是否适当，设备和生产能力是否得到有效运用。因此，固定性制造费用差异分析，不再从价格和用量方面着手，而是以固定性制造费用预算为参照，将其分解为耗费差异和能量差异。

固定性制造费用耗费差异（fixed overhead spending variance）是指实际发生的固定性制造费用与固定性制造费用预算之间的差额。其计算公式为：

固定性制造费用耗费差异 = 固定性制造费用实际发生额 – 固定性制造费用预算额

固定性制造费用能量差异（fixed overhead capacity variance）是指基于预算产量的固定性制造费用与基于实际产量的固定性制造费用之间的差额。其计算公式为：

固定性制造费用能量差异 = 基于预算产量的固定性制造费用 – 基于实际产量的固定性制造费用

= 固定性制造费用分配率 ×（基于预算产量的标准工时 – 基于实际产量的标准工时）

能量差异，又称为生产能力利用差异。固定性制造费用预算与已分配的固定性制造费用之间的差额，反映了企业的生产能力利用程度的差异。如果企业的实际产量小于预计产量，生产能力利用不足，固定性制造费用预算大于平时按标准分配率结转至生产成本的固定性制造费用，将形成不利差异；如果企业的实际产量大于预计产量，生产能力超额使用，已分配的固定性制造费用超过固定性制造费用预算，将形成有利差异。

解决能量差异的主要措施是充分、合理地利用现有生产能力。能量差异与企业的组织设计有关[1]。

【例6-4】E公司只生产和销售A产品。其20×1年3月固定性制造费用相关数据如表6-5所示。

_____

[1] 目前流行的"去产能"主要就是为了解决能量差异问题。

表 6-5　E 公司固定性制造费用相关数据

| 项目 | 相关数据 |
| --- | --- |
| 固定性制造费用预算额 | 30 000 元 |
| 固定性制造费用实际发生额 | 28 700 元 |
| 直接人工工时预算 | 1 000 小时 |
| 单位产品标准工时 | 0.01 小时/件 |
| 固定性制造费用标准分配率 | 30.00 元/小时 |
| 预算产量 | 100 000 件 |
| 实际产量 | 90 000 件 |

根据表 6-5 的资料，固定性制造费用差异分析如下。

固定性制造费用差异 =28 700−27 000=1 700（元）（U）

固定性制造费用耗费差异 = 固定性制造费用实际发生额 − 固定性制造费用预算额

=28 700−30 000=−1 300（元）（F）

固定性制造费用能量差异 = 基于预算产量的固定性制造费用 − 基于实际产量的固定性制造费用

=30.00 × 0.01 × 100 000−30.00 × 0.01 × 90 000

=30 000−27 000=3 000 元（U）

固定性制造费用差异 =−1 300 元（F）+ 3 000 元（U）=1 700 元（U）

上述分析过程可用图 6-8 表示。

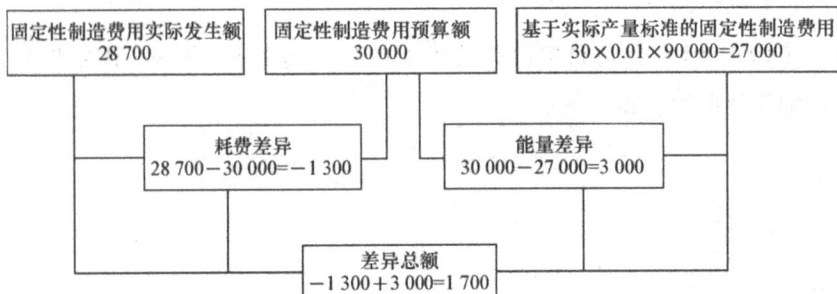

图 6-8　固定性制造费用差异分析

根据图 6-8，E 公司的 A 产品的固定性制造费用实际发生额（28 700 元）低于预算额（30 000 元），形成有利差异（1 300 元）；E 公司的 A 产品的实际产量（90 000 件）也低于预算产量（100 000 件），形成 10 000 件的产能差异，相应地就存在 3 000（10 000 × 0.01 × 30.00）元的固定性制造费用无法分配[①]，从而产生不利的能量差异 3 000 元。综合固定性制造费用耗费差异与能量差异，固定性制造费用差异总额为不利差异 1 700（-1 300+3 000）元。

企业的实际产量与预算产量不符的原因主要包括产品市场供求关系的变化、原材料短缺、生产计划安排不当、设备故障、存在劳资纠纷以及员工工作效率不能达到预期要求等。

最后值得注意的是，所有成本差异都是一个重要的信号，提醒经理人关注其背后隐藏的问题。

### 2. 利润中心及其考核

利润中心指有权、有责控制企业利润的责任中心。因此，利润中心是企业能够独立核算，又有收入来源，比成本中心更高层次的责任中心（如事业部、分厂等），而且利润中心的内部职能机构完整，又有独立的产品和市场。利润中心有权定价、定产、购料和聘用或解聘员工，负责利润中心的全部经营活动，即供、产、销、人事、财务、人员培训等各项业务。

利润中心可以是自然形成的利润中心（physical profit center），也可以是人为设定的利润中心（suppositional profit center）。企业在外部市场出售产品或劳务，具有实际收入并获得利润的中心就是自然形成的利润中心。产品或劳务不在外部市场出售，只是基于管理需求而在企业的内部单独核算，相互转账，从而取得虚拟利润，并以此作为绩效考核的标准。这样的利润中心就是人为设定的利润中心。例如，化肥厂的合成氨车间，其产品对外销售，获

---

① 如果实际产量超过预算产量，固定性制造费用将出现超额分配现象，从而出现有利的能量差异。

得真正的收入和利润。这时，合成氨车间是自然形成的利润中心。如果将合成氨作为原材料作价转给碳氢车间。这时，合成氨车间就是人为设定的利润中心。由此可见，成本中心通常都可以是人为设定的利润中心，因为成本中心的产品或劳务可以设定内部转移价格（interdivisional transfer price）。

较大规模的利润中心通常还设有若干个小的利润中心。在利润中心内部可以包括收入中心、成本中心和费用中心。

利润中心的考核指标是边际贡献或税前利润。利润中心绩效报告同样列示预算数、实际数和差异数。对于利润中心不能直接控制的固定成本（费用）通常不予分摊。这样，利润中心的收入减去变动成本（费用）总额之后的差额是边际贡献，而不是税前利润。整个企业的边际贡献减去固定成本（费用）总额才是税前利润。表 6-6 是利润中心绩效报告范例。

### 表 6-6　利润中心绩效报告

单位：元

| 项目 | 预算数 | 实际数 | 差异数 |
|---|---|---|---|
| 销售收入 | 245 000 | 248 000 | 3 000（F） |
| 减：变动成本（费用）总额 | 112 000 | 113 000 | 1 000（U） |
| 边际贡献 | 133 000 | 135 000 | 2 000（F） |
| 减：固定成本（费用）总额 | 32 000 | 43 400 | 11 400（U） |
| 税前利润 | 101 000 | 91 600 | 9 400（U） |

### 3. 投资中心及其考核

投资中心指有权、有责控制企业投资的责任中心。投资中心不仅要对成本、利润负责，而且要对其投放的全部资金和效果负责。投资中心比利润中心的规模更大，层次更高，如总公司、事业部、分公司等。投资中心以企业有效运用资金并获得利润为宗旨，拥有充分的投资决策权和经营权。

投资中心不仅要对成本、利润负责，而且要对企业占用的全部投资负责。因此，对投资中心的考核除了包括利润中心考核的内容外，还应包括对投资效益的考核。投资中心的考核指标主要有投资收益率（Return On Investment，ROI）和剩余收益（Residual Income，RI）。

（1）投资收益率。

投资收益率指息税前利润（Earning Before Interest and Tax，EBIT）与经营性资产平均余额的比值。其计算公式为：

投资收益率 =（息税前利润 / 经营性资产平均余额）× 100%

投资收益率计算公式的分子之所以用息税前利润，是因为投资收益率指标衡量投资中心运用经营性资产的成效（资源使用效益），而利息和所得税是投资中心运用经营性资产的结果。作为绩效评价指标，投资收益率得到广泛的运用，但也存在缺陷：基于自身利益考虑，经理人可能拒绝接受有利于整体企业利益的投资项目，投资收益率指标可能导致局部目标（利益）与整体目标（利益）发生冲突。

【例 6-5】假设 E 公司的甲投资中心占用经营性资产平均余额为 3 000 000元，息税前利润为 360 000 元。现有一项业务，需要新投入资金的平均余额为 200 000 元，其息税前利润为 20 000 元。假设 E 公司期望的最低收益率为 8%。

根据上述资料，E 公司的甲投资中心原有业务的投资收益率和新业务的投资收益率为：

原有业务的投资收益率 =（360 000 ÷ 3 000 000）× 100% = 12%

新业务的投资收益率 =（20 000 ÷ 200 000）× 100% = 10%

显然，新业务的投资收益率超过 E 公司期望的最低收益率，基于 E 公司的整体利益，甲投资中心应该投资该项新业务。但如果甲投资中心投资了该项新业务，其投资收益率为：

投资新业务后的投资收率 =［（360 000 + 20 000）÷（3 000 000 + 200 000）］× 100% = 11.875%

这时，E 公司的甲投资中心投资收益率从原来的 12% 下降到 11.875%，基于甲投资中心的局部利益，甲投资中心可能拒绝投资该项新业务。由此，甲投资中心的局部利益（目标）与 E 公司的整体利益（目标）发生冲突。

（2）剩余收益。

剩余收益是指投资中心的息税前利润扣减其经营性资产平均余额按最低收益率计算的投资收益之后的余额。其计算公式为：

剩余收益 = 息税前利润 – 经营性资产平均余额 × 最低收益率

剩余收益与投资收益率相似，都把息税前利润与投资额体现在一个指标上。不过，作为绩效评价指标，剩余收益指标可能鼓励投资中心接受有利的投资项目，使局部目标（利益）与整体目标（利益）趋于一致。

【例 6-6】沿用【例 6-5】，假设 E 公司的甲投资中心采用剩余收益作为绩效评价指标，那么，其原有业务的剩余收益和新业务的剩余收益分别为：

原有业务的剩余收益 =360 000–3 000 000 × 8% =120 000（元）

新业务的剩余收益 =20 000–200 000 × 8% =4 000（元）

如果甲投资中心投资了该项新业务，其剩余收益为：

投资新业务后的剩余收益 =（360 000 + 20 000）–（3 000 000 + 200 000）× 8%=124 000（元）

显然，甲投资中心投资了该项新业务之后，其剩余收益增加了 4 000 元。因此，甲投资中心可能会投资该项新业务。由此，甲投资中心的局部利益（目标）与 E 公司的整体利益（目标）趋于一致。

在实践中，投资收益率指标与剩余收益指标通常结合运用[①]。值得指出的是，剩余收益指标已经演化为当今流行的经济增加值（Economic Value Added，EVA）指标。

---

① 根据第 5 章的讨论，除了会计收益率法，资本预算（投资决策）方法采用现金流量指标评价企业的资源配置效益，而这里却采用利润指标评价企业的资源使用效益。显然，资源配置效益评价与资源使用效益评价相脱节。为了解决这个问题，需要引入现金回收率和剩余现金流量两个指标。其基本计算公式分别为"现金回收率 = 经营性现金流量 / 经营性资产平均余额"和"剩余现金流量 = 经营性现金流量 – 经营性资产平均余额的资本成本"。

## 内部转移价格

如前所述，内部各责任中心既相互联系，又相互独立。各责任中心之间经常相互提供产品或劳务。为了合理地评价企业内部各责任中心的经营绩效，明确区分各自的经济责任，使各个责任中心的绩效评价与考核建立在合理的基础上，充分调动各责任中心的积极性，必须根据各责任中心的具体特点，制定具有合理依据的内部转移价格。

所谓内部转移价格，是指企业内部各责任中心之间相互结算或相互转账所选用的一种计价标准。从理论上说，制定内部转移价格应当同时满足三个激励标准：（1）为评价各责任中心的经营绩效提供合理基准；（2）激励各责任中心的经理人更好地从事经营活动；（3）促进各责任中心与企业整体之间的目标相一致。

但是，在实践上可能存在矛盾。适用于评价责任中心经营绩效的内部转移价格可能使责任中心的局部目标与企业的整体目标产生冲突；能够提供有效激励的内部转移价格，却可能使为企业的长期成功做出重大贡献的责任中心在其绩效报告上出现亏损。也许，世间并不存在一种适合各种目的的内部转移价格。既可以说，任何一种内部转移价格都合理，又可以说，任何一种内部转移价格都不合理。

尽管世间并没有完美的内部转移价格，"鱼和熊掌不可兼得"，但企业不能不采取行动，更不能没有制定内部转移价格的实践。在实践中，目前内部转移价格主要包括以下几种。

### 1. 市场价格

以市场价格作为内部转移价格意味着企业内部各责任中心都立足于独立自主的基础上，可以自由地从外部而不从内部从事购销业务。同时，存在一个可供利用的市场价格。以正常的市场价格作为内部转移价格有一个明显的特点就是作为购买方的责任中心可以将内部转移价格与外部购入产品市场价格相比较。

如果作为销售方的责任中心要价高于市场价格，那么，作为购买方的责任中心可以"舍内求外"，而不必为此支付更多代价。当然，作为销售方的责任中心不可能从作为购买方的责任中心获得比对外销售更多的收入。这是合理评价各个责任中心的经营成果，并更好地发挥其生产经营活动的主动性和积极性的一个重要条件。

必须注意的是，作为购买方的责任中心从外部购入产品，将导致企业的部分生产能力闲置，与此同时又从向外部购入产品得到一定的好处。此时，就应该权衡作为购买方的责任中心向外部购入产品所得到的好处与企业生产能力闲置而受到的损失。如果好处能够抵补损失，则允许作为购买方的责任中心从外部购入产品，否则，作为购买方的责任中心必须服从企业的整体目标。

从绩效评价角度看，以市场价格作为内部转移价格，将有利于作为销售方的责任中心。这是因为产品由企业内部供应，可以节省许多营销、商业信用方面的费用。而直接以市场价格作为内部转移价格，这方面所节约的费用全部表现为作为销售方的责任中心的经营绩效，作为购买方的责任中心得不到任何好处，可能会引起作为购买方的责任中心的不满。

### 2. 协议的内部转移价格

为了解决直接以市场价格作为内部转移价格所存在的问题，各责任中心也可能以正常的市场价格为基础，由相关责任中心的经理人定期协商确定一个各方都愿意接受的内部转移价格作为内部计价或结算的依据。

当然，这要求中间产品存在相应的买卖或交易市场。该市场使购、销双方可以决定是否买卖这种中间产品。任何通过协议制定的内部转移价格都表示这种选择权利的存在。另外，外部市场的存在，可以减少协商过程讨价还价的余地。

不过，经过协商确定内部转移价格还是不可避免地要花费很多时间，而且还会耗费很多人力和物力。如果需要协议的产品相当多，可能耗费大量的时间和人力，各责任中心常常争吵不休而无法取得结果，同时又不利于彼此之间的合作。

这种方法的另一个问题是：如果各责任中心的经理人之间难以确定各

方都愿意接受的内部转移价格，通常需要由其较高层级经理人做出公断。这时，可能导致基于这种内部转移价格的绩效评价成为问题，而且使各责任中心的自主权化为乌有，更难以起到激励的作用。

### 3. 以成本为基础的内部转移价格

以产品成本作为内部转移价格是制定内部转移价格最简单的方法。当然，这里的"成本"涉及完全成本、标准成本、变动成本等不同成本概念。这些不同的成本概念对存货计价与收益确定、绩效评价将产生不同的影响。

完全成本（实际成本）资料具有现成可用的特点，不必为制定内部转移价格而增加费用。不过，以完全成本作为内部转移价格，将使作为产品（半产品）的销售方的责任中心得不到任何利润。所有利润都将体现在作为购买方的责任中心的账上。

由于作为销售方的责任中心的成本全部转给作为购买方的责任中心，因此对作为销售方的责任中心缺乏控制成本的激励作用。作为销售方的责任中心，其成本无论高低都将全额转给作为购买方的责任中心。因此，作为购买方的责任中心要承担不受其控制的成本。如果以此为依据，评价各责任中心的工作成效并据以奖励，就可能产生偏差，不能取得应有的效果。

为了弥补上述缺陷，可以采用某种形式的标准（预算）成本作为内部转移价格。采用标准成本作为内部转移价格可以较好地减少低效率问题，有利于明确经济责任，便于正确评价各自的经营绩效。但无论是以实际成本还是以标准成本作为内部转移价格，作为销售方的责任中心，其固定成本在作为购买方的责任中心将作为变动成本处理。

由此，便产生以变动成本作为内部转移价格的想法。然而，可能出现以下问题：（1）以变动成本作为内部转移价格可能使作为购买方的责任中心过分有利；（2）由于只计算责任中心的变动成本，不能用投资收益率和剩余收益评价该责任中心的绩效，只适用于成本中心；（3）如果无限制地将一个责任中心的变动成本转移给另一个责任中心，不利于激励成本中心合理地控制成本。

总体而言，以成本为内部转移价格是制定内部转移价格相对简单和不完善的方法。但对于包含秘方以及专利等不存在市场价格，或者没有外部市场的中间产品，以成本为内部转移价格仍不失为一种行之有效、合理的制定内部转移价格的方法。

**4. 双重内部转移价格**

双重内部转移价格（dual interdivisional transfer price ）是指对中间产品，作为销售方和购买方的责任中心分别采用不同的内部转移价格。例如，作为销售方的责任中心按协商的市场价格作为内部转移价格，而对作为购买方的责任中心则将作为销售方的责任中心的单位变动成本作为内部转移价格。

双重内部转移价格采用有区别地定价的方法，有利于作为购买方的责任中心合理地做出经营决策，避免因内部转移价格高于外部市场价格，从外部进货，而不从内部购买，从而出现作为销售方的责任中心的部分生产能力闲置，无法充分利用的情况。

双重内部转移价格也有利于提高作为销售方的责任中心在生产经营过程充分发挥主动性和积极性。双重内部转移价格可以促使作为购买方的责任中心从企业的整体观点做出合理的经营决策，较好地适应不同方面的实际需求，进而较好地解决目标一致性、激励等问题。

总而言之，内部转移价格没有放之四海而皆准的套路，顾此可能失彼。内部转移价格的选择必须权衡企业的战略、行业特征和经理人偏好。

# 他山之石：XL 集团如何运用标准成本法

下面是"XL 集团如何运用标准成本法"案例。[①]

**1. XL 集团简介**

XL 集团是 20 世纪 90 年代中期在广东成立的民营企业。刚开始，XL

---

① 本案例的基本素材改编自刘运国、邓凯：《标准成本法在某日用化工企业应用的案例研究：以 XL 集团为例》（刊载于《财会通讯》2010 年第 6 期和第 7 期）。征得刘运国同意，加以引用。

集团只生产和销售洗衣粉和洗洁精两种产品。当时，高档日化产品已经被外资品牌占领，而国内一些国有企业知名品牌由于改革和机制存在问题。XL 集团利用灵活的渠道销售经营策略、过硬的产品质量和较低的产品价格迅速抢占了洗衣粉和洗洁精的中档市场，并逐步壮大。在发展初期，XL 集团采用先建市场，开拓品牌，再建工厂的策略，产品几乎全部以原始设备制造的方式生产。当销售量扩大到一定程度后，在 1996 年才建设 XL 集团的第一个生产基地。在 2003 年，XL 集团开始以收购兼并的方式扩张。到目前为止，该集团已经形成拥有 11 家生产子公司，产品范围涵盖衣物洗涤、衣物护理、洗洁精、个人护理、口腔清洁、家居清洁、纸品、消毒杀菌等八大类一百多个品种的日用化工企业集团。该集团的洗衣粉、洗洁精和洗衣肥皂均列全国市场占有率前五名，集团已经发展成为代表民族日用化工的标杆企业和旗舰型企业。

### 2.XL 集团实施标准成本法的成效

XL 集团各子公司为了推进标准成本法，实现成本下降的目标，制定了各种方案，将目标层层分解，落实到基层班组，把成本下降的 70% 与员工的个人绩效挂钩，奖惩结果按季度兑现，充分调动了全体员工的积极性和主动性。XL 集团各子公司的生产车间纷纷通过"头脑风暴"充分挖掘成本潜能，降低制造成本，同时发挥管理者精神，事事精打细算。2008 年 XL 集团在人员增加且物价上涨的前提下，实现了管理费用比 2007 年实际发生额降低约 400 万元，产品的制造成本更是比标准下降了 2 600 多万元。XL 集团 2008 年成本降低情况如表 6-7 所示。

表 6-7　XL 集团 2008 年成本降低情况

| 序号 | 项目 | 定额 / 万元 | 实际 / 万元 | 降低额 / 万元 | 降低率 |
|---|---|---|---|---|---|
| 1 | 原料 | 301 039.70 | 298 702.30 | 2 337.40 | 0.78% |
| 2 | 包装材料 | 95 469.40 | 95 433.00 | 36.40 | 0.04% |
| 3 | 能源 | 6 620.90 | 6 308.90 | 312.00 | 4.71% |
| 4 | 直接人工 | 5 158.40 | 5 696.60 | −538.20 | −10.43% |

续表

| 序号 | 项目 | 定额／万元 | 实际／万元 | 降低额／万元 | 降低率 |
|------|------|-----------|-----------|-------------|--------|
| 5 | 其他制造费用 | 2 619.50 | 2 124.20 | 495.30 | 18.91% |
| 6 | 管理费用 | 4 113.20 | 3 711.27 | 401.93 | 9.77% |
| 7 | 合计 | 415 021.10 | 411 976.27 | 3 044.83 | 0.73% |

从表6-7可得出，XL集团的成本降低额中，原料的成本降低额占了成本降低总额的76.77%，成本降低幅度最大，能够取得这么好的效果，有产量增加带来的消耗降低、技术改造带来的消耗节约、工艺控制水平提高产生的效益等三方面的原因。各种因素相互影响，共同产生效益，要精确计算各因素产生的成本控制效益的具体金额比较困难，所以不能说XL集团2008年所获得的成本降低额全部都是实施标准成本法所带来的，但在将XL集团总部技术管理部提出的专项技术改造带来的860万元效益和产量增加带来的规模效益260万元剔除后，可以确定大约有1 217万元的原料成本降低额是各子公司通过自身的努力实现的。

从表6-7中还可以看到，XL集团2008年的直接人工是上升的。这是因为XL集团采用计件工资制支付工人工资，企业为了留住熟练工人，计件单价必须随社会平均工资的上涨而上调，所以，直接人工的上升很难避免。但是，除直接人工之外，其他成本项目均降低，而且原料的成本降低额最大。这与XL集团以控制材料成本为主的目标相符，说明XL集团实施的标准成本法取得了显著实效。

**3.XL集团实施标准成本法的经验**

XL集团实施标准成本法的主要经验如下。

（1）成本管理方法的选择要与企业管理情境相匹配。

基于成本领先战略，结合XL集团主要产品的成本结构特点，并分析外部经营环境和内部管理需求，XL集团最终选择实施标准成本法。先进的成本管理方法未必就是适合某个企业的好方法，企业要从自身的经营特点和管理情境出发，注意成本管理方法的成本效益原则。

（2）企业一把手的重视。

XL 集团领导高度重视，成立了以考核管理委员会、考核管理及帮助支持小组和标准成本考核管理小组为主导的上中下紧密结合的标准成本法实施组织领导体系。XL 集团董事长担任实施标准成本法最高组织机构考核管理委员会的主任，保证了组织机构的权威性。组织领导体系兼顾了行政管理的权威性和业务指导的专业性。高层管理团队和部门负责人领衔推动，由上而下，层层分解落实成本控制指标。这种组织领导体系确保了 XL 集团标准成本法的各项措施得到有效的执行。

（3）责任成本中心的划分与标准成本的确定坚持"先进合理"和"重要性"原则。

XL 集团在划分责任成本中心和确定成本标准时，既考虑先进性，又考虑激励合理性。XL 集团按照成本构成比例确定控制的关键点，重点控制原材料成本，以工艺投料卡为基础，以历史数据为参考，确定原材料成本的控制标准，既保证产品质量，又简便易行地控制产品的主要成本。

（4）成本差异分析体现"例外管理"原则。

在成本差异分析方面，XL 集团因地制宜、因时制宜，具体问题具体分析，针对不同部门、不同级别、不同岗位的不同考核指标，不面面俱到，重点分析可控成本，从而取得较好的成效。

（5）责任成本的实施结果与绩效考核和员工收入紧密挂钩，确保了标准成本法的实施效果。

XL 集团制定的有关成本标准、差异分析、绩效评价以及绩效提升等措施都根据 XL 集团的管理特点划分到不同的责任人，特别是绩效评价时剔除了各成本中心负责人的不可控因素。同时，将成本考核结果与员工收入紧密挂钩。XL 集团在绩效考核采用部门责任人责任制，即各项关键绩效指标直接落实到部门第一负责人，并与年终的收入直接挂钩。部门第一负责人将关键绩效指标直接分解到各级员工身上，细化关键绩效指标，让每一名员工的年终收入都与标准成本法的实施效果相联系。为了获得更好的成本控制效果，XL 集团除了给责任人制定明确的关键绩效指标之外，还专门针对不同的岗位制定了专门的只奖不罚的激励措施，让每一位员工在努力完成既定目标后，有动力去创造更多成本节约。

尽管 XL 集团实施标准成本法取得了较好的效果，但仍存在不足。例如，在确定标准成本方面，XL 集团主要以工艺为主，没有面向市场、面向竞争对手、面向未来；管理人员更换比较频繁，导致标准成本法的实施缺乏连贯性；与现代管理信息系统软件（如 ERP）的结合还不够等。

# 绩效评价与激励机制

企业经理人将全面预算转化为责任预算固然非常重要，但未必就能够确保全面预算落地。道理很简单，各责任中心为何要不折不扣地执行责任预算呢？因此，全面预算要真正落地光靠"纵向到底，横向到边""千斤重担众人挑，人人肩上有指标"还远远不够，还得个个指标有利益。

既然利益不对称可能加重预算松弛，那就给经理人想要的利益，用利益解决利益不对称。那么，给谁利益以及给什么利益呢？只能靠合理的绩效评价与激励机制。

## 平衡计分卡

如第 1 章所述，任何伟大战略的实施都离不开财务资源的支持，而任何战略之所以伟大是因为其最终必须能够创造财务资源。全面预算从资源配置的层面引导战略落地，体现了"任何伟大战略的实施都离不开财务资源的支持"。平衡计分卡则从绩效评价的层面引导战略落地，体现了"任何战略之所以伟大是因为其最终必须能够创造财务资源"。

### 1. 单纯财务绩效评价的局限

如前所述，21 世纪的企业经营环境已经发生了重大变化。基于新的经营环境，企业的价值创造模式（value creation model）发生了重大变化，从主要依靠有形资产创造价值到主要依靠无形资产创造价值。由制造（这是车间的基本职能）转向创造和营销（这是现代企业的基本职能）就是企业价值创造模式转变的重要标志。

任何企业都因顾客的存在而存在。

然而，基于历史成本原则，财务报表及其财务指标只能反映企业经济活动过去的情况。这就决定了其反映情况的逻辑起点是结果导向。单独的结果无法向经理人展示产生如此结果的前因后果[①]。经理人只知其然而不知其所以然。更为重要的是，单纯的结果导向，可能导致企业经理人急功近利、产生短期行为，扼杀企业的自主创新，从而危及企业的可持续发展[②]。而基于货币计量，财务报表及其财务指标只能反映企业经济活动有形资产的情况。今天企业的资产软性化，无形资产成为企业创造价值的重要动因或源泉。总之，基于历史成本原则和货币计量，财务报表及其财务指标只能反映企业经济活动有形资产过去的情况。但企业的决策总是面向未来，而且新的经济环境已经改变了企业的价值创造模式。如此一来，以财务指标为基础的财务绩效评价的局限性日益突出。

由此可见，基于 21 世纪新的经营环境，无形资产的重要性凸显，于是，一种体现"环境—战略—行为—过程—结果"一体化，以战略为导向，立足财务指标，又超越财务指标，财务指标与业务（非财务）指标相融合的绩效评价思维便应运而生，即平衡计分卡。

### 2. 何谓平衡计分卡

作为一种绩效评价思维，在保留了主要财务指标的同时，平衡计分卡引入了未来财务绩效动因。这些未来财务绩效动因是财务、顾客、内部业

---

① 现在，公允价值（fair value）非常流行。不过，需要明确的是：历史成本曾经是公允价值，而公允价值一旦入账，便转化为历史成本。因此，总体上说，公允价值的流行并没有从根本上影响这里的分析。

② 自主创新贵在自主。企业的自主创新是一种"前人栽树，后人乘凉"的行为。过分强调结果，会导致企业经理人只注重其任期内可实现的短期绩效，只想"乘凉"不想"栽树"。道理很简单，基于结果导向的绩效评价，谁"栽树"（从事创新工作），谁就亏损（只有支出，却没有多少收益）。因为"栽树"（从事创新工作）的风险很大，投入了资金（转化为费用），"树"却不一定"栽得活"（能够创造出新产品），即便"树栽得活"也不见得能"结果"（新产品未必得到顾客的青睐，从而具有商业价值）。可是，要是没有人愿意"栽树"，大家都只想"乘凉"，又有谁能"乘凉"呢？因此，绩效评价应该有助于树立"前人栽树，后人乘凉"的可持续发展观念。

务流程、学习与成长。平衡计分卡的基本框架如图 6-9 所示。

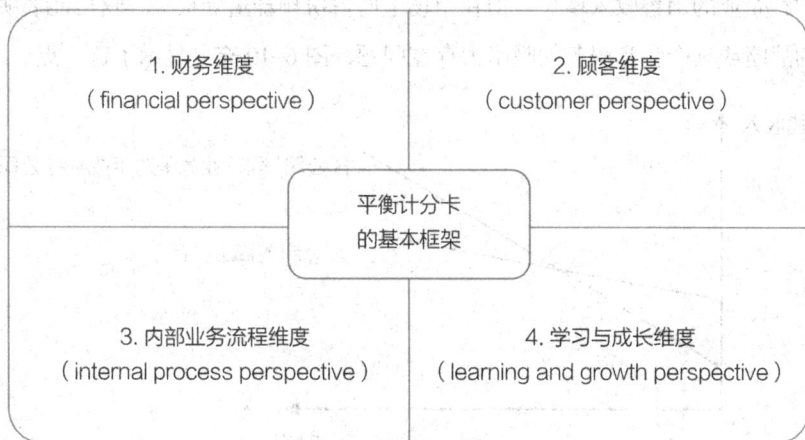

图 6-9　平衡计分卡的基本框架

平衡计分卡的这四个维度体现了"环境—战略—行为—过程—结果"一体化的逻辑，财务指标（结果指标即滞后指标，lagging indicator）与业务指标（过程或原因指标即先行指标，leading indicator）相融合，具有因果关系。正是这些因果关系揭示了企业价值创造动因。

（1）财务维度。

不同企业或同一个企业，经营阶段不同，财务目标不同，其所采用的绩效评价指标也自然不同。例如，处于投入期的企业，其财务目标侧重于销售收入增长率以及目标市场、顾客群体和地区销售额增长等绩效评价指标；处于成长期的企业，其财务目标侧重于销售收入、销售毛利、投资收益率和经济增加值等绩效评价指标；处于成熟期的企业，其财务目标更关注现金流量等绩效评价指标。

更为重要的是，企业的财务维度绩效评价必须考虑竞争对手。[①] 例如，企业的销售收入增长是一件好事。但是，必须深入分析销售收入为何增长。销售收入增长可能来自市场份额的扩大。如果确实如此，企业还应该进一步分析市

———————
① 这体现了当今流行的"对标"或"标杆"（benchmarking）思想。

场份额的扩大是来自企业竞争力的增强，还是来自市场份额总体规模的扩大。同理，企业的销售收入增长，但在市场上所占份额却遭受损失，这可能表明企业的战略或其产品和服务的吸引力存在问题，图 6-10 充分显示了这一点。

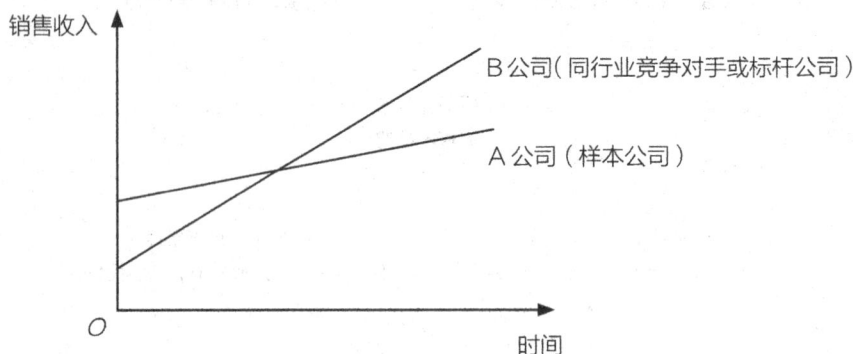

图 6-10　销售收入的对标

如果企业的经理人单独考查 A 公司（样本公司）的销售收入，可以发现其销售收入逐年增长。但如果企业的经理人进一步联系其竞争对手 B 公司（对标公司）的销售收入增长势头，便发现 A 公司的销售收入增长势头不如 B 公司，说明 A 公司的竞争地位面临重大挑战。因此，如果企业的经理人没有联系竞争对手的状况，单独评价企业的财务绩效，很容易陷入孤芳自赏的状态，从而对企业的绩效做出错误的评价。

（2）顾客维度。

企业靠什么持续地实现财务目标呢？答案是：顾客。图 6-11 描述了顾客维度绩效评价指标的因果关系链。

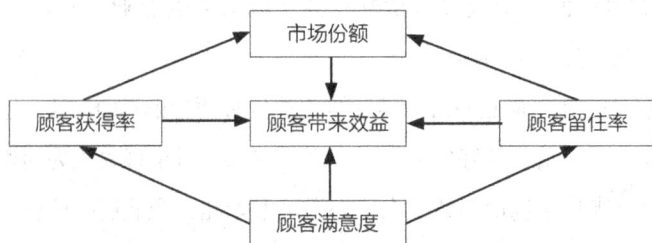

图 6-11　顾客维度绩效评价指标的因果关系链

图6-11本身就是一个因果关系链，也基本勾勒出顾客维度的绩效评价指标。其中的顾客带来效益指标至关重要。因为市场份额只是实现企业财务目标的基础，而不是财务目标本身。庞大的市场份额未必能够给企业带来效益。只有能够给企业带来效益的顾客所构造的市场份额才能为企业创造价值或带来利润，否则，市场份额越大，企业可能亏损越多。片面地追求市场份额可能毁灭企业的价值。顾客带来效益指标是检验市场份额经济有效性的重要指标。同时，顾客带来效益指标也是连接平衡计分卡的财务维度与顾客维度的桥梁。

（3）内部业务流程维度。

企业使顾客满意的关键在于企业产品或服务的质量。质量是创造（设计）或制造（甚至两者兼而有之）出来的而不是检验出来的。质量形成于产品或服务的创造（设计）和制造流程。那么，企业如何持续提供顾客满意的产品或服务呢？答案就是：优化企业的内部业务流程。图6-12描述了企业的内部业务流程。

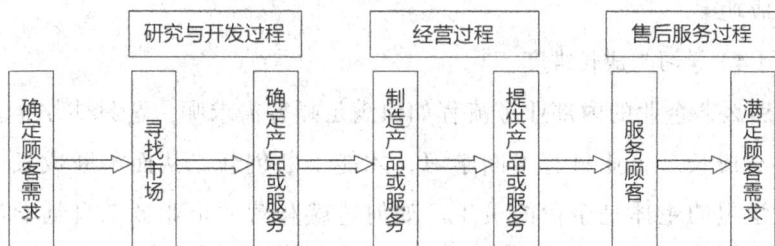

图6-12　企业的内部业务流程

对于企业创造价值而言，研究与开发过程是一个漫长的过程。在这个过程中，企业首先以顾客为导向，发现和培育新市场、新顾客，并兼顾现有顾客的目前需要和潜在需要。在此基础上，着手设计和开发新产品或服务，使新产品或服务打入新市场，满足顾客需求。因此，企业应注重研究开发能力的评估。其主要绩效评价指标包括（但不限于）研发强度（研发费用占销售额的比重）①、新产品销售额占全部销售额的比重（创新收益）、专利产品销售额占全部销售额的比重（创新收益的竞争优势）、新产品利润率和新产品开发（上市）时间等。新产品是企业长期创造价值的驱动力，一个停止新产品研究与开发的企业必将为不断变化的市场所淘汰。

相比之下，经营过程是企业组织创造价值的一个水到渠成的短暂过程。因此，在经营过程中，传统财务绩效评价方法如标准成本、预算控制和差异分析等依然可以作为监控手段，但远远不够，还应该再另附加如企业经营灵活性、生产周期、对顾客需求反应时间、对顾客提供产品多样性、废品率、返工率和单位成本（费用）等指标。

企业的售后服务过程旨在使顾客更快、更好、更充分地使用产品或服务的功能，而不是保护落后（有缺陷的产品在经营过程就应该解决）产品或服务。因此，企业的售后服务过程关注时间、质量、成本等方面的绩效评价指标，如服务反应周期、人力成本、物力成本、售后服务的一次成功率。

（4）学习与成长维度。

那么，企业的内部业务流程如何满足顾客需求呢？这只能靠企业的学习与成长。企业只有不断学习，才能不断创新，从而不断成长。而企业学习的主体是企业的员工。如何造就和营造企业员工自觉学习的氛围呢？

学习与成长维度的绩效评价指标主要包括（但不限于）员工满意度（或

---

① 根据2016年科技部、财政部和国家税务总局联合下发修订后的《高新技术企业认定管理办法》的第十一条规定，企业近三个会计年度（实际经营期不满三年的按实际经营时间计算，下同）的研发费用总额占同期销售额的比例（研发强度）符合以下要求：（1）最近一年销售额小于5 000万元（含）的企业，比例不低于5%；（2）最近一年销售额在5 000万元至2亿元（含）的企业，比例不低于4%；（3）最近一年销售额在2亿元以上的企业，比例不低于3%，其中，企业在中国境内发生的研究开发费用总额占全部研究开发费用总额的比例不低于60%；（4）近一年高新技术产品（服务）销售额占企业同期销售总额的比例不低于60%。

员工留住率、员工意见采纳百分比）、员工工作能力（或员工的劳动生产率）、员工的培训与提升（或员工素质）、企业的内部信息沟通能力。其中，员工满意度至关重要。企业本身就是一个顾客链。改善企业的业务流程和绩效的建议与想法越来越多地来自第一线的员工。这些员工离企业的内部顾客（业务流程）和企业的外部顾客最近。员工本身就是企业内部各业务流程的顾客。如果企业的内部顾客（企业的员工）本身不满意，如何能持续改善企业的内部业务流程呢？同时，要使企业的外部顾客满意首先必须使企业的内部顾客满意。如果企业的内部顾客（企业的员工）在对外部顾客（顾客或消费者）提供服务时，充分感受到其所从事工作的愉悦，就会自然而然地将其内心的愉悦传递给外部顾客，从而感染外部顾客。这样，外部顾客又怎能不满意呢？企业又何愁不能获得新顾客、留住老顾客呢？如果企业既不能持续改善其内部业务流程，又不能使其外部顾客满意，企业又如何持续实现其财务目标呢？从这个意义上说，员工满意度远比顾客满意度重要。

在平衡计分卡的四个维度中，财务维度是最终目标，顾客维度是关键，内部业务流程维度是基础，学习与成长维度是核心。财务维度关注"想赚多少钱"，顾客维度关注"想赚谁的钱"，内部业务流程维度关注"擅长干什么才能赚钱"，学习与成长维度关注"是否有能力持续赚钱"，平衡计分卡的目标是"持续创造价值"。如果把可持续发展的企业看成一棵果树，那么，"树根"就是平衡计分卡的学习与成长维度，"树干"就是平衡计分卡的内部业务流程维度，而"树枝"就是平衡计分卡的顾客维度，"果实"便是平衡计分卡的财务维度。可谓"根深叶茂，繁花似锦，硕果累累"。果真如此，企业何愁不能可持续发展呢？平衡计分卡四个维度的关系如图 6-13 所示。

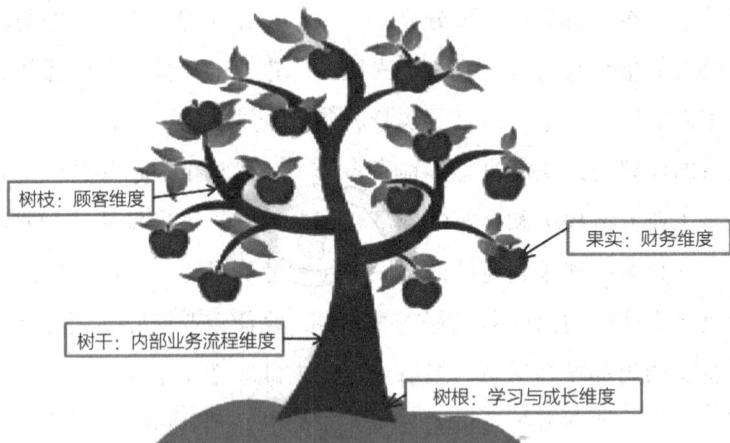

图 6-13　平衡计分卡四个维度的关系

常言道"看不到问题是最大的问题"。如果企业的经理人连问题在哪里都不知道，如何分析问题和解决问题呢？理想的绩效评价指标应该突出企业的价值创造动因（价值创造的主要驱动因素），提醒企业可能出现哪些问题（发现问题），从而提供一些追寻问题起因的线索和解决之道（分析问题和解决问题）。平衡计分卡的思维较好地解决了这些问题。

### 3. 平衡计分卡如何化战略为行动

基于当今事事强调战略定位，时时强调战略定位的环境，企业的绩效评价究竟应该关注哪些指标呢？如果说"评价什么，就得到什么"，那么，"想得到什么，就应该评价什么"。由此，绩效评价必须以战略为导向。战略决定企业的绩效评价应该关注哪些指标。如前所述，任何伟大战略的实施都离不开财务资源的支持，而任何战略之所以伟大是因为其最终必须能够创造财务资源。可谓"万涓成水，终究汇流成河"。这里的"河"就是财务指标，然而，财务指标存在局限。因此，企业的绩效评价应该立足于财务指标，但又要超越财务指标。平衡计分卡的思维与此不谋而合。

然而，战略很抽象，战略的实施却非常具体。这就需要借助绩效评价指标解决两个问题。

（1）引导战略落地。通过各种目标（体现战略主题）与绩效评价指标的选择描述战略、引导战略，化战略为行动，实现战略落地。

（2）评价已经落地的战略实施成效。借助各种绩效评价指标评价战略实施成效，从而反馈于战略的制定或修订。

图 6-14 描绘了平衡计分卡化战略为行动的基本路径。

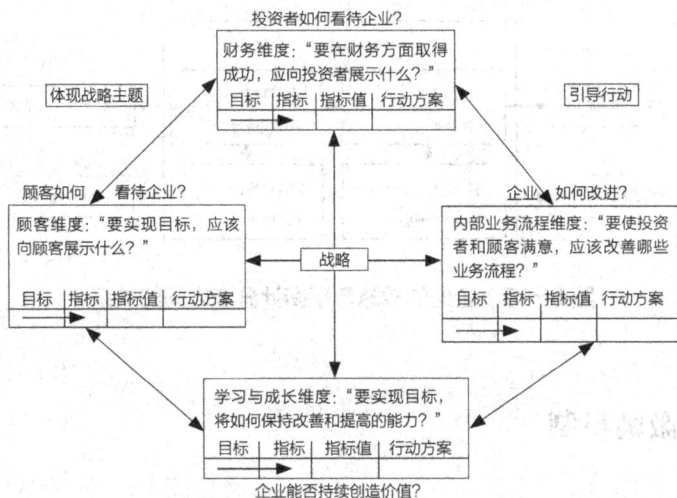

**图 6-14　平衡计分卡化战略为行动的基本路径**

根据图 6-14，平衡计分卡各个维度的目标都来源于企业的战略，而各个维度的绩效评价指标则来源于各个维度的目标。

图 6-15 更具体地描绘了企业的战略与平衡计分卡之间的关系。

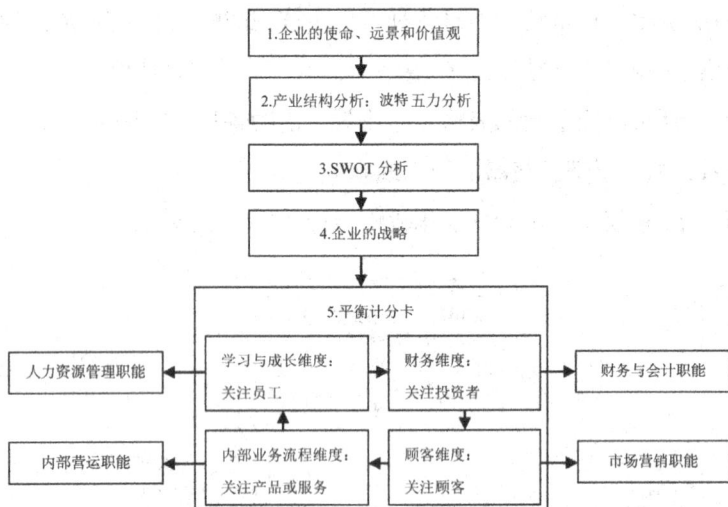

**图 6-15  企业的战略与平衡计分卡之间的关系**

## 经理人激励机制

其实，企业的绩效评价（预算考核）与激励机制是一个问题的两个方面。没有绩效评价（预算考核），激励机制缺乏应有的基础；而没有激励机制，绩效评价（预算考核）形同虚设。绩效评价（预算考核）固然很重要，但如果企业缺乏激励机制，绩效评价（预算考核）依然缺乏动力机制。绩效评价（预算考核）与激励机制相结合才有可能实现企业的战略目标。因此，企业必须建立相应的经理人激励机制[①]。

### 1. 内在激励与外在激励

现代企业制度具有经营权与所有权相分离，即"两权分离"的基本特征。这个特征促进了社会与经济的发展，适应了社会大生产的要求。"两权分离"使得企业的经理人与所有者（owner）或股东（stockholder or

---

① 尽管激励机制非常重要，但基于本书的定位，这里只讨论激励机制的精髓，不详细阐述激励机制的基本内容。对激励机制有兴趣的读者可以参阅相关论著。

shareholder）<sup>①</sup>各得其所，形成一种社会分工，同时为社会化大生产提供了源源不断的人力资源和财务资源，具有将企业所面临的不确定性在组织成员之间合理分摊的效果。

与此同时，"两权分离"使企业的经营管理不再局限于所有者（股东），而延伸到整个社会，可以从社会经理人市场寻找经理人，从而使得资本家与企业家分离，造就了一批企业家，出现了所谓"经理人革命"。如此一来，所有者（股东）可以从更为广阔的空间范围内借用别人的才能为自己创造财富，从而弥补自己经营管理才能不足的缺陷。

然而，解决某个问题的同时却产生另一个新问题。经营权与所有权的分离导致的现代企业制度的组织缺陷：代理问题（agency problem）以及由此而产生的内部人控制（insider's control）现象。

如果企业想让经理人（代理人）为实现企业全面预算目标而努力工作，就必须建立有效的激励机制，按经理人达到的绩效水平给予恰当的奖励。行为者期望理论（the expectancy view of behavior）认为，行为者之所以采取某种行为方式是因为行为者相信这种行为方式将产生其期望得到的回报。根据行为者期望理论，激励机制的作用就在于当行为者的行为有助于实现企业全面预算目标时，对行为者提供其期望得到的激励。显然，激励机制有助于协调企业的所有者或股东（委托人）与企业的经理人（代理人）之间的矛盾，进而缓解代理问题。

激励主要包括内在激励（intrinsic incentive）与外在激励（extrinsic incentive）两种形式。内在激励产生于个人的内心，体验内在激励不需要

---

① 严格地说，股东与所有者不能完全等同。股东作为投资者（investor），一定存在某种期望的投资收益率诉求，一旦达到其期望的投资收益率目标，股东可能马上就出售其股权而套现，从而退出企业。当然，要达到股东期望的投资收益率目标可能需要较长的时间，但无论需要多长的时间，从企业可持续发展的理念看，这只是一段时间。因此，股东都可能存在短期行为。股东在股票市场的种种行为就是一个典型的例证。而企业的所有者则不同，他将企业视为其事业甚至生命的一部分，将与企业同身共济、共存亡，他追求的是企业的可持续发展。简单地说，企业的股东"做机会"，企业的所有者"做事业"。从这个意义上说，委托人是股东还是所有者可能影响企业的可持续发展。

他人介入。例如，某个人出色地完成了一项工作，他就有一种成就感，实现了个人的人生价值。他对这种成就感的体验或内心的喜悦，他人不必介入。他完全可以自娱自乐，独享这份成就感。企业应该通过工作设计、企业文化和管理风格为个人创造体验成就感的氛围或条件。顾名思义，外在激励就是外人（企业）给予某人外加的激励，外在激励不仅包括表彰、发奖品、发奖章等精神激励，而且包括物质激励即激励薪酬。

客观地说，内在激励与外在激励同等重要。不过，内在激励有时远比外在激励更为有力，但有时，外在激励更为重要。即便是外在激励，物质激励与精神激励的重要性也随着环境变化而有所不同。有时候物质激励更为有效，而有时候则精神激励更为有效。关键在于企业经理人所处的需求层次。企业可以根据马斯洛（Maslow）需求层次理论分析经理人[1]的需求层次，确定应该采取的激励形式。

**2. 经理人激励薪酬**

基于"两权分离"的基本特征，如何将经理人从单纯的支薪阶层转向分享阶层是经理人激励薪酬（executive incentive compensation）需要解决的一个重要问题。[2]总体而言，经理人薪酬包括基本薪酬和激励薪酬。顾名思义，经理人的激励薪酬是一种加入激励因素的风险薪酬。简单地说，所谓激励薪酬，就是赋予薪酬激励机制。

从确定经理人激励薪酬的角度看，经理人激励薪酬的基本类型包括奖金（bonus）、延期奖金（deferred bonus）与或有薪酬（contingent compensation）、股票期权（stock option）、虚拟股票（phantom stock）、经理人持股（executive stock ownership）和在职消费（non-pecuniary compensation）。

---

[1] 企业的经理人大致可以分为经济人（economic people）、文化人（cultural people）和社会人（social people）。经济人通常喜欢外在激励，而文化人乃至社会人通常偏爱内在激励。

[2] 基于本书的主题，这里只是简单地讨论外在激励的物质激励（即激励薪酬）。当然，这并不意味着内在激励和除了物质激励（即激励薪酬）以外的激励形式就不重要。

（1）奖金。

奖金是企业根据经理人完成的绩效所给予的奖励。奖金可能按企业利润的固定百分比计提，或者当企业的利润超过一定数额之后，对超额部分按一定比例计提。通过奖金的计提和发放将经理人与所有者联系起来，从而达到激励的作用。当然，作为一种激励薪酬，奖金基本上属于短期的激励方式。

（2）延期奖金。

为了弥补奖金具有短期激励作用的缺陷，有些企业采用延期奖金的激励方式。延期奖金支付条款规定，经理人自动离开企业或被解聘，其获得的延期奖金将自动取消或丧失。更通俗地说，就是企业把部分年度奖金延迟到以后年度支付，而提前离开企业的经理人将丧失获取延期奖金的权利。

（3）或有薪酬。

或有薪酬是指符合一定条件才能获取的薪酬。这里的"一定条件"就代表着企业的激励方向。例如，有的企业规定，只有拿到毕业证书或每门课程都 85 分以上才能报销学费或培训费。这就是一种或有薪酬。如果某人达不到这个条件就不能报销学费或培训费，从而激励其努力学习。

延期奖金与或有薪酬还有另外的功效。经理人在某个企业工作可能逐年积累与企业相关的大量专门知识和技能，可能耗费了经理人所在企业的巨额成本。经理人离开企业时，延期奖金与或有薪酬将自动失效，想聘用该经理人的竞争对手至少要支付同等薪酬来补偿该经理人，从而提高了其聘用成本。延期奖金与或有薪酬被称为"金手铐"（golden handcuffs），企业关键经理人离开企业所付出的代价非常高，竞争对手聘用关键经理人的代价也不低。因此，延期奖金与或有薪酬使企业可以安心地培养人才。

（4）股票期权。

股票期权是企业给予经理人在未来的某一时间以某个确定的价格购买一定数量的企业股票的选择权利。基于完善的股票市场环境，股票期权具有强烈的激励作用。由于股票期权给予经理人在规定日期按照预定价格购买一定数量的企业股票的权利，所以如果经理人经营有方，企业的股票在市场上表现良好，股票价格上升，经理人通过股票期权就可以获得相当可观的薪酬。这时，经理人的薪酬取决于行使股票期权时的股票市场价格与预定价格之间的差额。这部分薪酬实际上就是企业对经理人的激励。因此，股票期权可以促使经理人不仅关心企业长远发展，更关注企业股票在市场上的表现，更好地满足所有者或股东的利益诉求。基于完善的股票市场环境，股票期权就是一种"经理人如果想致富，首先要让所有者或股东致富"的经理人与所有者或股东双赢的有效激励方式。

（5）虚拟股票。

采用股票期权激励方式，经理人在行使股票期权时需要支付一笔现金，以预定价格购买一定数量的企业股票。如果该经理人并不富裕，就难以采用股票期权激励方式。这时，可以考虑采用虚拟股票激励方式，授予经理人一个购买名义而非真实购买股票的期权。有些企业的做法更简单，直接授予经理人若干虚拟股票，规定若干年后才能获得该虚拟股票。当经理人获得规定的虚拟股票时，将得到一笔现金。这笔现金的数额等于虚拟股票的数量乘以获得虚拟股票时股票的市场价格（或股票市场价格与预定价格之间的差额）。这时，虚拟股票实际上是一种延期奖金激励方式，但奖金的数额与企业股票的未来市场的价格密切相关。

（6）经理人持股。

顾名思义，经理人持股是当经理人实现了企业规定的全面预算目标之后，企业给予经理人一定数量的股权，使经理人成为企业的所有者或股东。企业通常规定经理人所持有的股权在若干年才能出售，以便避免经理人的短期行为。经理人持股的目的在于使经理人与所有者或股东一样思考、行事，尽量协调或缓解经理人与所有者或股东之间的矛盾。但意味深长的是，经理人持股与"两权分离"背道而驰。

（7）在职消费。

在职消费是企业为在职的经理人提供优惠的生活、办公条件，激励经理人努力工作，实现全面预算目标的激励方式。许多人对在职消费存在误解，以为在职消费就是腐败。其实，明确规定、公开透明的在职消费是一种激励薪酬形式。道理很简单，在职消费意味着经理人必须在职才能消费。显然，在职消费的前提是经理人必须在职。如果经理人不努力工作，没有实现全面预算目标，无法继续在职，自然无法在职消费。因此，在职消费激励经理人努力工作，实现全面预算目标，从而保持现有职位乃至提升职位，进而维持或提高在职消费水平。

由此可见，经理人激励薪酬的形式多种多样。上述各种类型的激励薪酬各有其适用性，企业可以根据其激励目标和激励对象，选择适当的激励薪酬方式。沟通从心灵开始，激励从偏好入手。现在，经理人激励薪酬基本上都不是单一的激励薪酬类型，而是上述激励薪酬类型的某种组合，即薪酬组合（compensation package）。

总之，全面预算管理、绩效评价（借助平衡计分卡）与激励机制，必须"三轮驱动"且"三位一体"，才有可能使体现企业战略的全面预算落地并取得预期成效。

# 他山之石：BX 电源动力公司全面预算如何落地

如前所述，全面预算的编制不易，全面预算的落地更难。下面是 BX 电源动力公司借助全面预算管理使全面预算落地的案例[①]。

## BX 电源动力公司简介

BX 电源动力股份有限公司（以下简称"BX 电源动力公司"）于 1994 年 9 月成立，注册资本 3 000 万元。BX 电源动力公司秉承精益生产理念，确定了"严格选材、精细制造、超高技术、真诚服务"的质量方针，未来发展产业以"通信—动力—储能"为主，致力于引领行业升级，成为行业的领航者。BX 电源动力公司是典型的国家高新技术企业，其组织结构如图 6-16 所示。

---

① 本案例的素材根据调研及其相关资料编写。

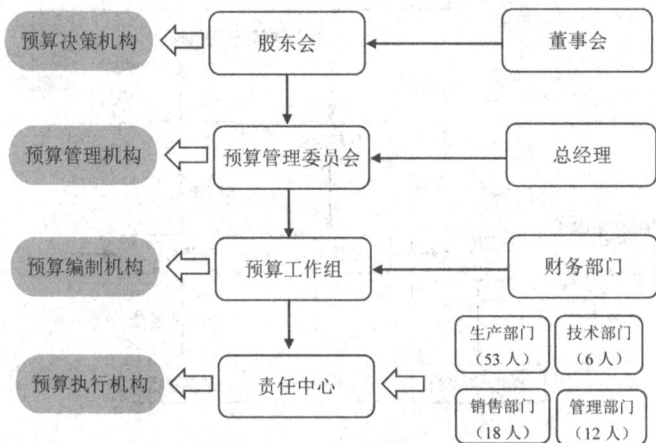

**图 6-16　BX 电源动力公司组织结构**

　　BX 电源动力公司是国家高新技术企业，主导产品为锂离子电池、燃料电池及阀控密封蓄电池，主营业务范围包括电源及相关产品研发、制造、销售和服务，其主要产品普遍应用于各类基础行业，如电力、通信，以及战略新兴产业，如风能、太阳能等，还有电动汽车电池等民生产业。

　　目前，BX 电源动力公司有股东 8 人，技术人员 6 人，生产人员 53 人，销售人员 18 人，财务、行政管理人员 12 人。BX 电源动力公司设置总经理室、财务部门、人力资源部门、行政管理部门、销售部门和生产车间等多个部门，组织结构设置较为齐全。

## BX 电源动力公司全面预算管理流程

　　BX 电源动力公司全面预算管理流程包含制定预算目标、预算编制、预算执行、预算调整、预算评价、绩效考核等多个流程，如图 6-17 所示。

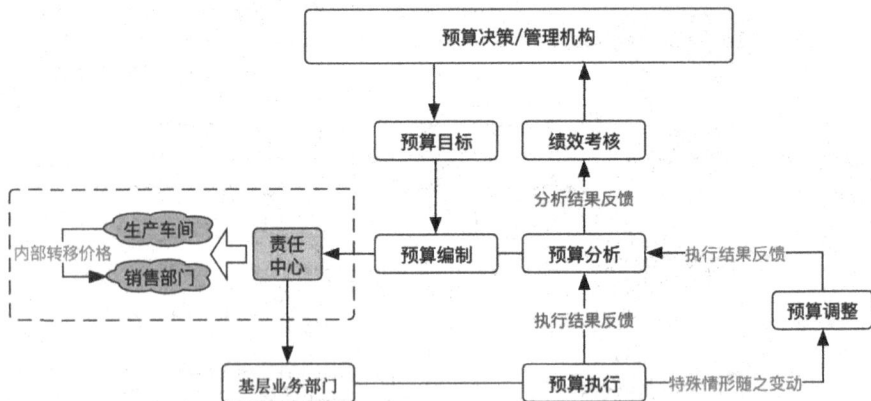

**图 6-17　BX 电源动力公司全面预算管理流程**

首先，由公司预算决策机构和预算管理机构依据公司战略制定预算方案并提出预算总目标，预算工作组根据预算总目标编制预算并完成预算审批。

其次，将预算方案下达各责任中心，BX 电源动力公司将生产车间与销售部门分别设置为两个单独的利润中心实施预算控制，其生产车间通过协商定价法制定内部转移价格，以电池生产成本作为下限，市场价格作为上限，内部交易双方在此范围内进行议价，而 BX 电源动力公司协商定价产生的内部转移价格较稳定，电池的内部转移价格一般定为 1 500 ～ 2 200 元 / 个。这样，通过谈判协商产生的内部转移价格在一定程度上也兼顾了生产车间及销售部门双方的利益。随即，生产车间以内部转移价格将产品销售给销售部门，并赚取属于自己的利润。销售部门则根据市场价格或行业水平制定产品销售价格并对外销售，确定相应的利润。

再次，在预算执行阶段，BX 电源动力公司将预算目标落实分解、执行和控制，实际情况相对预期发生较大变化时，则调整预算。

最后，在预算绩效的考核阶段，BX 电源动力公司将实际绩效与预期绩效进行对比，将实际结果与预期结果进行对比。BX 电源动力公司设立标准和绩效指标，经理人以此监控组织目标整体实现的进度，对全面预算进行有效控制。BX 电源动力公司对生产车间、销售部门进行责任预算考核，并建立考核指标体系，如表 6-8 所示。

表 6-8　BX 电源动力公司利润中心考核指标体系

| 部门 | 考核内容 |
|---|---|
| 生产车间 | 边际贡献 |
| | 可控边际贡献 |
| | 内部利润 |
| | 合格品率 |
| | 人均年产值 |
| | 内部转移价格变动 |
| 销售部门 | 边际贡献 |
| | 可控边际贡献 |
| | 内部利润 |
| | 人均销售额 |
| | 顾客留住率 |
| | 内部转移价格变动 |

　　与此同时，BX 电源动力公司以最终的对比分析结果作为绩效考核的指南和依据，起到激励员工的效果。BX 电源动力公司还结合历史数据，制定预算考核表，在考核阶段的最后实行一定的奖惩激励机制，从多个维度对员工进行考核评分，并对员工得分进行排名排序，嘉奖排序靠前者，惩罚排名靠后者。BX 电源动力公司认为有奖有惩、赏罚分明才能真正激励和警示员工，促进员工不断进步，共同实现战略目标。

## BX 电源动力公司如何编制全面预算

　　截至 2018 年 12 月 31 日，BX 电源动力公司资产总额为 7 885.3 万元。其中，存货为 2 050 万元（包含原材料 440 万元、产成品 1 610 万元），固定资产总额为 4 350 万元（累计折旧为 2 000 万元）。BX 电源动力公司负债包括应付账款 150 万元、长期借款 4 700 万元。BX 电源动力公司所有者权益包括普通股 3 000 万元、留存收益 35.3 万元。BX 电源动力公司为高新技术企业，所得税税率为 15%。

BX 电源动力公司基于其战略，编制 2019 年的全面预算（包括销售预算、生产预算等）。2019 年四个季度的销售目标分别为 5 500 个、6 500 个、7 500 个和 7 000 个。

在编制全面预算时，BX 电源动力公司做了以下假设。

### 1. 销售预算

BX 电源动力公司根据对市场的预期，将每个电动汽车电池的销售价格定为 2 300 元。假设每季产品销售款在当季收到总货款的 70%，其余部分在下季收讫。

### 2. 生产预算

假设 BX 电源动力公司各季末的存货，按下季销售量的 100% 进行预计。

### 3. 直接材料预算

假设 BX 电源动力公司单位产品的材料消耗为半套，每套材料计划单位价格为 800 元，半套则为 400 元。每季购料款当季付现 50%，下季付 50%。每季末材料存量为预计下季材料需要量的 100%。

### 4. 直接人工预算

假设单位产品工时定额为 8 小时，单位工时的工资为 20 元。

### 5. 制造费用预算

假设变动性制造费用按生产所需工时确定，单位工时的变动性制造费用为 4.33 元，固定性制造费用每季为 197.5 万元（其中包含折旧费 111.5 万元）。

### 6. 销售与管理费用预算

假设销售与管理费用的变动性部分按单位产品 100 元计算，固定性部分每季为 73.62 万元（其中包括广告费 6.02 万元、管理人员工资 60.5 万元、保险费 3.6 万元、折旧费 3.5 万元）。

### 7. 现金预算

假设 BX 电源动力公司按年度分季编制现金预算，规定现金的最低余额为 3 万元，季度的分红为 6 万元。若需向银行借款，则假定年利率为 7%。

### 8. 内部转移价格

作为行业领头企业，电动汽车电池的市场价格一般在 2 000~2 500 元浮动，根据 BX 电源动力公司单位产品的材料消耗可以得出其电动汽车电池的单位生产成本大概为 899 元，经生产车间与销售部门双方谈判之后，以产品生产成本为下限，市场价格为上限，双方最终拟定协商定价后的方案为生产车间以 1 500 元 / 个的内部转移价格将电池销售给销售部门，销售部门以 2 300 元 / 个的价格对外销售。

### 9. 利润中心（责任中心）考核指标

利润中心对利润负责，即对收入与成本负责（其中成本为责任成本），成本既包括利润中心本身实际发生的可控成本，也包括下属成本中心转来的责任成本。利润中心绩效评价和考核的重点是边际贡献和利润。因此，BX 电源动力公司两个利润中心（生产车间和销售部门）的主要考核指标有边际贡献、可控边际贡献和税前利润。不同的是，生产车间还应考核合格品率与车间工人人均产值，销售部门则应考虑顾客留住率与人均销售额。具体考核指标体系如表 6-9 所示。

表 6-9　BX 电源动力公司两个利润中心考核指标体系

| 利润中心考核指标 | | 预算值 | | 完成值 | 差异率 |
|---|---|---|---|---|---|
| | | 调整前 | 调整后 | | |
| 生产车间 | 边际贡献 | | | | |
| | 可控边际贡献 | | | | |
| | 内部利润 | | | | |
| | 合格品率 | | | | |
| | 人均产值 | | | | |
| | 内部转移价格变动 | | | | |

续表

| 利润中心考核指标 | | 预算值 | | 完成值 | 差异率 |
|---|---|---|---|---|---|
| | | 调整前 | 调整后 | | |
| 销售部门 | 边际贡献 | | | | |
| | 可控边际贡献 | | | | |
| | 内部利润 | | | | |
| | 人均销售额 | | | | |
| | 顾客留住率 | | | | |
| | 内部转移价格变动 | | | | |

注：（1）边际贡献＝销售额－变动成本总额；（2）可控边际贡献＝边际贡献－可控固定成本；（3）税前利润＝可控边际贡献－不可控固定成本；（4）生产车间合格品率＝（合格品数量／全部产品数量）×100%；（5）生产车间人均产值＝总产值／生产车间总人数；（6）顾客留住率＝老顾客人数／顾客总人数；（7）人均销售额＝销售额／销售部门总人数。

根据上述资料和假设条件，BX 电源动力公司编制的全面预算如表 6-10 至表 6-19 所示。

**表 6-10　BX 电源动力公司 2019 年度销售预算**

| 摘要 | 季度 | | | | 年度 |
|---|---|---|---|---|---|
| | 第 1 季度 | 第 2 季度 | 第 3 季度 | 第 4 季度 | |
| 预计销售量／个 | 5 500 | 6 500 | 7 500 | 7 000 | 26 500 |
| 单位销售价格／元 | 2 300 | 2 300 | 2 300 | 2 300 | 2 300 |
| 销售额／元 | 12 650 000 | 14 950 000 | 17 250 000 | 16 100 000 | 60 950 000 |
| 收回期初应收账款／元 | 14 702 400 | | | | 14 702 400 |
| 第 1 季度销售现金收入／元 | 8 855 000 | 3 795 000 | | | 12 650 000 |
| 第 2 季度销售现金收入／元 | | 10 465 000 | 4 485 000 | | 14 950 000 |

续表

| 摘要 | 季度 | | | | 年度 |
|---|---|---|---|---|---|
| | 第1季度 | 第2季度 | 第3季度 | 第4季度 | |
| 第3季度销售现金收入/元 | | | 12 075 000 | 5 175 000 | 17 250 000 |
| 第4季度销售现金收入/元 | | | | 11 270 000 | 11 270 000 |
| 现金收入合计/元 | 23 557 400 | 14 260 000 | 16 560 000 | 16 445 000 | 70 822 400 |

表 6-11　BX 电源动力公司 2019 年度生产预算

| 摘要 | 季度 | | | | 年度 |
|---|---|---|---|---|---|
| | 第1季度 | 第2季度 | 第3季度 | 第4季度 | |
| 预计销售量/个 | 5 500 | 6 500 | 7 500 | 7 000 | 26 500 |
| 加：预留存货量/个 | 6 500 | 7 500 | 7 000 | 5 500 | 5 500 |
| 总需求量/个 | 12 000 | 14 000 | 14 500 | 12 500 | 32 000 |
| 减：季初存货量/个 | 6 000 | 6 500 | 7 500 | 7 000 | 6 000 |
| 需要生产量/个 | 6 000 | 7 500 | 7 000 | 5 500 | 26 000 |

表 6-12　BX 电源动力公司 2019 年度直接材料预算

| 摘要 | 季度 | | | | 年度 |
|---|---|---|---|---|---|
| | 第1季度 | 第2季度 | 第3季度 | 第4季度 | |
| 需要生产量/个 | 6 000 | 7 500 | 7 000 | 5 500 | 26 000 |
| 单位产品所需材料/套 | 0.5 | 0.5 | 0.5 | 0.5 | 0.5 |
| 生产所需材料/套 | 3 000 | 3 750 | 3 500 | 2 750 | 13 000 |
| 加：预留材料数量/套 | 3 750 | 3 500 | 2 750 | 6 000 | 6 000 |
| 总需求量/套 | 6 750 | 7 250 | 6 250 | 8 750 | 19 000 |
| 减：季初材料存量/套 | 5 500 | 3 750 | 3 500 | 2 750 | 5 500 |
| 需购买材料数量/套 | 1 250 | 3 500 | 2 750 | 6 000 | 13 500 |
| 每套材料单价/元 | 800 | 800 | 800 | 800 | 800 |
| 购买材料总额/元 | 1 000 000 | 2 800 000 | 2 200 000 | 4 800 000 | 10 800 000 |

续表

| 摘要 | 季度 | | | | 年度 |
|---|---|---|---|---|---|
| | 第1季度 | 第2季度 | 第3季度 | 第4季度 | |
| 应付期初购料款/元 | 1 500 000 | | | | 1 500 000 |
| 第1季度购料现金支出/元 | 500 000 | 500 000 | | | 1 000 000 |
| 第2季度购料现金支出/元 | | 1 400 000 | 1 400 000 | | 2 800 000 |
| 第3季度购料现金支出/元 | | | 1 100 000 | 1 100 000 | 2 200 000 |
| 第4季度购料现金支出/元 | | | | 2 400 000 | 2 400 000 |
| 现金支出合计/元 | 2 000 000 | 1 900 000 | 2 500 000 | 3 500 000 | 9 900 000 |

注：第4季度的预留材料数量，通过生产预算的假设比例计算，此时的6 000套是假设的。全年即一年末需预留的数量，就是第4季度的预留量。

表6-13 BX电源动力公司2019年度直接人工预算

| 摘要 | 季度 | | | | 年度 |
|---|---|---|---|---|---|
| | 第1季度 | 第2季度 | 第3季度 | 第4季度 | |
| 需要生产量/个 | 6 000 | 7 500 | 7 000 | 5 500 | 26 000 |
| 单位产品所需工时/小时 | 8 | 8 | 8 | 8 | 8 |
| 总工时/小时 | 48 000 | 60 000 | 56 000 | 44 000 | 208 000 |
| 单位工时的工资/元 | 20 | 20 | 20 | 20 | 20 |
| 直接人工总额/元 | 960 000 | 1 200 000 | 1 120 000 | 880 000 | 4 160 000 |

表6-14　BX电源动力公司2019年度制造费用预算

| 摘要 | 季度 | | | | 年度 |
|---|---|---|---|---|---|
| | 第1季度 | 第2季度 | 第3季度 | 第4季度 | |
| 预算总工时／小时 | 48 000 | 60 000 | 56 000 | 44 000 | 208 000 |
| 变动性制造费用率／元·小时 | 4.334677419 | 4.334677419 | 4.334677419 | 4.334677419 | 4.334677419 |
| 变动性制造费用／元 | 208 064.5161 | 260 080.6452 | 242 741.9355 | 190 725.8065 | 901 612.9032 |
| 固定性制造费用／元 | 1 975 000 | 1 975 000 | 1 975 000 | 1 975 000 | 7 900 000 |
| 制造费用总额／元 | 2 183 064.516 | 2 235 080.645 | 2 217 741.935 | 2 165 725.806 | 8 801 613 |
| 减：折旧／元 | 1 115 000 | 1 115 000 | 1 115 000 | 1 115 000 | 4 460 000 |
| 制造费用现金支出／元 | 1 068 065 | 1 120 081 | 1 102 742 | 1 050 726 | 4 341 613 |
| 年度制造费用总额／元 | | | | | 8 801 613 |
| 预算总工时／小时 | | | | | 208 000 |
| 单位工时制造费用／元 | | | | | 42.315 446 65 |

表6-15　BX电源动力公司2019年期末产成品库存预算

| 成本项目 | 数量 | 单价 | 总额 |
|---|---|---|---|
| 直接材料 | 0.5 套 | 800 元／套 | 400 元 |
| 直接人工 | 8 小时 | 20 元／小时 | 160 元 |

续表

| 成本项目 | 数量 | 单价 | 总额 |
|---|---|---|---|
| 制造费用 | 8 小时 | 42.32 元 / 小时 | 338.56 元 |
| 单位产品成本 | | | 898.56 元 |
| 期末产品库存量 | | | 5 500 个 |
| 单位产品成本 | | | 898.56 元 |
| 期末产品库存额 | | | 4 942 080 元 |

**表 6-16　BX 电源动力公司 2019 年度销售与管理费用预算**

| 摘要 | 季度 | | | | 年度 |
|---|---|---|---|---|---|
| | 第 1 季度 | 第 2 季度 | 第 3 季度 | 第 4 季度 | |
| 变动性销售与管理费用： | | | | | |
| 预计销售量 / 个 | 5 500 | 6 500 | 7 500 | 7 000 | 26 500 |
| 单位变动性销售与管理费用 / 元 | 100 | 100 | 100 | 100 | 100 |
| 变动性销售与管理费用 / 元 | 550 000 | 650 000 | 750 000 | 700 000 | 2 650 000 |
| 固定性销售与管理费用： | | | | | |
| 广告费 / 元 | 60 200 | 60 200 | 60 200 | 60 200 | 240 800 |
| 管理人员工资 / 元 | 605 000 | 605 000 | 605 000 | 605 000 | 2 420 000 |
| 保险费 / 元 | 36 000 | 36 000 | 36 000 | 36 000 | 144 000 |
| 折旧费 / 元 | 35 000 | 35 000 | 35 000 | 35 000 | 140 000 |
| 固定性销售与管理费用总额 / 元 | 736 200 | 736 200 | 736 200 | 736 200 | 2 944 800 |
| 销售与管理费用总额 / 元 | 1 286 200 | 1 386 200 | 1 486 200 | 1 436 200 | 5 594 800 |
| 减：折旧费 / 元 | 35 000 | 35 000 | 35 000 | 35 000 | 140 000 |
| 销售与管理费用现金支出 / 元 | 1 251 200 | 1 351 200 | 1 451 200 | 1 401 200 | 5 454 800 |

注："单位变动性销售与管理费用"一栏的 100 元主要是单件产品的销售提成。

表 6-17　BX 电源动力公司 2019 年度现金预算

单位：元

| 摘要 | 季度 | | | | 年度 |
|---|---|---|---|---|---|
| | 第 1 季度 | 第 2 季度 | 第 3 季度 | 第 4 季度 | |
| 期初现金余额 | 20 150 600.00 | 37 546 235.48 | 45 352 454.84 | 54 856 012.90 | 20 150 600.00 |
| 现金收入： | | | | | |
| 来自销售的现金收入 | 23 557 400.00 | 14 260 000.00 | 16 560 000.00 | 16 445 000.00 | 70 822 400.00 |
| 可用现金总额 | 43 708 000.00 | 51 806 235.48 | 61 912 454.84 | 71 301 012.90 | 90 973 000.00 |
| 现金支出： | | | | | |
| 材料采购支出 | 2 000 000.00 | 1 900 000.00 | 2 500 000.00 | 3 500 000.00 | 9 900 000.00 |
| 人工费用支出 | 960 000.00 | 1 200 000.00 | 1 120 000.00 | 880 000.00 | 4 160 000.00 |
| 制造费用 | 1 068 065.00 | 1 120 081.00 | 1 102 742.00 | 1 050 726.00 | 4 341 613.00 |
| 销售与管理费用 | 1 251 200.00 | 1 351 200.00 | 1 451 200.00 | 1 401 200.00 | 5 454 800.00 |
| 所得税现金支出 | 657 955.01 | 657 955.01 | 657 955.01 | 657 955.01 | 2 631 820.05 |
| 经营活动现金流出量 | 5 937 220.01 | 6 229 236.01 | 6 831 897.01 | 7 489 881.01 | 26 488 233.05 |
| 经营活动现金流量净额 | 37 770 779.99 | 45 576 999.47 | 55 080 557.83 | 63 811 131.89 | 64 484 766.95 |
| 分红的现金支出 | 60 000.00 | 60 000.00 | 60 000.00 | 60 000.00 | 240 000.00 |

续表

| 摘要 | 季度 | | | | 年度 |
|---|---|---|---|---|---|
| | 第 1 季度 | 第 2 季度 | 第 3 季度 | 第 4 季度 | |
| 借款支出 | | | | | |
| 利息支出 | 822 500.00 | 822 500.00 | 822 500.00 | 822 500.00 | 3 290 000.00 |
| 筹资活动现金流量净额 | −882 500.00 | −882 500.00 | −882 500.00 | −882 500.00 | −3 530 000.00 |
| 期末现金余额 | 36 888 279.99 | 44 694 499.47 | 54 198 057.83 | 62 928 631.89 | 60 954 766.95 |

注："利息支出"一栏的数值等于长期借款 4 700 万元乘以 7% 的年利率除以 4 得出；所得税按季度预缴，所得税税率为 15%。

### 表 6-18 BX 电源动力公司 2019 年度预计利润表

单位：元

| 项目 | 金额 |
|---|---|
| 营业收入 | 60 950 000 |
| 营业成本 | 34 519 733 |
| 销售与管理费用 | 5 594 800 |
| 利息费用 | 3 290 000 |
| 营业利润 | 17 545 467 |
| 所得税费用 | 2 631 820 |
| 净利润 | 14 913 647 |

### 表 6-19 BX 电源动力公司 2019 年末预计资产负债表

单位：元

| 资产 | 金额 | 负债与所有者权益 | 金额 |
|---|---|---|---|
| 流动资产： | | 负债： | |
| 货币资金 | 60 954 767 | 应付账款 | 2 400 000 |

续表

| 资产 | 金额 | 负债与所有者权益 | 金额 |
|---|---|---|---|
| 应收账款 | 5 070 000 | 长期借款 | 47 000 000 |
| 原材料存货 | 4 920 000 | 负债合计 | 49 400 000 |
| 库存商品 | 4 941 880 | | |
| 流动资产合计 | 75 766 647 | 所有者权益： | |
| 非流动资产： | | 普通股 | 30 000 000 |
| 固定资产 | 43 500 000 | 留存收益 | 15 266 646.95 |
| 累计折旧 | -24 600 000 | 所有者权益合计 | 45 266 646 |
| 非流动资产合计 | 18 900 000 | | |
| 资产总额 | 94 646 646 | 负债与所有者权益总额 | 94 646 646 |

BX 电源动力公司根据全面预算分别编制生产车间和销售部门的效益预算，如表 6-20 和表 6-21 所示。

表 6-20　BX 电源动力公司 2019 年度生产车间效益预算

| 项目 | 金额 |
|---|---|
| 边际贡献 / 元 | 10 583 700 |
| 可控边际贡献 / 元 | 8 263 542 |
| 内部利润 / 元 | 8 233 542 |
| 合格品率 /% | 95 |
| 人均产值 / 万元 | 331.20 |

表 6-21　BX 电源动力公司 2019 年度销售部门效益预算

| 项目 | 金额 |
|---|---|
| 边际贡献 / 元 | 12 375 800 |
| 可控边际贡献 / 元 | 978 9200 |
| 内部利润 / 元 | 975 9200 |
| 人均销售额 / 元 | 4 967.12 |
| 顾客留住率 /% | 95 |

# BX 电源动力公司如何调整全面预算

2019 年 3 月底，市场经济形势发生重大变化，根据 2019 年 3 月 24 日相关行情数据，锂电池不可或缺的主要原料（电池级碳酸锂）市场综合报价高达 8.5 ~ 9.2 万元 / 吨，相比 2018 年底涨超 80%；NCM523 前驱体（三元锂电池正极材料的半成品）市场行情约为 12 万元 / 吨，比 2018 年夏涨超 60%；六氟磷酸锂（电解液的重要组成部分）以及钴和镍等原材料的价格也持续上涨，其中钴维持在接近 39 万元 / 吨水平，开年以来涨幅已超 40%。

原材料在电动汽车电池产业链中属于上游产业，其价格变动将通过材料厂商传导至电池厂商，再逐渐传导至电动汽车制造等相关企业，最终影响消费者购买电动汽车的价格。也正因如此，BX 电源动力公司电池产品购买原材料的成本提升，其生产成本也相应增加，基于此，BX 电源动力公司迅速做出反应，对接下来三个季度的全面预算做出调整。

BX 电源动力公司的责任中心作为预算执行单位，时刻关注市场经济形势以及企业发展趋势，在 2019 年 3 月底向预算管理委员会提出了预算调整书面报告。预算调整报告包括以下主要内容。

### 1. 主要财务指标的调整情况

产品材料价格上涨，电池生产成本由 899 元 / 个涨至 1 099 元 / 个。因此，这次预算调整主要将产品销售价格从 2 300 元 / 个调整为 2 600 元 / 个；一套材料的单价由 800 元变为 1 200 元，半套则为 600 元；生产部门将产品销售给销售部门的内部转移价格由 1 500 元 / 个调整为 1 900 元 / 个。预算调整幅度约 20%，其他前提假设没有变化。

### 2. 调整原因

BX 电源动力公司生产电动汽车所需的锂电池是不可或缺的主要原材料，但截至 2019 年 3 月底，市场经济形势大变，其原材料的价格持续上涨，BX 电源动力公司购买原材料的成本提升，带来了生产成本的增加，营业利润大打折扣。基于此，BX 电源动力公司需对接下来三个季度的预算方案做出调整。

### 3. 预计执行情况和保障措施

新的预算方案执行后，预计实现净利润约 1 780.4 万元，较调整前预计净利润 1 491.4 万元增长近 19.38%，调整后的收入可观，能够有效提升 BX 电源动力公司经营效益。

当然，BX 电源动力公司对执行新的预算方案，也提出了一系列保障措施：每项生产启动资金不超过资产总额的 15%，如果超过 15% 需上报总经理办公会决定后拨付；财务部门负责生产实施过程的资金管理，制定了相应的资金管理目标和资金管理计划，同步实施保证收入、控制支出、防范资金风险三项措施；管理部门严格根据销售进度计划、费用计划、合同价款及支付条件，编制销售资金流动计划和财务费用用款计划，按规定程序审批后实施，并与生产部门根据公司财务制度建立项目资金管理规章制度，实时接受财务部门及预算管理委员会的监督、检查和控制。另外，生产部门生产计划完工后以及销售部门销售目标达到后，及时对相关部门进行经济效益和成本分析，并上报财务部门，待股东会决议。

后期，预算管理委员会负责审核预算执行单位的预算调整报告，并成立预算工作组编制年度预算调整方案，然后上报董事会审核。董事会将审核通过后的预算调整方案提交股东会审议，股东会审议通过后立即下发责任中心执行新的预算。

## BX 电源动力公司调整后的全面预算

BX 电源动力公司调整后的第 1 季度的全面预算是预算调整前第 1 季度的经营情况，后三个季度的全面预算是重新拟定的全面预算目标。"年度"一列为根据第 1 季度的效益以及市场经济形势变化，对后三个季度的全面预算做出调整后所得出的年末应达成的预算目标值，即重新拟定的年度预算值。BX 电源动力公司调整后的全面预算如表 6-22 至表 6-31 所示。

表 6-22　BX 电源动力公司 2019 年度销售预算（调整后）

| 摘要 | 季度 | | | | 年度 |
|---|---|---|---|---|---|
| | 第 1 季度 | 第 2 季度 | 第 3 季度 | 第 4 季度 | |
| 预计销售量 / 个 | 5 500 | 6 500 | 7 500 | 7 000 | 26 500 |
| 单位销售价格 / 元 | 2 300 | 2 600 | 2 600 | 2 600 | 2 600 |
| 销售额 / 元 | 12 650 000 | 16 900 000 | 19 500 000 | 18 200 000 | 67 250 000 |
| 收回期初应收账款 / 元 | 14 702 400 | | | | 14 702 400 |
| 第 1 季度销售现金收入 / 元 | 8 855 000 | 3 795 000 | | | 12 650 000 |
| 第 2 季度销售现金收入 / 元 | | 11 830 000 | 5 070 000 | | 16 900 000 |
| 第 3 季度销售现金收入 / 元 | | | 13 650 000 | 5 850 000 | 19 500 000 |
| 第 4 季度销售现金收入 / 元 | | | | 12 740 000 | 12 740 000 |
| 现金收入合计 / 元 | 23 557 400 | 15 625 000 | 18 720 000 | 18 590 000 | 76 492 400 |

表 6-23　BX 电源动力公司 2019 年度生产预算（调整后）

| 摘要 | 季度 | | | | 年度 |
|---|---|---|---|---|---|
| | 第 1 季度 | 第 2 季度 | 第 3 季度 | 第 4 季度 | |
| 预计销售量 / 个 | 5 500 | 6 500 | 7 500 | 7 000 | 26 500 |
| 加：预留存货量 / 个 | 6 500 | 7 500 | 7 000 | 5 500 | 5 500 |
| 总需求量 / 个 | 12 000 | 14 000 | 14 500 | 12 500 | 32 000 |
| 减：季初存货量 / 个 | 6 000 | 6 500 | 7 500 | 7 000 | 6 000 |
| 需要生产量 / 个 | 6 000 | 7 500 | 7 000 | 5 500 | 26 000 |

表 6-24 BX 电源动力公司 2019 年度直接材料预算（调整后）

| 摘要 | 季度 | | | | 年度 |
|---|---|---|---|---|---|
| | 第 1 季度 | 第 2 季度 | 第 3 季度 | 第 4 季度 | |
| 需要生产量 / 个 | 6 000 | 7 500 | 7 000 | 5 500 | 26 000 |
| 单位产品所需材料 / 套 | 0.5 | 0.5 | 0.5 | 0.5 | 0.5 |
| 生产所需材料 / 套 | 3 000 | 3 750 | 3 500 | 2 750 | 13 000 |
| 加：预留材料数量 / 套 | 3 750 | 3 500 | 2 750 | 3 750 | 13 750 |
| 减：季初材料存量 / 套 | 5 500 | 3 750 | 3 500 | 2 750 | 15 550 |
| 需购买材料数量 / 套 | 1 250 | 3 500 | 2 750 | 3 750 | 11 250 |
| 每套材料单价 / 元 | 800 | 1 200 | 1 200 | 1 200 | |
| 购买材料总额 / 元 | 1 000 000 | 4 200 000 | 3 300 000 | 4 500 000 | 13 000 000 |
| 应付期初购料款 / 元 | 2 466 000 | | | | 2 466 000 |
| 第 1 季度购料现金支出 / 元 | 500 000 | 500 000 | | | 1 000 000 |
| 第 2 季度购料现金支出 / 元 | | 2 100 000 | 2 100 000 | | 4 200 000 |
| 第 3 季度购料现金支出 / 元 | | | 1 650 000 | 1 650 000 | 3 300 000 |
| 第 4 季度购料现金支出 / 元 | | | | 2 250 000 | 2 250 000 |
| 现金支出合计 / 元 | 2 966 000 | 2 600 000 | 3 750 000 | 3 900 000 | 13 216 000 |

表 6-25　BX 电源动力公司 2019 年度直接人工预算（调整后）

| 摘要 | 季度 | | | | 年度 |
|---|---|---|---|---|---|
| | 第 1 季度 | 第 2 季度 | 第 3 季度 | 第 4 季度 | |
| 需要生产量 / 个 | 6 000 | 7 500 | 7 000 | 5 500 | 26 000 |
| 单位产品所需工时 / 小时 | 8 | 8 | 8 | 8 | 8 |
| 总工时 / 小时 | 48 000 | 60 000 | 56 000 | 44 000 | 208 000 |
| 单位工时的工资 / 元 | 20 | 20 | 20 | 20 | 20 |
| 直接人工总额 / 元 | 960 000 | 1 200 000 | 1 120 000 | 880 000 | 4 160 000 |

表 6-26　BX 电源动力公司 2019 年度制造费用预算（调整后）

| 摘要 | 季度 | | | | 年度 |
|---|---|---|---|---|---|
| | 第 1 季度 | 第 2 季度 | 第 3 季度 | 第 4 季度 | |
| 预算总工时 / 小时 | 48 000 | 60 000 | 56 000 | 44 000 | 208 000 |
| 变动性制造费用率 / 元·小时$^{-1}$ | 4.334677419 | 4.334677419 | 4.334677419 | 4.334677419 | 4.334677419 |
| 变动性制造费用 / 元 | 208 064 | 260 080 | 242 741 | 190 725 | 901 612.90 |
| 固定性制造费用 / 元 | 1 975 000 | 1 975 000 | 1 975 000 | 1 975 000 | 7 900 000 |
| 制造费用总额 / 元 | 2 183 064 | 2 235 080 | 2217741 | 2 165 725 | 8 801 613 |
| 减：折旧 / 元 | 1 115 000 | 1 115 000 | 1 115 000 | 1 115 000 | 4 460 000 |

续表

| 摘要 | 季度 | | | | 年度 |
|---|---|---|---|---|---|
| | 第1季度 | 第2季度 | 第3季度 | 第4季度 | |
| 制造费用现金支出/元 | 10 68056 | 1 120 081 | 1 102 742 | 1 050 726 | 4 341 613 |
| 制造费用总额/元 | | | | | 8 801 613 |
| 预算总工时/小时 | | | | | 208 000 |
| 单位工时制造费用/元 | | | | | 42.32 |

表 6-27　BX 电源动力公司 2019 年期末产成品库存预算（调整后）

| 成本项目 | 数量 | 单价 | 总额 |
|---|---|---|---|
| 直接材料 | 0.5 套 | 1 200 元/套 | 600 元 |
| 直接人工 | 8 小时 | 20 元/小时 | 160 元 |
| 制造费用 | 8 小时 | 42.32 元/小时 | 338.56 元 |
| 单位产品成本 | — | — | 1 098.56 元 |
| 期末产品库存量 | | | 5 500 个 |
| 单位产品成本 | | | 1 098.52 元 |
| 期末产品库存额 | | | 6 042 080 元 |

表 6-28  BX 电源动力公司 2019 年度销售与管理费用预算（调整后）

| 摘要 | 季度 | | | | 年度 |
|---|---|---|---|---|---|
| | 第 1 季度 | 第 2 季度 | 第 3 季度 | 第 4 季度 | |
| 变动性销售与管理费用： | | | | | |
| 预计销售量 / 个 | 5 500 | 6 500 | 7 500 | 7 000 | 26 500 |
| 单位变动性销售与管理费用 / 元 | 100 | 100 | 100 | 100 | 100 |
| 变动性销售与管理费用 / 元 | 550 000 | 650 000 | 750 000 | 700 000 | 2 650 000 |
| 固定性销售与管理费用： | | | | | |
| 广告费 / 元 | 60 200 | 60 200 | 60 200 | 60 200 | 240 800 |
| 管理人员工资 / 元 | 605 000 | 605 000 | 605 000 | 605 000 | 2 420 000 |
| 保险费 / 元 | 36 000 | 36 000 | 36 000 | 36 000 | 144 000 |
| 折旧费 / 元 | 35 000 | 35 000 | 35 000 | 35 000 | 140 000 |
| 固定性销售与管理费用总额 / 元 | 736 200 | 736 200 | 736 200 | 736 200 | 2 944 800 |
| 销售与管理费用总额 / 元 | 1 286 200 | 1 386 200 | 1 486 200 | 1 436 200 | 5 594 800 |
| 减：折旧费 / 元 | 35 000 | 35 000 | 35 000 | 35 000 | 140 000 |
| 销售与管理费用现金支出 / 元 | 1 251 200 | 1 351 200 | 1 451 200 | 1 401 200 | 5 454 800 |

表 6-29  BX 电源动力公司 2019 年度现金预算（调整后）

单位：元

| 摘要 | 季度 | | | | 年度 |
|---|---|---|---|---|---|
| | 第 1 季度 | 第 2 季度 | 第 3 季度 | 第 4 季度 | |
| 期初现金余额 | 20 150 600.00 | 35 922 288.99 | 43 565 552.99 | 53 151 156.00 | 20 150 600.00 |
| 现金收入： | | | | | |

续表

| 摘要 | 季度 | | | | 年度 |
|------|------|------|------|------|------|
| | 第 1 季度 | 第 2 季度 | 第 3 季度 | 第 4 季度 | |
| 来自销售的现金收入 | 23 557 400.00 | 15 625 000.00 | 18 720 000.00 | 18 590 000.00 | 76 492 400.00 |
| 可用现金总额 | 43 708 000.00 | 51 547 288.99 | 62 285 552.99 | 71 741 156.00 | 229 281 997.98 |
| 现金支出: | | | | | |
| 材料采购支出 | 2 966 000.00 | 2 600 000.00 | 3 750 000.00 | 3 900 000.00 | 13 216 000.00 |
| 人工费用支出 | 960 000.00 | 1 200 000.00 | 1 120 000.00 | 880 000.00 | 4 160 000.00 |
| 制造费用 | 1 068 056.00 | 1 120 081.00 | 1 102 742.00 | 1 050 726.00 | 4 341 605.00 |
| 销售与管理费用 | 1 251 200.00 | 1 351 200.00 | 1 451 200.00 | 1 401 200.00 | 5 454 800.00 |
| 所得税现金支出 | 657 955.01 | 827 955.00 | 827 955.00 | 827 955.00 | 3 141 820.00 |
| 经营活动现金流出量 | 6 903 211.01 | 7 099 236.00 | 8 251 897.00 | 8 059 881.00 | 30 314 225.00 |
| 经营活动现金流量净额 | 36 804 788.99 | 44 448 052.99 | 54 033 656.00 | 63 681 275.00 | 198 967 772.98 |
| 分红的现金支出 | 60 000.00 | 60 000.00 | 60 000.00 | 60 000.00 | 240 000.00 |
| 借款支出: | | | | | |
| 利息支出 | 822 500.00 | 822 500.00 | 822 500.00 | 822 500.00 | 3 290 000.00 |
| 筹资活动现金流量净额 | 882 500.00 | 882 500.00 | 882 500.00 | 882 500.00 | 3 530 000.00 |
| 期末现金余额 | 35 922 288.99 | 43 565 552.99 | 53 151 156.00 | 62 798 775.00 | 195 437 772.98 |

注:"利息支出"一栏的数值等于长期借款 4 700 万元乘以 7% 的年利率除以 4 得出;所得税按季度预缴,所得税税率为 15%。

表6-30   BX电源动力公司2019年4月至2020年3月预计利润表

单位：元

| 项目 | 金额 |
| --- | --- |
| 营业收入 | 67 250 000 |
| 营业成本 | 37 419 733 |
| 销售与管理费用 | 5 594 800 |
| 利息费用 | 3 290 000 |
| 营业利润 | 20 945 467 |
| 所得税费用 | 3 141 820 |
| 净利润 | 17 803 647 |

注："营业成本"的数额等于期初库存商品成本加上本期总库存商品投产额减去预留库存商品数量的差额乘以期末单位库存商品成本，再减去第1季度的产成品数量乘以产品单位成本，然后再减去第1季度留存存货的单位成本。

表6-31   BX电源动力公司2019年4月至2020年3月末预计资产负债表

单位：元

| 资产 | 金额 | 负债与所有者权益 | 金额 |
| --- | --- | --- | --- |
| 流动资产： | | 负债： | |
| 货币资金 | 54 398 547 | 应付账款 | 2 250 000 |
| 应收账款 | 5 460 000 | 长期借款 | 47 000 000 |
| 原材料存货 | 4 500 000 | 负债合计 | 49 250 000 |
| 库存商品 | 14 300 000 | | |
| 流动资产合计 | 78 658 547 | 所有者权益： | |
| 非流动资产： | | 普通股 | 30 000 000 |
| 固定资产 | 43 500 000 | 留存收益 | 18 308 547 |
| 累计折旧 | -24 600 000 | 所有者权益合计 | 48 308 547 |
| 非流动资产合计 | 18 900 000 | | |
| 资产总额 | 97 558 547 | 负债与所有者权益总额 | 97 558 547 |

BX电源动力公司根据调整后的全面预算分别编制生产车间和销售部门

的效益预算，如表 6-32 和表 6-33 所示。

表 6-32 BX 电源动力公司 2019 年 4 月至 2020 年 3 月生产车间效益预算

| 项目 | 金额 |
|---|---|
| 边际贡献 / 元 | 11 827 750 |
| 可控边际贡献 / 元 | 10 176 300 |
| 内部利润 / 元 | 10 146 300 |
| 合格品率 /% | 98 |
| 人均产值 / 万元 | 421.20 |

表 6-33 BX 电源动力公司 2019 年 4 月至 2020 年 3 月销售部门效益预算

| 项目 | 金额 |
|---|---|
| 边际贡献 / 元 | 13 325 600 |
| 可控边际贡献 / 元 | 11 849 678 |
| 内部利润 / 元 | 11 819 678 |
| 人均销售额 / 元 | 5 283.12 |
| 顾客留住率 /% | 98 |

## BX 电源动力公司的全面预算管理评价

每个企业都面临全面预算调整的内在需求和外在逼迫，也只有对全面预算进行调整，才能让全面预算目标真正发挥对企业及其员工的管控和激励作用。BX 电源动力公司在编制 2019 年度全面预算之后，按部就班地执行着全面预算，并在 2019 年 4 月对其全面预算做了一定的调整。下面简要评价 BX 电源动力公司全面预算管理的效果，比较全面预算调整前后的效益。

### 1. 经营效益评价

为了更好地反映 BX 电源动力公司在各方面的效益，表 6-34 以平衡计分卡为框架，列示了全面预算调整前后的全面预算目标值及其完成情况。

表 6-34　BX 电源动力公司全面预算调整前后经营情况对比

| 评价指标 | | 全面预算值 | | 完成值 | 差异率 |
|---|---|---|---|---|---|
| | | 调整前 | 调整后 | | |
| 财务维度 | 净利润 | 1 491.40 万元 | 1 780.40 万元 | 1 885 万元 | 5.88% |
| | 净资产收益率 | 15% | 17% | 22% | 29.4% |
| | 销售净利率 | 15% | 18% | 24% | 33.3% |
| 顾客维度 | 市场占有率 | 35% | 45% | 50% | 11.1% |
| | 销售增长率 | 20% | 25% | 30% | 20% |
| | 销售费用率 | 15% | 15% | 10% | −33.3% |
| | 顾客满意度 | 80% | 90% | 93% | 3.3% |
| 内部业务流程维度 | 成本费用利润率 | 24% | 28% | 32% | 14.3% |
| | 存货周转率 | 8 | 12 | 15 | 25% |
| | 产品合格率 | 85% | 85% | 95% | 11.8% |
| 学习与成长维度 | 员工培训时间 | 48 小时 / 年 | 50 小时 / 年 | 60 小时 / 年 | 20% |
| | 员工满意度 | 86% | 90% | 88% | −2.3% |

由表 6-34 可以看出，尽管 2019 年 4 月物价上涨带来了原材料价格飞涨的问题，但 BX 电源动力公司根据行情所做出的全面预算调整也依然帮助其达到了最后的目标值，其实际完成值与全面预算目标值之间的差异不大，差异率普遍较低，说明其全面预算管理很有效，不仅增加了利润，还增加了股东价值。在内部业务流程维度方面，BX 电源动力公司也更好地控制了成本费用，产品合格率较高，顾客满意度较高，BX 电源动力公司在电动汽车电池制造方面的效益也有较大幅度的提升。

**2. 利润中心（责任中心）考核及评价**

一般来说，在企业内部，利润中心视同一个独立的经营个体，经理人没有权责决定利润中心的资产投资水平，但对绝大部分的原材料、商品和服务拥有经营决策权，因此，利润是利润中心唯一而且最佳的绩效计量标准。换言之，只要制定出合理的内部转移价格，企业内多数制造部门、生产部门和劳务成本中心，都可以随之而改造成人为设定的利润中心。BX 电源动力公司内部将生产车间和销售部门作为两个相互独立又紧密相连的利润中心。

为了更好地反映 BX 电源动力公司生产车间和销售部门两个利润中心在各方面的效益，表 6-35 列示了全面预算调整前后的预算目标值及其完成情况。

表 6-35　BX 电源动力公司全面预算调整前后的利润中心（责任中心）考核

| 评价指标 | | 全面预算值 | | 完成值 | 差异率 |
|---|---|---|---|---|---|
| | | 调整前 | 调整后 | | |
| 生产车间 | 边际贡献 | 1 058.40 万元 | 1 182.80 万元 | 1 255.80 万元 | 6.17% |
| | 可控边际贡献 | 826.40 万元 | 1 017.60 万元 | 1 112 万元 | 9.28% |
| | 内部利润 | 823.40 万元 | 1 014.60 万元 | 1 109 万元 | 9.28% |
| | 合格品率 | 95% | 98% | 98.5% | 0.51% |
| | 人均年产值 | 331.20 万元 | 421.20 万元 | 456 万元 | 8.26% |
| | 内部转移价格变动 | 1 500 元 / 个 | 1 900 元 / 个 | | |
| 销售部门 | 边际贡献 | 1 237.60 万元 | 1 332.60 万元 | 1 421 万元 | 6.63% |
| | 可控边际贡献 | 978.92 万元 | 1 185.00 万元 | 1 223 万元 | 3.21% |
| | 内部利润 | 975.92 万元 | 1 182.00 万元 | 1 220 万元 | 3.21% |
| | 人均销售额 | 4 967.12 元 | 5 283.12 元 | 5 300 元 | 0.32% |
| | 顾客留住率 | 95% | 98% | 97% | -1.02% |
| | 内部转移价格变动 | 2 300 元 / 个 | 2 600 元 / 个 | | |

尽管原材料价格上涨带来一系列的影响，但从调整后的全面预算目标可以看出，BX 电源动力公司利润中心之间的内部转移价格也随外部市场价格的变化而有所变动，比如生产部门从一开始的 1 500 元 / 个转变成 1 900 元 / 个售卖转移给销售部门，销售部门从 2 300 元 / 个转变成 2 600 元 / 个售卖转移给市场，即使全面预算调整前后的收益和费用有所不同，但利润

中心可以通过生产经营决策影响自身的盈利。

　　由表 6-35 的数据可知，生产部门和销售部门最后达到的目标值与全面预算调整后所拟定的全面预算值差异较小，其差异率都控制在 10% 以下。这也直接说明生产部门和销售部门的运营管理都稳定地增加了 BX 电源动力公司的经营效益。

# 第 7 章

# 全面预算管理的变与不变

扫码即可观看
本章微视频课程

## ▶ 从一个案例说起：

2014 年 10 月 27 日，我国发布《财政部关于全面推进管理会计体系建设的指导意见》，正式吹响了会计职业转型的号角。由此，也引发了会计学界与业界的一阵恐慌，似乎会计职业风雨飘摇、四面楚歌。许多机构和个人也都唱衰会计职业。

为了认清真相，洞察会计职业的未来走势，G 省管理会计师协会以"会计职业的未来"为主题，召集来自政学商的三方专家，专门召开了一次专题研讨会。

来自学界的 H 教授主持了这次专题研讨会。学界、企业界和主管会计工作的政界专家都畅所欲言，各自表达了自己的看法。

各界专家的看法有些针锋相对，大致分为两类意见。具有技术背景的专家基本认为，21 世纪以来，会计界踏着互联网（后来的移动互联网和物联网）、大数据、共享服务、云计算、人工智能和区块链的浪潮，又迎来了机器人流程自动化（Robotic Process Automation，RPA），会计职业将逐渐被机器人取代。而具有会计背景的专家则基本认为，问题没有那么严重，会计职业的前景也没有那么悲观。机器人可能逐步取代常规性、基础性的会计工作（如会计核算工作），但短期内难以取代非常规性会计工作。

时间就在各方争论中不知不觉地流逝。眼看时至中午，主持人 H 教授只好宣布研讨会即将结束，并简要总结道："非常感谢各位同仁的畅所欲言。技术进步确实改变了会计职业的生态环境和未来走向。曾几何时，会计学专业的大学毕业生可以手持其毕业证书和学位证书，叩开任何一个单位的大门求职。所有组织，无论是规模大到跨国组织（如联合国），小到家庭，还是在性质上有所区别的营利性企业和各类非营利性组织（如大学、政府、基金会），甚至一些特殊的组织，都必须设置会计岗位或至少保留会计功能。会计职业遍布社会各个角落。会计工作也很重要。然而，许多重要的会计工作不见得就需要由人来做，重要的常规性会计工作可以由计算机来做。众所周知，现代会计已经'同源分流'为财务会计与管理会计。财务会计是一种社会化的会计。这就意味着，财务会计的记账、算账、报账与查账都必须遵循规范化的会计准则，更多地体现'如何做会计'（how to do accounting）的层面，属于'计算'的范畴。而管理会计是一种个性化的会计，更多地体现'如何用会计'（how to use accounting）的层面，属于'算计'的范畴。'如何做会计'等财务会计的常规性工作可能逐渐为机器人所取代。由此，围绕财务会计的各种表格而工作的会计人员可能逐渐退出历史舞台。但'如何用会计'等管理会计的个性化工作充满职业判断和商业智慧，难以为机器人所取代。当然，基于社会经济发展的不平衡性，尽管'过去未去，未来已来'，但是，'未来总会来'。有鉴于此，就会计职业的未来发展趋势而言，未来的会计就是管理会计，管理会计就是会计的未来。因此，我个人的看法可以总结为二十个字——不能无忧，不必过虑，不能观望，与其焦虑，不如重生。再次感谢各位同仁的发言。"

全面预算管理是管理会计的重要主题。那么，基于数智时代，全面预算管理可能发生哪些变化呢？

# 数智时代的企业经营环境

随着人工智能（Artificial Intelligence，AI）、区块链（Blockchain）、云计算（Cloud Computing）和大数据（Data）即 ABCD 等数智科技的深入发展，人类社会的数智化趋势越来越明显，整个经济版图被重新塑造，人类社会开始步入数智时代。

基于数智时代，企业经营环境的基本特征可以概括为顾客化（Customer）、竞争化（Competition）和变化（Change）即 3C。

## 顾客化

20 世纪初期，由于劳动生产力相对低下，企业供给严重不足，整个市场整体上呈现出卖方市场的典型特征。企业只要注重内部管理，通过大批量生产，提高劳动生产率，降低成本，生产出更多产品就能获得迅速发展。此时，顾客的需求处于被忽视的境地，企业生产出来的产品不愁没有销路。到 20 世纪 70 年代，由于企业生产效率得到极大的提高，市场上产品丰富，生产量的增长超过了需求量的增长，市场逐渐趋于饱和状态。同时，由于技术的发展，产品质量不断提高，产品种类日益繁多，顾客的选择范围不断扩大。顾客不仅注重需求"量"的满足，而且开始注重需求"质"的满足。顾客更加关注产品的质量和性能，较低的价格已经不是吸引顾客的主要因素。市场的主导权开始由生产者向顾客转移，市场逐步演化为买方市场。企业面对顾客需求层次不断提高和竞争日益激烈的环境，开始着手改变其固有的生产经营方式，力图通过提高产品质量，不断提供新优产品来吸引顾客，取得竞争优势。但是，企业对产品质量与品种的关注，并不表明企业将充分满足顾客需求放在经营的重要位置。进入 20 世纪 80 年代之后，顾客需求向多样化、个性化发展，产品更新换代更加迅速，企业之间的竞争更加激烈，市场环境更加难以把握。由此，企业经营思想发生了巨大变化，以满足顾客需求为导向，求得自身生存发展的经营理念成为企业一切经营战略的核心思想。"顾客至上""顾客是朋友"的理念全面渗透企业经营管理实践。基于这种"顾客化"的环境，企业不能一味地停留在满足顾客需求的层面上，企业必须转变观念，在满足顾客需求的同时引导顾客的消费倾向，使得顾客的消费倾向与企业未来发展方向或核心能力一致。唯有如此，企业才能拥有永久的顾客，从而具备可持续发展的基础。

基于数智时代，数据技术的广泛应用，企业高度重视顾客的地位和作用，顾客可以积极参与到市场和企业生产经营管理的任何一个环节。受益于云计算与相关辅助性技术的升级与完善，企业能够以较低的成本在不同维度快速地聚集海量的顾客数据，进而从实时数据中快速、持续挖掘出稳定的应用价值，并在较短时间内将顾客的需求体现到产品或服务的研发、设计与供给中。前述的 ABCD 等技术使顾客摆脱了物理环境的束缚，能够从多个渠道、全方位接受实时的市场信息，与任何企业的任何经营管理环节直接对话，并参与到企业的经营管理中，从而获得其所需要的产品或服务。因此，顾客的个性化需求得以释放和满足，顾客深度参与到企业的生产经营管理中，企业与顾客之间的距离不断缩小，顾客对企业生产经营管理活动的影响越来越突出。

## 竞争化

基于市场经济环境，竞争是不可避免的经济现象，而且随着经济的发展、新技术革命的推动以及市场从卖方市场向买方市场的转变，企业之间竞争更加激烈。以往凭借价廉就能在竞争中获胜的简单模式，已经被多层面的竞争取代，企业竞相投入大量资金更新技术、更新设备、更新产品、引进人才以及改变经营管理方式和改革内部组织结构。竞争的加剧，使企业经营管理的不稳定性因素越来越多、风险越来越大。只有优秀的企业才能主导竞争的潮流。同时，企业经营管理的国际化趋势不断发展，世界范围内的经济一体化已成为必然趋势，更为重要的是竞争已经超越了国界，从国内市场的竞争转向国际市场的竞争。企业面临着更为严峻的挑战，"没有创新就等于死亡"。竞争的压力迫使企业必须对其内部组织结构、生产经营管理方式与业务流程进行彻底再造，对顾客化导向的现代市场经济环境的变化做出迅速、灵活的反应，从而在激烈的竞争中获得优势。

在数智时代，竞争也开始变化，竞争开始呈现出无边界特征。商界流行着这样的话："打败你的不是对手，颠覆你的不是同行""我打败你，与你无关"。这是数智时代竞争变化的真实写照。由于数据的客观性使其用途没有限制，在一个领域创建的数据依然可以跨界使用，助力企业利用相关信息进行决策支持。因此，具有大量用户及数据的企业，可以轻松利用其数据优势，进入众多不相关的领域，也就是"跨界经营"。因此，数智时代的竞争无边界，企业经营管理不仅面临行业内部竞争，还面临整个市场的挑战。

## 变化

顾客和竞争在变化，更重要的是，变化本身的性质也在变化。变化不仅无所不在，而且持续不断。变化已经成为常态。在变化的环境中，永恒的事物只有一件，那就是变化本身。

在数智时代，对实时数据的快速采集和高效挖掘，加剧了企业之间的竞争，直接的结果就是产品更新换代的速度不断加快，企业保持长久竞争优势的可能性越来越小，留给企业对顾客需求、对市场环境变化的反应时间越来越短。

例如，根据摩尔定律（Moore's law），计算机微处理器的处理能力（速度）每 18 个月就会翻一番。同等价位的微处理器的处理速度会越变越快，同等速度的微处理器越来越便宜。摩尔定律反映了信息技术更新升级的速度以及企业发展所面临的压力和危机。基于这样的背景，企业的产品生命周期完全不同于以往任何时期，企业刚刚上市的新产品，可能还没有进入成熟期就直接迎来衰退期，还来不及实现成本优化和大规模盈利，便已陷入被淘汰的境地。企业需要对变化的顾客需求和市场环境做出持续不断的创新，不断求变且变得更快、更巧妙，这样才能在变化的环境中取得竞争优势。

数智时代的市场环境瞬息万变，企业只有根据市场变化及时迅速调整经营管理重点，才能立于不败之地，企业需要收集来自不同领域的实时数据，结合高效的数据分析工作，及时捕捉顾客需求变化，追踪市场动向。

当然，在数智时代，企业经营环境的顾客化、竞争的无边界等变化，也促使企业利用数据技术推动企业内部管理的变化。在数智时代，企业需要加强与其他企业之间的协同，追求企业价值最大化。前述的 ABCD 等技术的应用强化数据共享，经理人可以及时了解一线情况并且配置相应资源，因此，企业职能部门之间要加强相互配合、协作共赢，对顾客和市场需求做出及时响应，使组织结构趋于网络化、扁平化。通过丰富、海量的数据深入分析顾客的消费行为与意图，详细了解顾客需求变化后，为及时满足个性化的顾客需求，企业的营销模式应该趋于精准化、精细化。为了满足顾客多样化、个性化的需求，企业的生产模式也应模块化、柔性化。企业可以根据实时获取的市场信息配置生产要素，合理安排生产，弹性释放产能。而要应对这些变化，最根本的问题就是持续不断地研发或创新。如今，"没有创新就等于死亡"已然成为商界的游戏规则。

也许，人们讨厌变化，但是，唯一的事实是变化带来了社会和企业的进步。因此，在这种变化的环境下，持有"以不变应万变"观念的企业将成为抗拒变化的落伍者而被市场淘汰；持有"以变化应对变化"观念的企业，也只不过是被动地应对变化的追随者。只有能够"以变化带动变化"的企业，才是主动应对变化的市场领导者，才具有持久的竞争优势。不管人们对变化持有什么态度，一个不争的事实就是变化正改变甚至摧毁"企业的未来是其历史的必然延伸"的逻辑基础。

# 数智化如何影响全面预算管理

　　如今，"数智化"成为热词。由此，人类逐渐步入数智时代。简单地说，"数智化"就是在"数据化"基础上的"智能化"。因此，基于数智时代，数据源（大数据）是前提，没有数据源如何智能化呢？

　　其实，大约公元前 540 年，以古希腊哲学家、数学家毕达哥拉斯（Pythagoras）为代表的毕达哥拉斯学派提出"万物皆数"（all is number）的观点。20 世纪中期，当一群学者突然想出用 0 和 1 来组建数字世界时，就已经预示着数智时代的到来。1995 年，美国麻省理工学院尼古拉斯·尼葛洛庞帝（Nicholas Negroponte）教授出版的《数字化生存》（*Being Digital*）开启了数智时代。意味深长的是，尼古拉斯·尼葛洛庞帝在《数字化生存》的前言开宗明义地写道："计算不再只和计算机有关，它决定我们的生存。"

　　尽管数智化的"脚步声"越来越清晰，但总体而言，不同企业处于不同发展阶段，"过去未去"与"未来已来"将并存。当然，"未来总会来"。因此，数智化已经成为讨论任何问题（自然包括全面预算管理问题）的背景，身处数智时代的会计人员既要密切关注但又不宜过分夸大数智化对全面预算管理的影响。

　　如前所述，编制全面预算是全面预算管理的基础。在编制全面预算时，信息不对称和利益不对称都可能引发预算松弛。也许，数智时代的大数据有助于缓解信息不对称问题，但企业各个部门和员工可能存在自利行为（self-interest），利益不对称问题依然存在。基于数智时代，强大的信息技术和海量的数据可能解决全面预算编制过程所需数据的及时性、可获得性或便捷性，使得某些原本耗时、耗力和耗财的全面预算编制方法（如弹性预算、滚动预算、零基预算和作业预算）得以广泛运用，但强大的信息技术和海量的数据并没有改变全面预算的本质（公司政治或利益博弈），也不会改变全面预算的编制原理。

以全面预算为基础的全面预算管理更是处处充满着利益，数智时代的大数据同样难以根除利益不对称问题。许多人认为大数据可以实现数据共享，消除"数据孤岛"，然而，基于利益不对称，经理人可能想方设法在"孤岛"周围加建"围墙"，减少沟通、协作和合作，阻碍数据共享，以致产生新的"数据孤岛"，进而强化信息不对称。当然，企业可以通过采用适当的全面预算编制方式和方法并建立恰当的绩效评价与激励机制缓解预算松弛。

总之，数智时代的海量数据和强大的算法可能改变全面预算管理的实现形式，但无法改变全面预算管理的本质或底层逻辑（后面的"他山之石"印证了这个观点）。借用清华大学经济管理学院于增彪教授的话："行为创造数据，数据表达行为，数据驱动行为"。总体而言，计算机可以解决"行为创造数据，数据表达行为"的问题，但人脑才能解决"数据驱动行为"的问题。因此，计算机无法取代人脑，机器人同样无法取代人。具有终身学习能力的会计人员不必过于忧虑，但不能高枕无忧。

尼古拉斯·尼葛洛庞帝（2016 年）以"数字之后"（*Been Digital*）为题为《数字化生存》20 周年纪念版写了一个专序并指出："组成世界的房间变小了些，但是彼此之间的墙又增厚了些。"也许，原本想打破"信息孤岛"，不曾想却强化了"信息孤岛"。

尽管如此，本书自始至终从未漠视数智化对全面预算管理的影响。[①]

---

① 本书前面各章已经在相关的地方讨论过数智化如何影响全面预算管理。本章只是做一个简短的总结。

# 他山之石：L 公司基于云会计的全面预算管理实践

云会计是云计算与会计的结合。云会计可以视为数智时代基于互联网与大数据技术的会计衍生物。云会计主要为企业提供云端平台，推动业财融合和数据共享，帮助企业完善其全面预算管理、会计核算与监督以及经营决策。企业基于云会计构建全面预算管理系统，利用云会计组建财务数据库，并对此加以分析，有助于提升企业的全面预算管理水平，进而提升企业的竞争力。[①]

## L 公司原有全面预算管理的现状与问题

L 公司创立于 2015 年 8 月，总部位于湖南省长沙市，技术研发中心设立于北京，主要经营数字化校园方案设计、软件研发、系统集成和技术服务。L 公司是典型的项目型企业，其组织结构较为简单，见图 7-1。

---

① 本案例的素材根据调研及其相关资料编写。

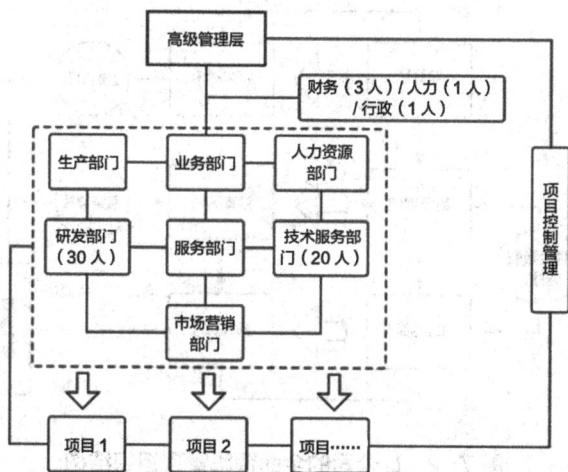

图 7-1　L 公司组织结构

　　具体地说，L 公司致力于教育信息化平台、数字校园和智慧校园的研究和开发，研发内容包含智慧教室、校园双重预防体系、专递课堂、名师课堂、资源建设、校园文化建设、创客教室等，针对这些内容进行了卓有成效的产品方案设计、施工及运维服务。L 公司于 2017 年成功研发并推出的博学教育云平台产品，包含教学管理、教务管理、平安校园、专递课堂、教研体系建设、教学资源建设等应用模块，获得了广大客户的一致好评。

**1.L 公司全面预算管理组织机构现状**

　　L 公司目前的全面预算管理组织体系较为简单，主要参与者包括总经理、财务部门、业务部门等，全面预算方案由总经理直接下达，财务部门收到预算方案后，及时联系业务部门上传数据并编制全面预算表，再下发给各个业务部门执行，业务部门执行审批后的全面预算方案，在执行过程中遇到问题及时与财务部门沟通。如果财务部门无法解决这些问题，就直接联系总经理。L 公司的全面预算管理组织结构如图 7-2 所示。

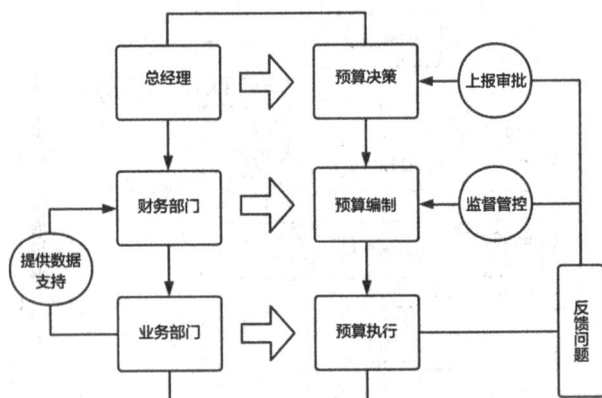

**图7-2  L公司的全面预算管理组织结构**

### 2.L公司全面预算管理运作流程现状

L公司每年12月初按时召开全面预算管理讨论会。全面预算管理讨论会主要以历史发展趋势为大方向，并结合本年经营状况和未来年度发展战略，确定下一年度的全面预算目标，以财务部门为核心编制资金、成本费用、利润等预算表，出台预算表后，财务部门将预测结果分发给研发部门、生产部门、人力资源部门、市场营销部门等，各部门负责人适当修改完善预测结果，提出相应建议，最后汇总到财务部门。但实际上，由于业务较多，工作压力较大，各部门并未很仔细地结合实际经营情况修正预算方案，其工作通常浮于表面流程，直接上报财务部门，通过财务部门提交给总经理审批。L公司目前的全面预算管理系统和运作流程分别如图7-3和图7-4所示。

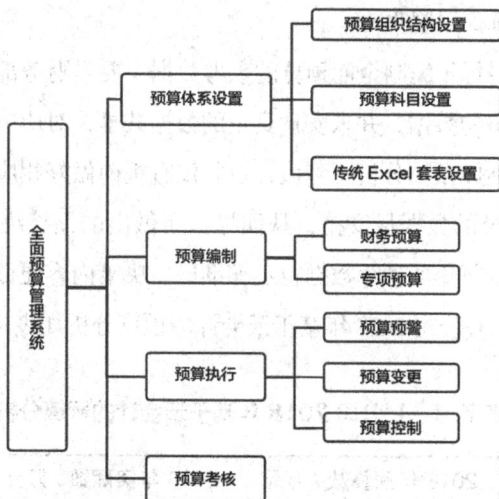

**图 7-3 L 公司目前的全面预算管理系统**

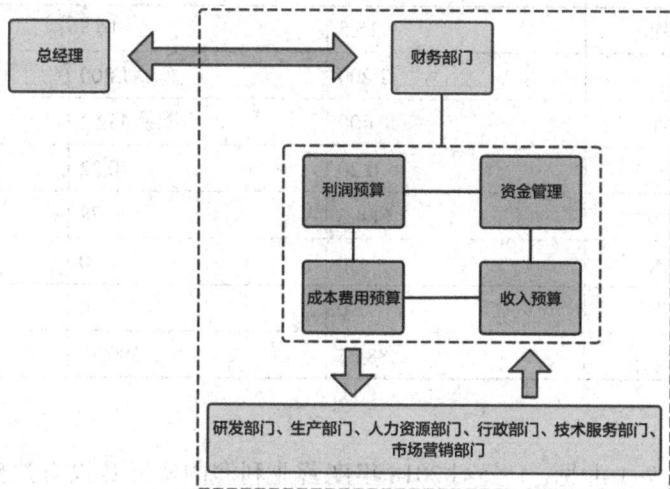

**图 7-4 L 公司目前的全面预算管理运作流程**

### 3.L 公司全面预算管理存在的问题

L 公司已经实施全面预算管理多年，管理模式固定，但由于经验不足，起步较晚，没有系统化的工具管理，存在些许问题。

（1）全面预算编制失准。

L公司管理层每年编制全面预算的参考数据主要是财务部门与其他各个部门博弈商讨后得出的数据，并未实现真正的数据共享，对历史预算数据及现时市场环境数据的整体预算分析不到位，也并没有提前做好相应的预算预警和控制，缺乏可靠充足的数据量支持，从而导致所做出的预算决策很容易出现主观、片面的情况，每年的预算数据也不够准确，决策内容便很难与公司的实际经营状况相匹配。L公司2018年基于云会计的预算分析如表7-1所示。

**表 7-1 L 公司 2018 年基于云会计的预算分析**

| 项目 | 2018 年预算数 / 万元 | 2018 年实际数 / 万元 | 差异率 /% |
|---|---|---|---|
| 营业收入 | 3 500 | 2 837.7 | −18.92 |
| 其中：主营业务收入 | 3 500 | 2 837.7 | −18.92 |
| 税金及附加 | 15.5 | 14.5 | −6.45 |
| 营业成本 | 2 200 | 1 800 | −18.18 |
| 销售及管理费用 | 400 | 432.2 | 8.05 |
| 财务费用 | 0.20 | 0.22 | 10.00 |
| 营业利润 | 884.3 | 590.78 | −33.19 |
| 营业外收入 | 0 | 0 | 0 |
| 营业外支出 | 0 | 0 | 0 |
| 利润总额 | 884.3 | 590.78 | −33.19 |

由表7-1可见，L公司2018年度营业利润的实际数没有达到预期，主要是营业收入没有达到预期，差了18.92%，销售及管理费用超出预算的8.05%，财务费用也是有所超额。L公司并没有充分预测到这一系列超支。这充分说明L公司没有广泛的数据来源及数据计算功能，也没能将更多非财务指标纳入全面预算管理体系，数据反馈不及时，没有做到实时监控，预测编制失准。

（2）全面预算时效性弱。

L公司现行的会计信息系统中，企业发生经济业务之后，还是需要会计人员手动将其会计业务记录下来，而后再与全面预算管理系统相联系。总体来看，L公司的人工成本较高，且其全面预算编制过于滞后。另外，项目制企业中，业务人员要根据不同客户的需求执行项目，如果业务人员不能及时将审批经费的使用情况上报公司，经济业务就不能及时地以会计形式记录，不能做到业财融合，也无法与全面预算管理系统进行数据传递，无法进行数据计算，管理层便无法时刻掌握预算执行情况，也无法及时了解业务发生情况，从而无法保证全面预算信息的快捷、及时、有效传递。

（3）全面预算体系整体流程存在缺陷。

L公司目前的全面预算编制流程还停留在依靠设计好的一整套较完善的预算套表层面，每年上级领导在制定当年的全面预算编制任务书和编制方法指导后，下发给相关部门负责人，再由财务部门牵头，下发给相关工作人员编制。预算编制后汇总至公司财务部门审批，如有问题便返回修改，没有问题便由财务部门签署已审批完成的表单上交给领导审批，此后若发现问题，依旧会返工处理。这种预算流程整体冗长而复杂，直接导致如果全面预算编制规则存在不合理之处不能及时沟通交流的情况，致使全面预算失实，不起功效。

由此说明L公司的全面预算体系整体流程有缺陷，非财务部门对全面预算目标并没有明确的意识，并没有做到全员参与全面预算工作。这对整个公司的全面预算工作效率极其不利，L公司想在此基础上实施其他战略层面的管理手段也没有依托。

## L公司如何构建基于云会计的全面预算管理系统

为了解决现有全面预算管理存在的问题，L公司构建了基于云会计的全面预算管理系统，其框架结构分别如图7-5和图7-6所示。L公司希望通过改善原有全面预算管理模式，重新构建全面预算管理体系的设置、编制流程、执行及考核机制，并借助云计算和大数据的技术手段，为L公司的未来发展带来机遇。

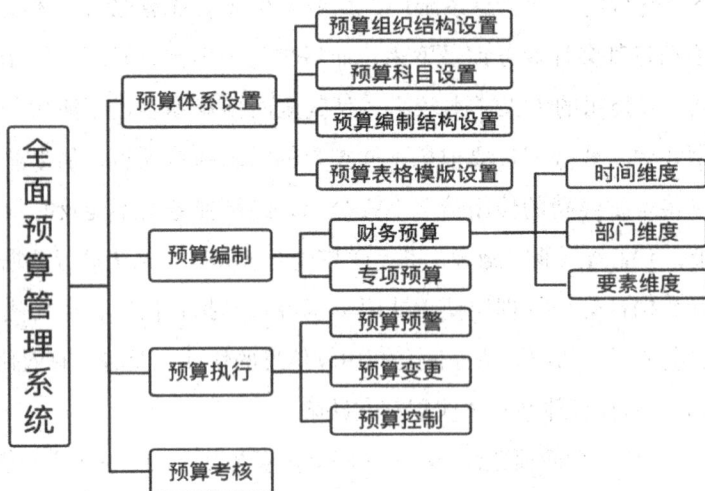

图 7-5　L 公司基于云会计的全面预算管理系统

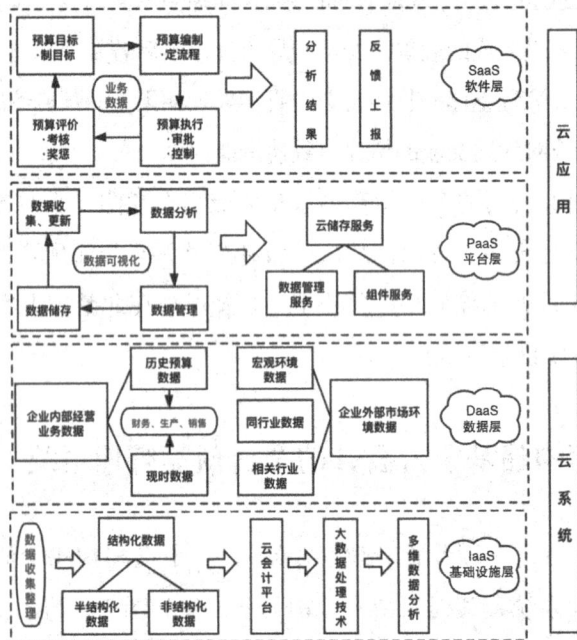

图 7-6　L 公司基于云会计的全面预算管理框架结构

L公司通过云会计平台将整个公司的财务活动集中起来，实现全面预算与财务共享体系融合，数据更加标准化。数据共享为L公司的全面预算管理提供数据支持和时效保证，简化全面预算管理程序及审核层级，便于会计信息的直接传递和交流，有效节约全面预算管理成本，提高L公司的全面预算管理效率。L公司基于云会计的全面预算管理与财务共享融合体系如图7-7所示。

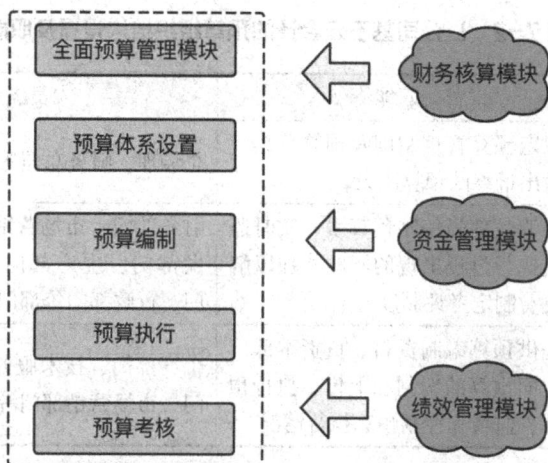

**图 7-7　L 公司基于云会计的全面预算管理与财务共享融合体系**

L公司基于云会计构建的全面预算管理系统主要包括四个层次。

**1. 预算体系设置**

L公司的预算体系设置包括以下内容。

（1）预算组织结构设置。

L公司基于云会计的预算组织结构分为预算管理委员会、预算管理组、预算执行组三个层次。L公司高级管理层作为负责人与财务总监等组成预算管理委员会，共同制定全面预算目标后，将全面预算需求下发到下层预算管理组，再由预算执行组将具体测算事项分配到各个部门。比如市场营销部门主要负责销售额、营业收入预测、市场推广、顾客回馈等经营预算的编制，财务部门主要负责时刻监管企业运营支出的预算，生产部门则负责上报零星固定资产购置资本性支出等，人力资源部门则负责制定相关预算绩效考核制度及奖惩机制、激励措施等。预算通过层层分解之后，各个部门各司其职，做好相关预算管理工作，并将预算方案提交预算管理组审核。如有核算错误，预算管理组及时打回；如果预算方案合理，则提交预算执行组执行。L公司基于云会计的预算组织结构设置及职能如表7-2所示。

表7-2　L公司基于云会计的预算组织结构设置及职能

| 部门名称 | 职能 | 人员组成 |
| --- | --- | --- |
| 预算管理委员会 | 拟定预算管理制度及预算草案、做出最终的预算决策 | 总经理、财务总监等 |
| 预算管理组 | 协调各部门编制预算表、实时监控执行过程出现的问题并加以解决、制定考评制度 | 财务部门、市场营销部门、项目研发部门、生产部门、人力资源部门、行政部门等部门负责人 |
| 预算执行组 | 提供预算编制资料、负责本部门全面预算的编制和上传、执行预算、监督和控制预算执行情况 | 生产部门、技术服务部门、项目部门、市场营销部门等 |

（2）预算科目设置。

通过设置更加精细化的预算科目，有区别地对待L公司正在经营的业务，比如对其分类整理，可以令使用者迅速找到相应的预算表，了解到执行情况，提升全面预算管理的控制效果。另外，可以以项目属性为依据，将一个预算科目下设多重角度的分类属性。例如，销售预算可以分设部门销售预算、产品销售预算、销售人员责任销售预算三重属性。

（3）预算编制结构设置。

基于云会计的操作模式更为便捷，L公司的全面预算管理不再只是会计人员的工作，L公司充分运用云会计的优势层层分解全面预算管理的职责，优化了L公司整体的预算编制结构，进而划分出权责分明、自上而下的财务核算、资金管理、绩效管理三个功能模块。

（4）部门预算表格模板设置。

基于云会计，设置部门预算表格模板并发布到平台，使用者可以直接按照模板编辑修改预算表，也能够迅速查阅到所需预算部门、预算科目、详细项目的表格模板，能够更清晰地对比分析各年度预算数与实际数之间的差异。

## 2. 预算编制

基于云会计，L公司全面预算管理的流程由传统的一对一对接、面对面审批、预算编制期6个月变成多对多对接、移动审批、预算编制期3个月。L公司高级管理层拟定全面预算总目标、下达全面预算任务；全面预算编制被云端自动划分给各部门，各部门人员编制好预算表上报并由预算管理组整合审批，多个部门彼此对接；审批操作也不再局限于面对面审批，更多的是通过互联网终端或移动设备操作。全面预算内容主要包含财务预算和专项预算两大方面，但云会计提供了成熟的模板，帮助全面预算编制人员简化了滚动预算的编制工作，能够更灵活地调动公司的所有数据编制滚动预算。正因如此，财务预算便被更精细地划分成时间、部门、要素三大维度。

同时，由于业财融合，全面预算管理体系的数据基础更多地源自业务数据，即公司实际发生的数据，且数据基础获取更及时，这使得预算数据基础更为客观真实，较好消除了传统预算编制过程的谈判所导致的预算松弛，大大提升了全面预算的管控能力。

（1）时间维度。

传统的全面预算管理更多的是做年度、季度、月度经营情况的滚动预算；而基于云会计的全面预算管理实现了业财融合以及数据共享，数据及时从业务部门传到财务部门，全面预算系统能够及时精准地获得业务数据与财务数据，能够更快、更精准地编制滚动预算，从传统的按月编制滚动预算变为按周甚至按天编制滚动预算。这样，预算更加精准，预算的控制效果也更好。

（2）部门维度。

传统的全面预算管理下，如果需要查阅某个部门的预算情况，需要专门联系该部门负责人调取数据；而基于云会计的全面预算管理系统要求各部门直接上传真实数据至平台，并标注好详细项目，平台会根据部门预算表格模板自动生成套表，实现一套数据库多重角度实时查询，为部门的预算管控及时提供数据，查阅者只需搜索所需部门名称，便能够提取相关数据套表，更加方便快捷。

（3）要素维度。

传统的全面预算管理不能根据某个要素指标提取预算表；而基于云会计的全面预算管理系统，各个部门的要素数据共享，查阅者可以通过输入要素名称直接提取相关数据，既可以实时查询各个费用要素、收入要素的预算情况，也可以实时观测资金变动。

### 3.预算执行

云会计为L公司全面预算管理系统的构建提供了移动端口，不同的用户通过进入端口将信息输入云端，平台自动计算并保存数据；不同的用户可以根据自身需求定制云上的数据内容，其支持多场所、多设备同时使用，使资源共享、异地实时监控成为可能，有利于L公司经理人随时监测到预算执行的情况。L公司基于云会计的预算执行主要分为预算预警、预算变更、预算控制三部分。

L公司的全面预算编制完成后，全面预算开始生效，这时便要设置预警信息提示，当实际数达到预算数的固定占比时，移动端可以自动发出预警，经理人能够根据变动趋势及时变更预算方案。例如，L公司2018年的控制重点主要是费用类项目，对诸如办公室租金、用于生产的固定资产折旧、物管费、保险费、审计费等固定费用实行严格控制，实时监控其是否超额；对其他容易忽略但支出量较大的费用，如绿化费、企业文化宣传活动费、维修费等实行柔性控制，能够避免在入账时出现归类错误导致费用支出分析不准确的情况。L公司基于云会计的预算控制预警设置如表7-3所示。

表7-3　L 公司基于云会计的预算控制预警设置

| 费用类别明细 | 达到预算数的50% | 达到预算数的80% | 达到预算数的100% |
|---|---|---|---|
| 办公室租金、用于生产的固定资产折旧、物管费、保险费、审计费 | 预警消息提示 | 预警消息提示 | 预警消息提示且不允许录入预算凭证 |
| 绿化费、企业文化宣传活动费、维修费 | 预警消息提示 | 预警消息提示 | 预警消息提示并灵活调整录入的预算凭证 |

#### 4. 预算考核

基于云会计的全面预算管理系统完善了考评机制，评价工作不再是单纯依赖销售成交量、收入完成率等财务指标，而是更加重视长期利润以及预算执行全过程的重要因素。数据的及时性、标准化以及数据在各个模块的共享使预算考核数据更为及时、有效。

此外，基于云会计的全面预算管理系统能够实时监控全面预算执行的全过程，使用者如果需要提取预算数据，必须填写诸如预算数据提取用途、金额、预算超支或盈余的原因等多重信息。这种设置也方便经理人时刻把握预算执行情况，绩效考核也更加透明。

## 基于云会计的全面预算管理成效

如前所述，L 公司原先的全面预算管理存在诸多问题，运用云会计之后，其全面预算管理得到改善，取得较为显著的成效。L 公司基于云会计的全面预算管理成效如表 7-4 所示。

表7-4　L公司基于云会计的全面预算管理成效

| 预算过程 | 原先的全面预算管理 | 基于云会计的全面预算管理 | 成效 |
|---|---|---|---|
| 预算组织机构 | 财务部门即全面预算管理的承包机构 | 新增预算管理组，协同各个部门共同作为预算工作机构 | 预算组织机构设置更合理 |
| 预算科目设置 | 仅有一级科目 | 细分为一级、二级、三级科目 | 预算科目划分更精细，数据更真实、完整、准确 |
| 预算编制 | 依靠固定指标编制财务预算和专项预算 | 从时间、部门、要素三个维度细分财务预算编制 | 滚动预算的广度更深，滚动次数更多 |
| 预算编制周期 | 至少6个月 | 最多3个月 | 预算编制效率提升 |
| 差异率计算 | 正负8% ~ 35%之间 | 正负5%之间 | 预算编制更精准 |
| 预算控制、预警 | 硬性控制，审批不到位 | 硬性控制与柔性控制相结合，审批制度更严格 | 控制力度增强，能灵活调整预警措施 |
| 预算分析 | 财务分析为主 | 兼顾财务分析与非财务分析 | 分析深度增强，分析结果通俗易懂 |
| 预算考核与评价 | 缺乏员工层面考评 | 完善了员工层面考评，完善了考核标准和奖惩制度 | 预算考评更加合理 |

根据表7-4，L公司基于云会计的全面预算管理取得了以下成效。

**1. 全面预算编制更准确，预算控制更有效**

云会计平台能够广泛搜集预算数据并共享资源，通过高效整合所获取的财务与非财务预算信息，帮助L公司制定最符合其发展战略的全面预算编制政策，进而提升其全面预算编制水平。同时，云会计平台实现了财务部门与企业各职能部门之间信息的高效沟通，各部门通过全面预算信息平台能够迅速了解全面预算政策及其全面预算目标，上下游预算责任单位能同时编制全面预算并及时上传全面预算信息，大大缩短了全面预算的编制周期，可以由以前按月编制滚动预算变为按周编制滚动预算。更短的全面预算编制周期使全面预算更为准确、控制效果更佳。L 公司 2019 年的预算差异率由 2018 年的正负 8%~35% 降低至正负 5% 就是例证。

### 2. 基于云会计的预算松弛得到缓解

基于云会计，L 公司的全面预算数据不仅源自上一年度的数据，而且源自最近周期的业务数据，云端公共数据库还可以提供最新市场数据和行业数据。真实的业务数据能为全面预算管理的各个流程提供及时、可靠、相关的数据支持，不仅提高了各预算责任中心编制全面预算的效率，还显著缓解了原先预算谈判导致的预算松弛。

### 3. 基于云会计的全面预算管理成本显著降低

L 公司基于云会计重构的全面预算管理系统存在两大好处：第一，公司自身资源条件能够得到充分利用；第二，成本得到有效管理。基于原先的全面预算管理系统，L 公司想要全方位实现全面预算管理目标，需要广泛调研，且只能运用传统的 Excel 套表手工编制全面预算，耗用时间长，通常需要投入大量人力、物力，管理成本较高。基于云会计，L 公司可以省去调研环节，业财融合，进行标准化的数据设置，显著降低了搜集数据的相关成本，同时也降低了全面预算管理的投入成本。

### 4. 基于云会计的全面预算管理体系整体流程更完善

L 公司原先的全面预算流程很难实现各部门之间的信息互动与共享，也不利于全面预算管理的实际执行。云会计的应用扩大了全面预算信息的收集广度和深度，通过对全面预算数据纵向、横向以及多维分析，能够实现全面预算数据与 L 公司未来发展战略的有机融合。

基于云会计，L 公司将业务平台与财务平台关联，做到业财融合，直接将经济业务即时地以会计形式记录，并与全面预算管理系统进行数据传递和计算。此外，基于云会计的全面预算编制实现了全程线上操作，规避了重复审批、越权审批等情况发生，保证每一笔业务发生时就受到全面预算管理系统的监督，不仅保证了全面预算信息的快捷、及时、有效传递，预算松弛也得到缓解，显著提高了全面预算管理的效果。

不过，基于云会计的全面预算管理也需要注意以下几个问题。

### 1.数据安全性保障

基于云会计的全面预算管理主要依靠云平台存储和处理数据，信息系统的安全性极为重要，业财融合显著降低了搜集数据的相关成本，但也带来了数据安全隐患。L公司的财务云平台采用自主设计方案，数据安全性有一定的保障。

### 2.流程优化的迭代

基于云会计的全面预算管理系统的设计与实施需要不断在财务系统、决策支持系统、绩效考核系统之间实现数据共享和管理磨合，尤其是数据模板的调整、标准化数据的接入和调用权限等，都需要在流程设计和调整过程中统筹规划和更新迭代。

### 3.员工培训

基于云会计的数据来源于业财融合，且具有较为严格的标准化要求，不仅需要高级管理层的决策支持，还需要所有员工的学习与参与，这样才能较好地保障整体全面预算管理系统的应用效果。